笑赢天下

许笑天 编著

河北科学技术出版社

图书在版编目（CIP）数据

笑赢天下 / 许笑天编著 . -- 石家庄 : 河北科学技术出版社 , 2023.6

ISBN 978-7-5717-1611-0

Ⅰ . ①笑… Ⅱ . ①许… Ⅲ . ①喜—文化—中国 Ⅳ . ① B83

中国国家版本馆 CIP 数据核字 (2023) 第 102604 号

笑赢天下
XIAO YING TIANXIA

许笑天　编著

出版发行	河北科学技术出版社
地　　址	石家庄市友谊北大街 330 号（邮编：050061）
印　　刷	运河（唐山）印务有限公司
经　　销	全国新华书店
开　　本	710 毫米 ×1000 毫米　1/16
印　　张	22
字　　数	255 千字
版　　次	2023 年 6 月第 1 版
印　　次	2023 年 6 月第 1 次印刷
定　　价	80.00 元

自 序

笑 赢 天 下

  虎年伊始，万象更新。在中国第一次成功举办冬奥会，全国人大会议、政协会议召开期间，我用12年时间撰写的笑文化书稿终于完稿了。给这本书取个什么书名呢？书名是一部书最高层次的呈现，最新内容的凝练。我痴迷于给书取个好名到了"抓眼球，挠心窝，入梦境"的地步。

  我想出一大堆名字：笑行天下，笑游天下，笑看天下，笑迎天下。最后确定哪个呢？"行"天下也好，"游"天下也罢，"看"天下也行，"迎"天下都可。笑文化当然离不开"笑"，笑是一条红线贯穿全书的命脉。我自从与笑结缘，推广传播笑文化事业已成为我今生的使命。

  1976年7月28日凌晨唐山大地震，我一夜之间失去父母等11位亲人，心灵遭受重大创伤，突然就不会笑了，患了灾后综合征。每天把自己反锁在家里不想见人，失去了生活的信心。

  后来，我通过练习微笑走出了抑郁症的魔咒，重新唤起生活的自信，开始研究实践笑文化，创编出一套笑健康生命价值系统，2008

年北京举办奥运会期间，在紫竹院公园、人民大学世纪广场推广，深受大众青睐。之后，我在北大、人大、华北电力大学、首都经济贸易大学等院校，在企事业、社区推广笑运动，为广大民众送去快乐与健康，让"笑孝幸福法"走进千家万户，和谐社会与家庭。传授"笑疗愈健康法"，为病人驱逐痛苦与折磨，成为一名笑专家，先后获得家庭教育指导师、心理咨询师、公共营养师、中医健康管理师等证书。

我没有被地震夺去生命，没有被灾难压垮，积极笑对生活，是人生的赢家。笑赢天下，因此而得名。

《说文解字》曰：赢，获利，赢利，赢余（盈余）。赢，由五个字构成："亡、口、月、贝、凡。"一个"赢"字，囊括木、火、土、金、水阴阳五行之轮转，能量之聚集。

"亡"指要有危机意识，项羽破釜沉舟，韩信背水一战，置之死地而后生。在危机意识中成倍地提高自己的战斗力。

"口"指要具有沟通能力，古人苏秦、张仪，在各诸侯国中游走，这些政治家凭借三寸不烂之舌，来达到自己的政治目的。

"月"表示要珍惜时间。珍惜时间，节时惜时，日积月累，厚积薄发。

"贝"狭义指的是金钱。中国最早以贝为交易的货币，因此贝可以简单地说是钱，金钱就像家中的粮草，"巧妇难为无米之炊"。

"凡"指的是平常心态。我们努力去争取胜利，要有良好心态，用平常心来看待最终的结果。度量要大，眼界要宽，心态要好，手段要强，平凡造就伟大。

历史上，诸侯帝王发动战争是为了赢得天下，农民起义是想赢回

自序
笑赢天下

当家做主的主宰权；商人经商做生意是为了赢取利润获得金钱财富；政客入仕途是为了获得权力和地位，以及去担负更多更大的社会责任；名人雅士吟诗作赋，也是赢得内心世界的精神享受。终极目标就是一个字："赢"。

我悟到：要想生活好，每天笑三笑。一笑"神"就来，二笑"魔"就跑，三笑"福"就到。这个"笑"就是快乐；这个"神"就是精、气、神；这个"魔"就是风、邪、毒；这个"福"就是健康福。

笑文化。从笑字由来、笑的成语典故、笑的诗词歌赋、笑字书法演绎、笑的历史故事、笑的民间传说、笑的演艺形式、笑的诙谐幽默，以及笑与绘画艺术、笑与出土文物、笑的书籍版本、笑与文化流脉，你可以浏览笑文化的蔚为大观，感受笑的历史脉动。

笑智慧。一个人笑，只是自娱自乐，一家人笑，才是其乐融融。让身边人笑起来，用笑传递爱，用爱播撒幸福，用幸福创造财富。笑着做人，乐着做事，快乐自己，愉悦他人。夫妻笑着恩爱，一笑泯恩仇。对上笑着尽孝，笑到孝道，感恩知报，博父母开心一笑，就是最好的孝道。对下笑着家教，与孩子快乐成长。

笑礼仪。影星琼·克劳馥说，女人出门忘记化妆，微笑是最好的补救方法。中国谚语：投以微笑，报以微笑。微笑沟通，微笑社交，敬重师长，爱幼敬老。学会微笑经商，客户不打笑脸人。

笑健康。微笑释放"内啡肽"，欢笑产生"荷尔蒙"，大笑分泌"缩氨酸"。科学家研究发现，人在高兴时，心脏会分泌一种叫缩氨酸荷尔蒙，这种物质可以杀死95%的癌细胞。所以，你的笑容价值千金。

拍手笑运动、开心唱笑歌，是笑运动的热身操、细胞的温泉澡、点燃活力的快乐药。快乐做"笑健操"，快乐健康百病消。"笑健操"

是按照中医经络学说设计的肢体仿生运动，每节动作经过循环往复运动的"数学频率"而产生"物理动能"，从而使人体细胞发生"化学裂变"，达到阴阳平衡、养生愈病、健康长寿的目的。"笑健操"适应人群为长期心理压力得不到释放的人、脏腑机能失调身体肥胖的人、亚健康状态有慢性疾病的人、性格孤僻有抑郁症倾向的人、追求生活质量身心健康的人。

笑文化、笑智慧、笑礼仪、笑健康，为"赢天下"做好精神与物质准备。所谓"赢天下"，即是直达目标的信心与决心。天下即格局。没有天下之心，事业就做不大。大肚能容，容天下难容之事；开口便笑，笑天下可笑之人。

笑赢，赢得快乐！首先要有一颗平常而喜悦之心，不被忧愁与烦恼困扰。

笑赢，赢得健康！没有健康的体魄，就没有赢得胜利的根本。健康是一，其他都是零。如果一个人没有了生命，一切功名利禄都是乌有。

笑赢，赢得成功！成功的基石是健康，健康的基石是心态，心态的表现是笑容。

笑赢，赢得人生！快乐、健康、财富、幸福、福寿康宁。儒家的理想、佛家的智慧、道家的修行、笑家的健康，能获得人生大圆满、天下大成功。

笑赢天下！笑，笑人生；赢，赢天下。

许笑天

2022年8月13日于北京

名人作序

爱笑事业　锦绣前程

2011年3月，北京某家健康管理中心邀请我和北京笑康复专家许笑天，带领几十名企业管理者举办"快乐笑走 香山攀登"活动。从此，我才知道许笑天老师特殊的人生经历与研究实践笑康复技术的成功经验，亲身体验了他创编的"拍手笑运动"和"笑健操"以及拜读了他的第一本专著《笑出健康》一书。打那以后，笑结善缘，共同携手中国爱笑事业。

许笑天老师笑派演讲很棒！对笑文化笑健康有着深入了解和实践，我经常邀请他在全国"笑长"群里讲座，非常受欢迎。

2022年世界爱笑日，我又邀请许笑天老师参加我的视频号全球直播，那天他带领北京笑友们身着盛装一起欢笑，哈哈笑、嘻嘻笑、嘿嘿笑，唱笑歌，做笑操，将快乐传递给全球的人，非常博眼球，吸引了众多笑友们参与互动。

许笑天老师曾经处在极度的心灵谷底，按常人的轨迹都会彻底地崩溃和迷失，但是命运之神的眷顾就降临在他的身上。他练笑救自己，开始了笑文化探索之路，先后创编了"拍手笑运动"和"开心笑健操"，出版了他的第一本专著《笑出健康》，我通过学习，愿意分享几点和大家一起交流。

许笑天老师的笑运动康复法，调动多层次的微表情融进日常的生活动作，堪称笑运动的八段锦。唱、吟、吐、纳、清、升、浊、降，言笑之间三腔共鸣，打通中脉，用诗歌般的语言做了深层的心灵暗示，润物细无声。

面对当下每况愈下的世界环境，人们去哪里才能找到安全感和幸福感？

身体可以躺平，心智、心灵、心态是不可以躺平的。那解决问题的方法在哪里？请看这部《笑赢天下》新书。

我为许笑天老师站台代言，帮助有缘人过上开心美好的生活！可以说，这部专著是他通过十几年创造和实践，凝聚的智慧和心血。

让身边人笑起来，用笑传递爱，让世界充满爱，把快乐传递给更多人，笑遍中国，笑遍世界。

爱笑俱乐部总笑长：张立新

2022 年 8 月 9 日 于深圳

名人作序

笑以载道　字以能量

我与作者许笑天结识于北京东直门敬老院，一起做公益，为老人们送健康。他带领老人们做笑运动，又笑又唱，又做开心快乐操，大家笑得前仰后合，非常受欢迎。我开始认识"笑文化"，这个笑是笑容的"笑"，而不是孝道的"孝"。这个"笑"字也成为一种学问，一种传统文化，还真有点意思。我是搞文字学的，就从这个"笑"字说起。

笑字，最早出现于战国时代，本从犬不从夭。有云："下士昏（闻）道，大笑之，弗大笑，不足以为道矣。"笑字皆从艸从犬，与楚帛书同。古文献中较早出现"笑"字的是《易·旅》："旅人先笑后号啕。"后来的有《论语·宪问》："乐然后笑，人不厌其笑。"《孟子·梁惠王上》："以五十步笑百步，则何如？"《庄子·秋水》："吾长见笑于大方之家。"

《说文新附》："此字本阙。臣铉等案：孙愐《唐韵》引《说文》云'喜也。从竹，从犬'，而不述其义。今俗皆从犬。又案：李阳冰刊定《说文》'从竹，从夭'，义云'竹得风其体夭屈，如人之笑'。"

《说文解字》曰："笑"是一个会意字，从竹（竹子）从夭（弯曲），竹子被风吹弯且发出声响，如人笑时，常会屈体弯腰发出笑声而得名。笑字由上面"竹"字头和下面"夭"字组成。竹子是自然界绿色生命中最顽强的植物，竹笋能从顽石底下拱出来，在阳光下节节长高，可见生命力极强。

"笑"指的是人在高兴时流露出的一种真实情感。"笑"除了代表个人情绪之外，还代表人与人之间关系的融洽，例如"喜笑颜开""谈笑风生"等词语。发展到后来还有人用与"笑"有关的词语，来形容那些表面和善而实际上严厉或阴险的人，例如"笑面虎""笑里藏刀"等词语。"笑"由高兴的意思又引申出了讥笑、嘲笑的意思，如成语"五十步笑百步"。

笑字里面有"天"，有"地"，有"人"，真乃天、地、人三位一体。从养生学角度看"笑"字："竹"字头象征人的生命力，两个竹字头，左为阳，右为阴，上为天，下为地。在这上下左右、天地阴阳之间，"人"居其中，笑起来很有动感，象征阴阳平衡，生命永恒。好一个富有全息能量的"笑"字，把人类生命活脱脱呈现出来了。

笑文化是中华传统文化的一条支脉，博大精深，情趣盎然。它与国学、美学、心学、爱学、家学、福学、教学相交织，串联起一条姹紫嫣红、熠熠生辉的文化项链，展示出丰富多彩的精神世界。笑文化与人们生活和社会发展紧密相连，笑的典故、笑的成语、笑的诗句，笑的语言、笑的艺术、笑的方法、笑的健康，无不与人类社会同步向前，创造人类社会精神文明的辉煌历史。

笑以载道，字以能量。许笑天历经唐山大地震生死磨难，笑文化使他走出悲伤的魔咒，历经艰辛创编出这套经过反复实践的笑文化生命价值训练系统，给人们笑面人生经受磨难提供了成功的典范。这本《笑赢天下》就是他创作的缩影，满满正能量，值得大力推广。

中国传统文化促进会荣誉会长：李土生
2022 年 8 月 10 日 于北京

名人作序

推广笑文化　　快乐传播笑

我与许笑天老师结识在我出版的《疯狂演讲》新书发布会上，他的特殊经历让我震惊，他的求索精神让我振奋，他的做人处世让我钦佩，他的笑派演讲让我血脉偾张！我经常在社会活动中自觉不自觉地拿他作为成功案例，渲染到更多人对笑文化情有独钟。

在京工作近20年，认识各界人物众多，唯有许笑天老师成为我每场演讲中都不得不传颂的逆袭成功案例。他从1976年那场大地震的灾难中失去11位亲人迷失了生活航向，到成为著名"笑专家"用三十多年的时间，专心研究笑文化、笑运动、笑养生，并形成独到且完整的笑文化理论与训练体系，不断地在全国各地进行实践应用并广泛推广，受益者日众，营造了强大的笑文明现象，对我启发颇多。

我创立大救星集团，在国家的乡村振兴战略中推出了"溯祖文化产业园""大救星健康小屋""大救星孵化园"等"三大战役"。其中"大救星健康小屋"提供了一个填补乡村振兴空白、标配植入许笑天老师的"笑文化幸福学堂"、让人拥有常笑之道的幸福工程。

在为五千年后的人类溯祖今天缔造文明的"溯祖文化产业园"和"大救星孵化园"中，也都嵌入许笑天老师主导的"笑文化幸福学堂"精要内容，传承百年千年。为此，大救星集团还特别聘请许笑天先生出任大救星集团"投消者商学院"荣誉教授，为他的笑文化传播开辟一条崭新通渠。

"人"是决策的最重要元素，"笑"是"人生"的最重要内容之一。每个人都是把握自己笑的命运的决策者，也都是自己健康的第一责任人。做好决策者，心态很重要，笑文化是保持最佳心态的至圣法宝；做好决策者，健康更重要，笑文化是保证健康的灵丹妙药，笑对决策者来说有诸多好处。

中国决策学研究员：赵春林

2022 年 6 月 1 日 于湖南怀化

名人作序

笑遍全球送健康

我是2020年在北京通州的一家公司讲《人类健康长寿》课程时认识许笑天夫妇的。许笑天向大家传授了他"研究的笑"和笑文化，让我一下就认为这才是笑的技术、笑的艺术、笑的必修课，还能让我的课程有如虎添翼之感。

我查阅古今中外有关资料，世界上有两个人写过《笑的研究》。第一个是法国的哲学家亨利·柏格森（1859—1941年）。他的著作颇多，1927年还被授予了诺贝尔文学奖。在他众多的著作中，《笑的研究》一书更为全世界众所周知的。这本书的别名为《笑论滑稽的意义》，属于美学范畴的著作，专讲滑稽和嬉戏，以及能让人发笑的研究，是"由外而内"引人发笑的文字艺术与技巧。

第二位是我国20世纪50年代家喻户晓的相声演员，曾应毛主席的要求，周总理安排他把相声送进了中南海的、相声界的祖师爷侯宝林先生（1917—1993年）。他与郭全宝的一段著名相声是《笑的研究》，从医学角度研究笑话和幽默能引起笑对人有好处的说段。

这也是"由外而内"引人发笑的语言技巧和艺术。

当代又出现了第三位，那就是许笑天老师，他不仅有"笑的研究"，而且有"研究的笑"。最可贵之处是：这不再是"由外而内"地笑，而是"由内而外"积极主动地笑，还是声音和动作双管齐下的。全身笑运动的艺术，包含了身心、歌声和各种舞操等肢体动作，成为一种全身心投入、简单易行、人人都能做到做好的综合笑运动。这怎么能不值得全社会去学习、普及和推广呢？

为了更有科学的说服力，我对参加许笑天老师课程的学员进行前后变化的测查比较，竟发现了十分惊人的事实。在一周学习中，前后共测查了 13 个人，结果 5 个主要方面的得分，即健康、心脏、大脑、全身等，当天平均每人提升 5~10 分，一周后提升到 10~15 分。

心脏方面的三项指标，当天每人平均提高 3~5 分，一周后提高到 6~10 分；大脑方面的 10 项指标，当天每人平均提升 4~7 分，一周后提升到 8~15 分。一周学习下来，每人各项指标都有明显的变化，40% 的人指标都提升到了 100 分，达到了满分要求。

这说明一个道理，只要您能跟着他坚持笑文化的训练，迟早也能像他一样全身心健康的。

我现在每天都在练习许笑天老师教我的笑道，各项身体指标都一直保持健康状态。希望有志于此的有缘人，共同去参加笑文化的学习吧。

我深信，笑运动健康技术的推广，会促进大众健康长寿，有助于您笑赢天下。

《笑赢天下》确实是一本值得推广普及的好书。

中国老教授协会医学专业委员会专家委员：崔国安

2022 年 6 月 21 日 于上海

目 录
CONTENTS

上 篇
笑学：笑的学问

第一章　你为什么会笑？　　　　　　　　007

　　第一节　笑的发生　　　　　　008
　　第二节　笑的形象和声音　　　010
　　第三节　笑与心智　　　　　　021
　　第四节　笑与情绪　　　　　　023
　　第五节　笑与寿命　　　　　　026

第二章　笑与传统文化　　　　　　　　　029

　　第一节　笑之说文解字　　　　030

第二节	书法中的笑文化	032
第三节	成语中的笑文化	033
第四节	诗词中的笑文化	034
第五节	文学典故中的笑文化	036
第六节	笑——开心文化	042

第三章　笑的艺术　044

第一节	笑是一门美的艺术	045
第二节	笑：具有感染力的表达艺术	046
第三节	笑：社会交往的形象艺术	048
第四节	笑：待人接物的礼仪艺术	049

第四章　笑与心理学　052

第一节	笑是健康心灵的呈现	055
第二节	笑与积极心理学	057
第三节	笑与社交心理学	061
第四节	笑解心病	063

第五章　笑与家学　066

第一节	笑的美育家教	069
第二节	笑的"幸福五行"	070

第三节	笑与孝道	076

第六章　笑与福学　　078

第一节	笑孝幸福观	081
第二节	百善孝为先	082
第三节	百孝笑为魂	084
第四节	笑孝智慧	084

第七章　笑与美的学问　　086

第一节	笑与美	087
第二节	笑绽美之花	088
第三节	笑出美心态	090
第四节	美人也爱笑	091
第五节	笑出爱的情愫	093
第六节	笑爱夫妻	096
第七节	笑开爱之门	097
第八节	笑与婚姻	098

下 篇

笑道：笑的道法

| 第八章 | 笑悟生死道 | 109 |

	第一节	与生死面对面	111
	第二节	同父母永别	115
	第三节	一碗救命的清水面汤	117
	第四节	笑对无常	121
	第五节	笑扛车祸	123
	第六节	笑脱药中毒	124

| 第九章 | 爱笑康复道 | 128 |

	第一节	解郁的"笑"	130
	第二节	稳压的"笑"	133
	第三节	护心的"笑"	136
	第四节	降糖的"笑"	138
	第五节	排毒的"笑"	142
	第六节	减肥的"笑"	144
	第七节	安眠的"笑"	149

第八节　镇痛的"笑"　　　　　　　152
  第九节　抗癌的"笑"　　　　　　　154

第十章　笑论诸商道　　　　　　　161

  第一节　笑商与智商　　　　　　　162
  第二节　笑商与情商　　　　　　　163
  第三节　笑商与财商　　　　　　　165
  第四节　笑商与福商　　　　　　　168
  第五节　笑商与健商　　　　　　　170
  第六节　笑商与政商　　　　　　　172

第十一章　笑商管理道　　　　　　174

  第一节　笑情绪管理　　　　　　　175
  第二节　笑风水管理　　　　　　　178
  第三节　笑文化管理　　　　　　　180
  第四节　笑制度管理　　　　　　　181
  第五节　笑人心管理　　　　　　　183
  第六节　笑团队管理　　　　　　　186

第十二章　笑商营销道　　　　　　188

  第一节　笑智慧营销　　　　　　　190

第二节	笑心理营销	193
第三节	笑形象营销	194
第四节	"微"营销自己	195
第五节	"笑"营销客户	197
第六节	微笑标准	197

第十三章　笑谈思维道　　　　　　　　　　**199**

第一节	富人思维	200
第二节	纵向思维	204
第三节	横向思维	206
第四节	正向思维	208
第五节	逆向思维	210
第六节	形象思维	211
第七节	逻辑思维	213
第八节	发散思维	215
第九节	聚合思维	217

第十四章　笑派演讲道　　　　　　　　　　**220**

第一节	心通　微笑训练	222
第二节	脑通　思维训练	224
第三节	神通　态势训练	227
第四节	口通　演讲训练	230

第五节	全通 实战演练	232
第六节	贯通 综合训练	237

第十五章　笑派主持道　　239

第一节	笑主持之"笑"	240
第二节	笑主持之"说"	241
第三节	笑主持之"派"	242
第四节	笑主持之"演"	243
第五节	笑主持之"词"	244
第六节	笑主持之"控"	245
第七节	笑派主持	246

第十六章　笑派直播道　　250

第一节	笑派直播	251
第二节	笑派直播技巧	253
第三节	笑派直播演练	255
第四节	笑派直播案例	257

第十七章　许氏笑疗法　　260

第一节	三笑养生法	268
第二节	拍手笑运动	271

第三节	开心唱笑歌	272
第四节	快乐笑健操	273
第五节	微笑健走操	282
第六节	五行笑诊术	287
第七节	击掌笑通脉	292
第八节	减肥笑三式	294
第九节	笑八锦运动	296

第十八章　笑文化实践篇　　303

一、笑文化学堂　　304
二、传播笑文化　　308
三、笑派主持国学论坛　　310
四、笑派主持老年春晚　　312
五、千人笑唱诵　　314
六、笑美文德园　　316
七、笑攀岩登峰　　318
八、笑赞巾帼英雄　　321
九、笑动母亲节　　323
十、笑派执导中医春晚　　324

后　记　　笑行天下　　339

上 篇

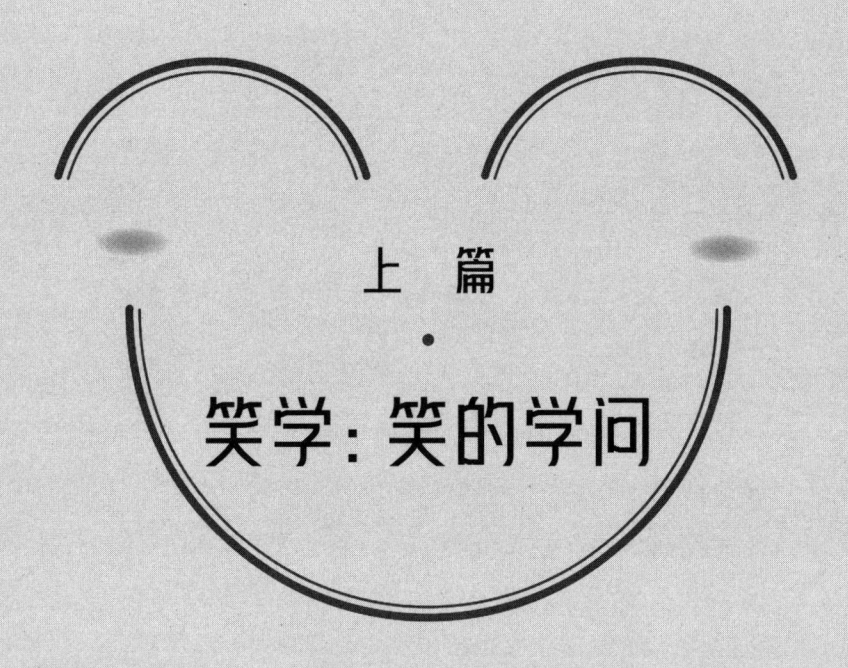

笑学：笑的学问

老子《道德经》云：

明道若昧，进道若退，夷道若纇。上德若谷；大白若辱；广德若不足；建德若偷；质真若渝。大方无隅；大器晚成；大音希声；大象无形；道隐无名。

夫唯道，善贷且成。

- **笑学，"笑"之学问**

  反过来学笑，哈哈大笑，着像于外形；笑学，显像于内观。笑与不笑是心像，笑好笑坏是心情。笑学似一根红线，串起国学、艺学、美学、爱学、心学、福学、家学、教学八颗学问的珍珠，形成一条姹紫嫣红、熠熠生辉的艺术项链。

- **笑学，"国"之学问**

  笑的创造、笑的书法、笑的诗句、笑的典故，贯穿历史，显像当今，连接未来。

- **笑学，"艺"之学问**

  笑的表演、笑的说道、笑的歌唱、笑的舞蹈，尽展风骚，博人眼球，挠人心窝，入人梦境。

- **笑学，"美"之学问**

  笑的状态、笑的声音、笑的情景、笑的氛围，美之又美，美美与共。众人之美、男女之美、你我之美、开心之美、快乐之美。

- **笑学，"心"之学问**

  笑显心像，笑开心门，笑祛心病，笑面人生。心智模式，心花怒放，心知肚明，心想事成。

- **笑学，"爱"之学问**

　　爱笑性格，爱笑习惯，爱笑心态，爱笑行动。爱意满心里，笑传正能量，和谐社会风。

- **笑学，"教"之学问**

　　教育子女，教育家人，教育朋友，教育社会。大"笑"有声，传"教"无形，寓教于乐，笑遍全球。

- **笑学，"家"之学问**

　　笑传家风，笑承家训，笑守家规，笑扬家名。家是笑的港湾，笑是家的风帆。扬帆起航，笑迎彩虹。

- **笑学，"福"之学问**

　　笑祛邪魔，笑来福神，笑生福运，笑展福祉。福如东海，笑攀福山，福运亨通。

微笑　欢笑　大笑

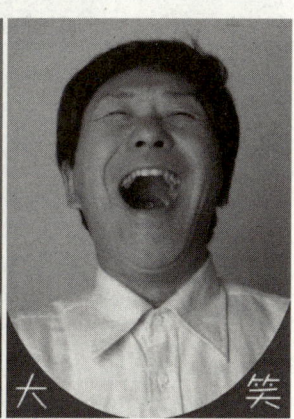

我们许笑天老师就是这么一个人，从唐山大地震废墟中走过来以后

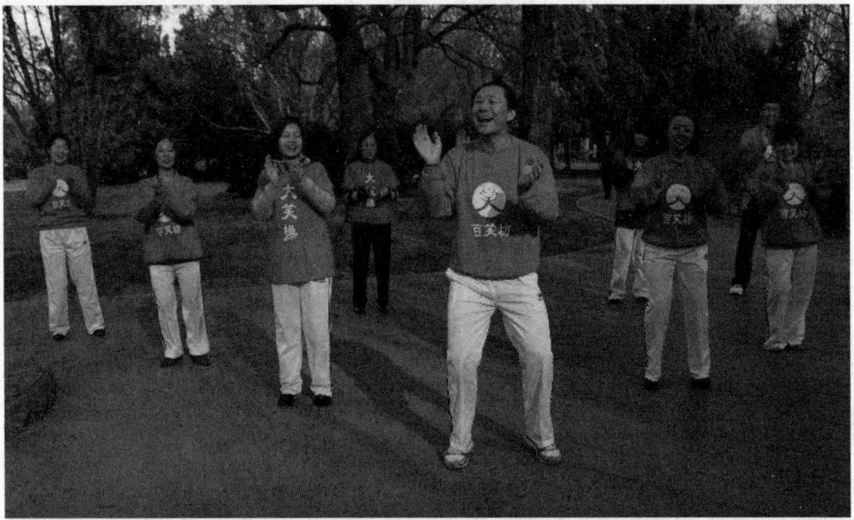
大笑操
百笑坊

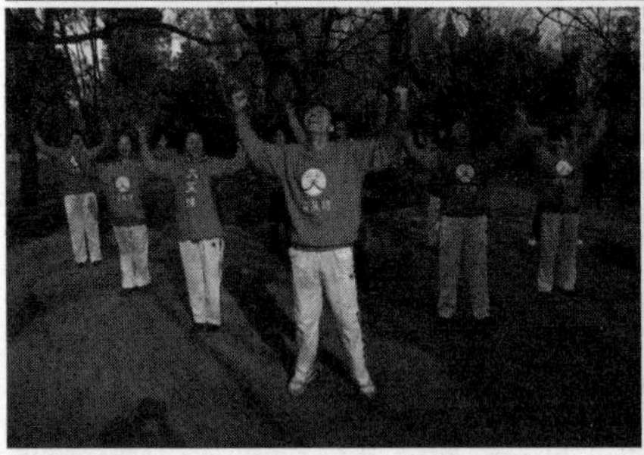

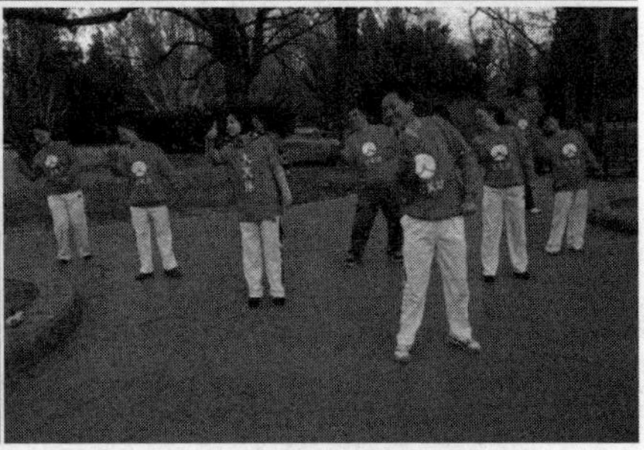

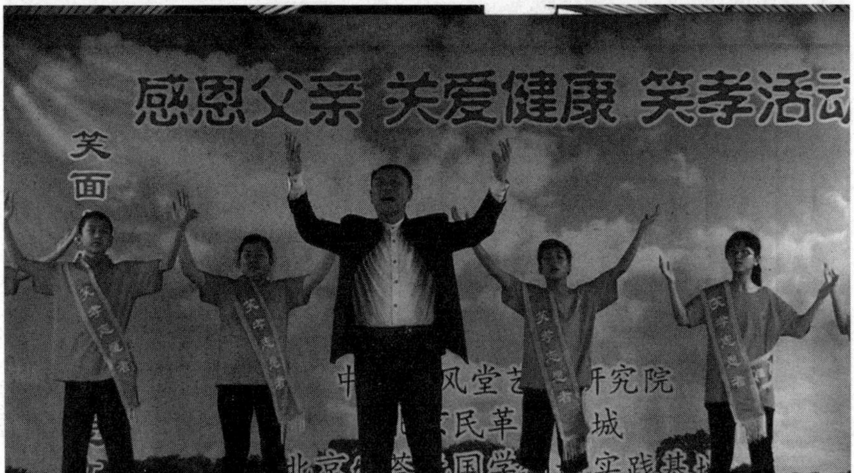
感恩父亲 关爱健康 笑孝活

第一章

你为什么会笑？

开心一刻

镜　子

一对年轻夫妇去看画展。妻子的眼睛高度近视，她站在一幅大画前仔细地看了老半天，然后大声地喊了起来："我的天哪！这位妇人为何如此难看？"

"亲爱的，别大惊小怪，"丈夫连忙走上前去悄悄地告诉妻子，"亲爱的，这不是画，是镜子。"

悟道金句

人生最大的学问，就是笑的学问。

人生最美的风景，就是笑的风景。

笑肌，位于嘴的两侧，各有一块。在微笑或大笑时能使嘴张开。另有两块肌肉，可让嘴角运动。嘴的两个外缘各有一块口角提肌，可使嘴角翘起。面颊两侧各有一块口角降肌，可使嘴角下垂。

这只是对人笑容产生的机理描述，但笑的表情就像万花筒一样，变化出无数种笑的状态。在现实生活中，人们每天都在笑，但谁又能说清楚，人为什么会笑？笑的含义是什么？笑，有什么学问？

第一节　笑的发生

科学研究大脑的解剖图显示：大脑额叶，主要负责高认知需求；颞叶，主要负责对语言进行处理；左额下回，主要负责词义和构词法；布洛卡氏区主要负责声音、文字和句法；左颞上回，主要负责人类语音的辨识。额叶脑电路使人类能够基于社会和情感语境，对语言的意义进行解读，这有助于我们理解并欣赏像讽刺之类的幽默。有趣的是，当前额受损或前额功能不良时（比如自闭症患者），人类欣赏幽默的能力便丧失了。科学家考证：婴儿出生两周至两个月就会发出笑声。如果不会笑，就有可能是脑瘫儿。

笑是人类大脑灵动的表现，一旦大脑出现了问题，脑神经元发生障碍，指挥部失灵，人就不会笑了。

美国科学家实验发现，老鼠如果对一种好玩的事情作出反应时，它们就会发出唧唧的声音，这种声音其实就是鼠类的笑声。因为老鼠和人类在7000万年前曾经拥有同一个祖先，所以要论最原始的笑，人类笑的历史可以推到7000万年前，因为人类大脑控制微笑的神经区域，位于大脑的最原始部位。

人类的笑是与生俱来的，科学家用超声波观看孕妇怀胎，胎儿成长到六七个月的时候，开始学习微笑。妈妈高兴，胎儿就高兴；妈妈开心，胎儿就开心；妈妈微笑，胎儿也微笑。所以说，人类的微笑从胎儿时期就开始了。科学家还发现，当婴儿呱呱坠地两周至两个月时，就会笑了，笑与生俱来，不用学，不用教。如果婴儿不会笑，这个孩子就有可能患有脑瘫。由此可见，笑与脑结构有关，笑是脑神经外显的表情。人类与动物根本区别是思维方式，人类属于高级思维动物，而动物是低级思维，处于不同的维度和层面。笑不过是人类高级思维层面的一种特殊的表现形式而已。

人一出生就会笑，笑容也会跟随人们几十年直到终老。笑，成为人类生命重要的组成部分，就像生活中的佐料：盐和糖。人类因为有了笑容，才使生活饶有味道。但随着不同年龄段身心情况的变化，笑容也会有所不同。

据科学家跟踪研究发现：婴儿每天要笑300～500次，而中年人每天只笑30～50次，相差10倍之多。说明笑与心理压力和生理变化有密切联系。婴儿一包真元之气，思维纯净简单，每天除了吃、玩就是笑，笑是婴儿成长的运动方式。而成年人因常年七情所损，六欲所伤，气血亏空，思想复杂，郁闷不开心、负能量多，所以，笑容就会减少了。不同年龄段都会产生心态变化，我通过几十年对笑科学的研究，把人们一生的笑按照年龄段分成婴儿甜笑、儿童玩笑、青年欢笑、中年苦笑、老年嬉笑五个时期。

微笑是人类一种最常见的表情，也是传达心意的多种不同的状态。在不同的场合下,在不同的人面前,笑的状态是不同的。对待父母和家人的微笑是亲切的,因为饱含血缘亲情的成分;对待朋友、来宾、客户的微笑是热情有温度的,表示对别人欢迎的心理;对待老师或领导的微笑是信服的,因为眼里满含对上级的尊重与爱戴。

礼仪的微笑:陌生人相见微微点头的招呼式、应酬式的笑容,平时谦恭的、文雅的、含蓄的、深沉的或带有其他礼仪成分的浅笑。

职业的微笑,是服务行业或其他一些临时性宣传、表演职业,保持微笑是起码的要求,但无论心情好坏,无论自己有没有微笑的动因,都需要自觉地面带笑容,这是领导的要求、职业的需要,长期也可能形成了习惯。

笑是一门大学问,一门有关人类与社会的大学问。笑的学问博大精深,涵盖人类生命的方方面面:

从形态上说,有笑脸;

从声音上说,有笑声;

从神态上说,有笑姿;

从心理上说,有笑意;

从语言上说,有笑话。

第二节　笑的形象和声音

笑的形象展现,就是由人的面部表情组合成的一张笑脸。这张笑脸瞬间可以变化出上百种笑的神态，它将人的皮肤、人的五官、人的情绪、人的神态表现得淋漓尽致。当人们笑起来时，脸上的皮肤产生波动，就像海浪一波一波地滚动。人的眉毛、眼睛、鼻翼、嘴角和耳朵会拼接成各种图案。人的情绪也会随着内在的心情，发生翻天覆地的变化，或微微传递笑意，或哈哈发出笑声，或张开大口笑个不停。人的神态也会随之变化多姿，或幽默诙谐，或喜悦无限，或忘我无我，或不觉失态。谁也无法隐藏着一张开心的笑脸。

人类的笑脸是无国界的，没有统一标准的，无论白皮肤、黄皮肤、黑皮肤，无论是大眼睛、小眼睛，无论是长脸庞、方脸庞、圆脸庞，笑起来都是同一种状态，展现出最好的心情，最美的表情，最开心的状态，最愉悦的表现。无论是父亲的笑脸、母亲的笑脸、孩子的笑脸，还是男人的笑脸、女人的笑脸，都传递着快乐、开心、愉悦、阳光。用什么统一的图案符号，将这一美好的能量聚集起来呢？

一、笑脸表情符号

1982年9月19日，历史上第一个笑脸表情符号诞生，它就是":-)"。很少有人知道它诞生于美国卡耐基·梅隆大学的计算机学院，卡内基·梅隆大学的斯科特·法尔曼教授创造了这个表情符号。这个符号是一个笑脸。

笑脸符号：由冒号、短横线和半个括号组成的符号串，表情符号让网络交流变得有趣味更亲切，它可能是当时网络上最流行的符号。

你可曾想过这个绝妙符号组合是如何诞生的？当时斯科特·法尔曼坐在电脑前，扫视着键盘上的那些字符，于是他想或许可以组成

一个笑脸。用键盘上的这些字符多次尝试后发现,把冒号、短横线和左括号排在一起,只要顺时针旋转90度,这个符号就像一个人的笑脸":-)"。于是斯科特·法尔曼提议大家在说笑话时可以把这个笑脸符号":-)"加进去,这个建议提出后得到师生们的广泛认同,世界上第一个笑脸":-)"就由此诞生了。这一符号很快传播到其他大学,并进入商业和日常领域,受欢迎程度远远超出了斯科特·法尔曼的预期。

在个人电脑与互联网普及后,"微笑"符号更是传遍了全球,微软公司等推出的MSN等即时通信软件也纷纷预设了笑脸图标。斯科特·法尔曼表示自己更喜爱文本格式的笑脸符号,因为它比通信软件中的笑脸图标更让人产生无限遐想。

每个人的心理状态都是隐形的,只能意会不可言传。人们是通过表现领会其意的。而微笑是心灵的窗口、思维的天象。微笑的面部表情里,眉宇间是舒展的,晴空万里;若是紧皱眉头,就会晴转多云,变得阴沉郁闷。若是眉梢往上挑,嘴角往上翘,就笑得阳光灿烂;如果把眼帘往下拽,嘴角也往下撇,就是哭,哭得悲伤可怜。笑容来自心情,心情好坏决定你的面部表情和笑态。如果经过微笑训练，就能将 8 点 20 的"阴沉脸"变成 10 点 10 分的"阳光脸"。恰恰是这种"阳光脸"，会产生无限魅力，打开人的心门，产生快乐的能量，具有很强的穿透力。

"微笑脸"是聚宝盆，嘴角向上能够接住财富。"愁苦脸"是破财罐，嘴角向下会溜走钱财。男人的笑态是豪放舒展的，女人的笑姿是婀娜多情的，笑姿笑态，都是产生人格魅力的快乐元素。

笑态是一个名词，是人们笑起来表现出来的状态。人的状态有举手投足、身体震动、长吁短叹、捂脸遮唇、抱头捶胸等，千姿百态，仪态万方。当你在微笑的时候，你的眼睛也会"微笑"，否则，给人的感觉是"皮笑肉不笑"。眼睛会说话，也会笑。如果内心充满温和、善良和厚爱时，眼睛的笑容一定非常感人。

二、父母的笑脸

人类拥有无数张笑脸，代表着无数种心境。但婴儿看到的第一张笑脸，就是母亲亲昵的笑脸，那么美丽，那么慈祥，那么温柔。几乎所有的孩子都是在母亲这张笑脸呵护下慢慢成长起来的。在孩子的记忆中，母亲的笑脸永远是朝霞般灿烂。

但相比之下，父亲的笑脸是真诚而严厉的。父亲的笑脸充满着对孩子的关爱和希望，有时候热烈，有时候冷峻。父亲的笑脸与母亲的笑脸截然不同，总是眉梢上挂着喜悦，嘴角上透着严厉，眼睛里充满希冀。

父亲的笑脸年轻时散发着阳刚之气，给孩子以正能量，伴随着孩子健康成长。父亲的笑脸年老时充满着幸福之光，给孩子以安全感。

母亲的笑脸和父亲的笑脸,永远是孩子心里快乐的符号,陪伴孩子直到终生。

三、孩子的笑脸

人类最可爱最动人的笑脸,当属婴儿的笑脸。当婴儿呱呱坠地来到这个世界上,第一声哭泣,就是最好的礼物,快乐而甜蜜。婴儿这一声啼哭,定会让父母和亲属绽放出多少张喜悦的笑脸啊!宣布家族添丁了,一个小小生命诞生了。

婴儿的笑脸,永远是绽放的、纯粹的、无瑕的,没有一点污染。无论婴儿、顽童、少年、青年,笑脸如花绽放,笑脸璀璨烂漫,如诗如歌,是快乐成长的印记。稚童的笑脸,就像一首欢乐的歌,永远是快活的、欢乐的、纯净的、频率最高的。据科学家观察,婴儿每天笑 300~500 次,除了吃、玩就是笑,笑就是婴儿成长最佳的运动。儿童的笑脸,每天呈现 200~400 次之多,一边玩一边笑,就是对儿童生活最好的诠释。

除了父母的笑脸、孩子的笑脸,还有大自然的笑脸。

四、天空的笑脸

人类有笑脸,大自然也有笑脸,天空也有笑脸。虽然是一种自然现象,但仍然会给人类带来无限的遐想。天空上演的"双星伴月",看上去就是颜色都偏红的两颗星组成一对有些发红的"眼睛",一弯蛾眉月则在下方展开笑颜。

"双星伴月"当晚,往西南方向望去,就能看到这个红眼笑脸。左眼是毕宿五,右眼是火星,两星相距不到一拳头远。从天黑到月亮落山的将近 4 个小时里,笑脸一直可见;时间越晚,月亮离两星越近,笑脸就越美。

专家介绍,尽管每个月都会发生各种"合月""伴月"等天象,但星空笑脸却相当罕见。要形成比例和谐的"笑脸",条件十分苛刻。首先,要有两颗亮度相差不大的行星或亮恒星大致处于相"合"的位置。然后,要有合适的月相,最好是农历初三、初四的蛾眉月,而且它还要出现在两星以西十多度处。此外,月牙的方向要几乎正对两星,不能"歪嘴"。最后,月亮还要位于两星的垂直平分线上,偏离最好不超过半度。

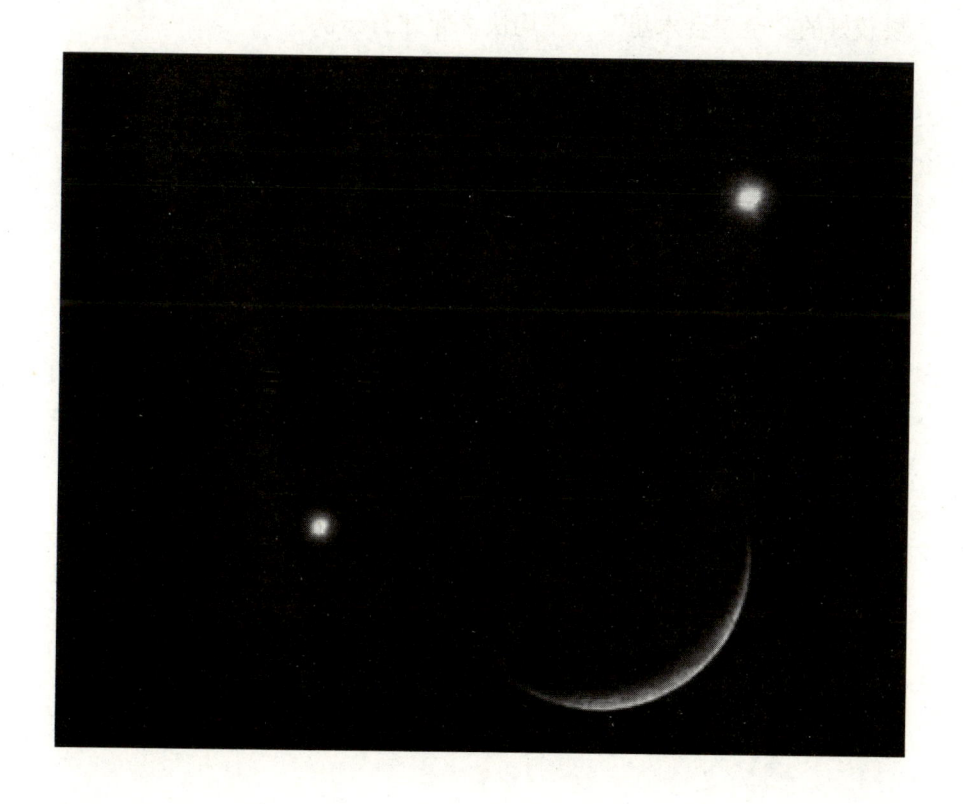

火星是地球轨道外的第一颗行星，呈红色，荧荧像火，亮度常有变化，我国古代叫它"荧惑"，有"荧荧火光，离离乱惑"之意。而金牛座的恒星毕宿五是一颗典型的红巨星，正步入晚年。据了解，"双星伴月"天象虽然常见，但能赶上月亮为蛾眉月，又呈"咧嘴"状的时候并不多。

"天空笑脸"目前引起了大家的广泛关注——金星和木星相合，加上位置几乎正好的月牙，构成一张笑脸。估算一下，大概这确实属于"奇观"了——也许我们一生中只有这一次，或者最多两三次。因为金星和木星相合，平均每年只有1次多一点。其中，很多次相合时与太阳的角距离太近，无法观测。根据软件推算，发现难以观测或缺乏效果的相合大概占了一半。这样，可以说，适合观测，效果较好的"金星合木星"，平均快2年才有一次。

然后，再加上关于月亮的考虑。由于要凑成"笑脸"，月亮必须在"金星合木星"时出现在它们附近。这样，不论是傍晚的笑脸，还是凌晨的笑脸，大约都只有整个月相周期中某一天的月相比较适合。因此，要乘一个"1/28"。这样，大约平均五十来年才有一次"天空笑脸"了。

天空出现微笑图案纯属偶然，实不多见。但历史上确有记载。北京出现双星伴月的笑脸都有真实的报道。除此之外，天空的云彩也有出现笑脸的时候，白云绽开，出现的笑脸形状真实可见。有人曾拍下这个瞬间，留住了这令人遐想的图案。

天空的笑脸是一个奇观，它有多大能量呢？据说，有个外国的小女孩得了自闭症。一天，当她看到天空出现笑脸时兴奋不已，心情开始好起来。细心的爸爸用相机记录下了难忘的镜头。

有一位痴情姑娘因为谈恋爱，被帅哥甩掉精神受到刺激，想自杀。那天晚上，她喝醉酒，一个人沿着月色茫然地走。她不知该走向何处，只是走啊走，心里空落落的，只想走到天的尽头。

但当她无意间抬起头时，看到天空出现一张笑脸，霎时感到无比奇异。看着这张笑脸，心情自觉好起来了。她突然不想死了，世界这么美好，我这么年轻漂亮，还没有享受生活，就这么离开这个世界，多么不值得啊！

瞧！天空这张笑脸，救活了一条年轻的生命。

五、大地的笑脸

广袤无边的大地，群山怀抱，绿水环绕，古树参天，遍地花草。

春天姹紫嫣红的鲜花绽放，夏日漫天碧透的池水荡漾，秋天硕果累累的金色闪光，冬日皑皑白雪的枝丫漂亮，这就是大地展示给人类的"笑脸"。

大地是人类的母亲，江河湖海是血脉，山峦叠嶂是骨骼，森林树木是屏障，黄土地供人类耕耘收获，填饱肚腹；洱水供人类饮用发电，获得光明；大海洋供人类探险开发，起锚远航。大地母亲永远敞开胸怀，拥抱大地的子女们。

这是在"世界微笑日"，人们用队形设计的笑脸标志，寓意大地与人类共同的笑脸标志。1948年，国际红十字会规定将国际红十字会创始人亨利·杜南的生日5月8日定为世界红十字日，也即"世界微笑日"。从1948年起，每年的5月8日，世界精神卫生组织把这天定为"世界微笑日"。

这一天，每一个人都需要放缓脚步，静观周围美好的事物，凝神谛听大自然的天籁，让绷紧的脸庞舒缓、皱紧的眉宇打开，让微笑在脸上绽放，融解人们彼此之间的冰霜和风寒；希望通过传递微笑，促进人类身心健康，同时在人与人之间传送愉悦与友善，增进社会和谐。

笑脸是人们开心时的一种愉悦表情，随着这种表情还有阵阵朗朗的笑声。笑声，即是笑的时候人们发出的声音或犹如笑的声音。

笑声的种类：有老人的笑声、小孩的笑声、年轻人的笑声……笑声的音频震荡，可以激活人体60兆亿细胞进行运动。一般笑声为90分贝。笑声有不同含义，如爽朗的笑声、欢快的笑声、开心的笑声、清脆的笑声、银铃般的笑声。

笑是一种运动，以人的表情来说，笑是其中最重要的，在喜怒哀乐的表情变化中，喜和乐的最直接表现就是笑了。笑脸有不同的表情，笑的声音，有大小、远近、高低、粗细、快慢之别；有爽朗、热情、忧郁、真假、浪漫、聪明、笨拙、柔和、娇媚、粗暴之区分。

"哈哈哈"的笑声，从腹腔发出是豪杰型，这类人体力充沛，为人光明磊落，拥有恢宏的气度，性格奔放开朗，从不自卑保守，喜欢冒险，能牢牢抓住稍纵即逝的机遇，这种笑声带有威压感，会震慑人。女性若是发出这种笑声，一般是属于领导型人物。

"嘿嘿嘿"的笑声，通常是表达对他人轻蔑时的冷笑。当事者内心不安或烦躁；带有攻击性，希望借此压制对方以获得快感；或是对他人带有批评时的笑声。

"嘻嘻嘻"的笑声，属于少女型，好奇心强，凡事都想试一试的性格，非常希望博得周围异性的好感。而这种心态随时表现在脸上，情绪时高时低。

如果笑的时候，嘴角深入脸颊，连眉毛也有笑意，此人对生活充满自信，精力充沛，能以极大的热情投入工作。感情丰富细腻，态度坚决果断，诚实守信，忠于职责，使人感觉安全可靠，有很多人都乐意与他们接近，他们可以使周围的人也一样快乐起来。若是男人，则有胆有识；若是女性，则用情至深。

六、女人的笑声

女性的笑声，是银铃般的笑声，声音尖细，穿透力强，声贝高达 1000～2000 赫兹。女人是感性动物，爱笑是她们的本能。爱笑是女士情绪释放的窗口，动不动就会嘻嘻、咯咯、嘎嘎地笑起来，且笑得绘声绘色。嘻嘻的笑声，是遇到了开心的事；咯咯的笑声，是遇到了心上人；嘎嘎的笑声，是遇到了逗乐的料儿，会笑声不止，甚至捂着肚皮笑，蹲在地上笑。

女人大都是爱笑的，通过笑声传递快乐的情绪。女性笑的时候，用手背遮挡嘴巴的人，表示与对方的亲近之情，女子大多在情侣面前才会有这一动作，表达爱意，带有撒娇的意味。若一个女子笑的时候前俯后仰，乐不可支，此人往往生活随意、无忧无虑，性格积极乐观，纵使挫折坎坷，也会敢于面对，不拘小节，因此常能挽回大局。在别人眼中，这是有魅力、有个性的人，自身也活得轻松快乐。

《红楼梦》里王熙凤出场时的笑声，就表现出"不见其人，先闻其声"女大管家的性格特征。刘姥姥进大观园吃家宴时无拘无束的笑声，影响到宴席上每个人尽显出不同的笑态。

七、男人的笑声

与女性的笑声相比，男人的笑声是爽朗、奔放、粗犷、响亮的，彰显出男人阳刚性格的特征。开朗，即无拘无束，直爽放荡，就像天气明朗令人舒畅。奔放，指热情奔腾，不受拘束。粗犷，指不加修饰，声音低沉而有力量。

大肚弥勒洪钟般的笑声，官场上自信的笑声，商场上发财的笑声，情场上得意的笑声，格斗场上胜利的笑声，失败时不甘心东山再起的笑声，时时激励他们的斗志，彰显他们的成功。

三国时期的曹操被称为一代枭雄。即使三次战败了，也要发出爽朗的大笑，证明自己雄心不死，待东山再起，谁笑到最后才是英雄。

第三节　笑与心智

笑是上天赐给人类的礼物，人天生就会笑，无论是微笑、欢笑还是大笑，都会给人们带来快乐与美好。美国科学家曾让志愿者阅读系列卡通画册，同时监测他们的大脑活动情况。这些卡通书中，有一些故事情节能引人发笑。结果发现，当卡通故事引起受试者捧腹大笑时，人脑中有一种能够引起愉悦和受到鼓舞的感应网络会被启动，这个效果与人使用兴奋药物的效果一样：人们的心情会得到改善，对周围事物的看法也会朝着积极的方向转变。

科学家认为人类的这种由阅读、看喜剧等文化活动引发的笑，与原始的笑不同，但人类的笑，确实能产生独特的健康效应，像"笑一笑，十年少""笑医百病"等有关笑的谚语，恰恰是这种效应的真实写照。

　　笑是人们心智模式的晴雨表，心里快乐，脸上就有笑容；心里郁闷，脸上就有愁云。可以说，笑是人的心理在脸上绽放的花朵，开心就会笑，高兴就会笑。如果不开心不高兴就笑不出来。我在1976年唐山大地震中一夜之间失去父母及11位亲人，心理突然遭受重大创伤，一下子就不会笑了。心里极度悲伤，脸上就没有笑容。后来，我每天对着镜子练习微笑，坚持练习一个月才微笑如初。

　　有些人常把人类心智想得跟电脑一样，以为它能从环境中接收输入信号，并根据人们当下的目的行动；但这样的观点并不完全正确。与其说大脑是以有逻辑、控制良好的方式运作，不如说大脑更像是在同一时间执行多重任务。幽默之所以会成功，是因为人们在这个过程中感到喜悦；因此一个枯燥乏味的心灵，势必是没有幽默感的心灵。人们从克服困惑中获得愉悦，我们想到答案时就会笑。科学家将幽默看成社会及心理现象，因此对笑的研究是透彻的。调查中显示，比起其他情绪反应，更常看到的是人们对彼此的笑。

　　科学家早已知道幽默能增进人们的健康，而现在通过将幽默视为扎实的心智锻炼，我们才理解为何如此。幽默就像大脑的锻炼，正如体能锻炼强健体魄，保持爱笑的视角，是维持认知敏锐最健康的办法。心智就是要经常运作、被开拓与接受惊喜的。观看喜剧可促使我们的大脑与困惑正面交锋，激荡出新的火花。

第四节　笑与情绪

　　笑是人们情绪的晴雨表，情绪好时，人就爱笑；情绪不好时，就不笑。生活中看到有些人心态特别好，脸上总是乐呵呵的；也经常看到有些人情绪变化特别大，情绪好时就笑，情绪不好时就会愁云满面。

　　笑和幽默是人们社会、情感、认知功能适应性的重要元素。笑作为一项互动活动，能缓解压力和不安。笑可以暂时取代其他情绪。人们在发笑的同时，不能愁眉苦脸地抽泣，也不会怒火中烧。这是因为人们面部肌肉和声带系统更倾向于阳光的情绪。这一切都受特殊的脑回路和神经递质控制。

　　大脑中有几个区域负责笑，每一部分负责不同的笑。比如，当人们发出自发豪放的大笑时，大脑中负责做决定以及控制人类行为的区域就会受到抑制。笑也依赖于大脑的情绪传递区域，这部分区域负责体验及表达情绪。

　　人生活在思维的宇宙里，思维驾驭精神世界，行为主宰物质躯体。形象地说，思维就是想法，行为就是做法。我想吃饭，就去吃饭，想睡觉就去睡觉。想笑就笑，想哭就哭，想恋爱就要恋爱，想结婚就结婚。凡事都是脑子里先想清楚，然后支配身体去做。

　　英国科学家发现，婴儿就喜欢盯住人的笑脸看，并会主动寻找笑声的来源。这种喜欢主要表现在他们看笑脸、寻笑声花费的时间与看新奇图案或玩具花费的时间一样长。这就表明，人类天生喜欢笑脸和笑声。婴儿为什么具备这种本能呢？科学家推测，肯定是大脑存在这样一个快乐控制中心,当人接触到笑脸或笑声以后,就会触动这个控制中心产生一种会"让人感觉良好"的化合物;而有了这种良好感觉,反过来激励人继续看笑脸听笑声。

这种推测最近得到了科学证实。英国科学家观察了28位成年受试者盯住笑脸视频时的眼神,具体测量了他们的视线在所见面孔的眼睛和嘴上停留的时间。作为对比,科学家还让他们观看苦涩的脸。结果发现,携带一种叫做基因特定变体的受试者,盯住笑脸的时间长,而对苦脸所有的受试者都是一眼扫过,不愿多做停留。进一步的研究证实,绝大多数人类携带的这种基因,其实就掌控着人们对笑脸的生理反应,当人们看到笑脸后,这个基因就会释放一种叫做多巴胺的能让人感觉良好的化合物,有了这种好感觉,人们就更爱看笑脸了。而对于没有这个快乐控制中心的受试者,对笑脸就没有那么热衷于追踪了。这些事实表明,笑脸给人带来的快感虽然很轻微,但却是客观存在的。也就是说,我们每个人开心地笑,都会给周边的人们带来一定程度的欢乐,而这也是爱笑的人总是受欢迎的首要原因。

笑与不笑,就是人们的思维在脸上呈现的影像,相由心生。如果每天脑子里想好事就想笑,想着歹事糟心事就不想笑。思维爽朗的人爱笑,思维阴暗的人就不爱笑。《红楼梦》大观园里的刘姥姥心里没啥就爱笑,林黛玉思绪复杂情绪暗伤就想哭。《三国演义》里的一代枭雄曹操曹孟德永远不服输,三次战败时发出"三次大笑"。而刘皇叔刘备思维繁杂,为达到自己目的曾经"五次大哭"。由此可见,思维模式决定情绪释放方式,呈现出阴阳两极:大笑或大哭。

微笑是美丽的,代表一分超然,一分豁达,一分知足。心理学曾发现，当一个人不开心的时候，你可以学会微笑，即使假装也没有关系，因为在你假装微笑的时候，微笑都可以让我们心情变得更好。所以无论你们过去是否相识，无论你的状态是否更好，只要你学会给人以微笑，一定会立即得到他人的微笑。在微笑中双方走得更近，在微笑中彼此得到了亲切的感觉。

研究人员向一组学生展示微笑人群的图片时，其中一些人真心微笑，一些人则是皮笑肉不笑。学生们能轻松辨认两者区别。随后，研究人员要求学生在嘴唇间放置一支铅笔，这一动作牵涉到的肌肉与微笑相关。学生们无法模仿看到的脸庞，因此区分真假微笑时要困难得多。

研究人员还发现，眼神交流对微笑具有重要意义。尼登塔尔和同事让学生们观察一系列人像画作，一些作品人物将目光投向远方，一些与学生四目相对。研究人员要求学生评估画作的感染力，之后用木条遮住画作中人物双眼，让学生再次评估。结果，学生们认为人物眼睛未被遮住时作品感染力更强。虽然画作中每个人物都在微笑，但与学生四目相对的人像作品感染力明显更胜一筹。

为何微笑会传染？心理学家分析过，当人们看到一张笑脸的时候，大脑神经会接收到指令，用微笑来回馈对方。微笑能让人动情，其最显著特征就是它的感染力。当你向某人微笑时，无论真假与否，对方都会自然地回馈给你一个甜美的微笑。

微笑有一种性感的魅力，因而要微笑处世，对生活微笑，对爱人微笑，对亲人微笑，对自己微笑，对世界微笑。微笑是人们心理在脸上的反应，是真笑还是假笑，是快乐的笑还是痛苦的笑，随意礼节性的笑，还是发自内心的笑？都可以在微笑者的心理找到答案。

如果微笑者是真心的笑，表现出来的笑态一定是自然的，灿烂的；如果微笑者是假情假意强作笑颜，表现出来的笑意一定是装出来的，虚伪的。微笑者内心的状态是通过微笑行为表现出来的。谁对你微笑，是真笑还是假笑，从他的笑态就能感觉得到。

第五节　笑与寿命

科学研究证明，笑还能增强人们的心血管功能，增强人体的免疫力和内分泌调节。积极、友善的幽默，以及与其他人一起欢笑，而不是嘲笑他人，这种做法是值得提倡的。大脑处理他人笑声的方式也表明，与他人一起欢笑，比嘲笑他人含有更多的情感意义，也更让人愉悦。

大笑是一种全身运动，运动需要气力释放。人只有气脉充足，才能身心健康。一个人心里无烦忧，身体无病痛，才能称得上健康。身体健康血运舒畅，细胞就活跃，人就爱笑，笑容也灿烂。相反，身心不健康、气脉不足、血运淤堵、细胞僵死的人就不爱笑，即便笑也很勉强。生活中经常看到身心健康的人总是精神抖擞、朝气蓬勃、面带笑容，而身患疾病的人则是呻吟、痛苦、满脸哭相。

一个人幸福不幸福，表现在脸上，深藏在心里。幸福指数高低，可以通过笑商测试窥见一斑。婴儿时期的"甜笑"，幸福指数最高；童年时期的"玩笑"，幸福指数也高；而中年时期的"苦笑"，幸福指数最低。科学家从小学生毕业合影照片对照后来的生活状况发现，走向社会结婚生子成立家庭后，那些从小就爱"笑"的孩子比不爱"笑"的孩子的幸福指数高出很多。

人的寿命长短与家族遗传、生活习惯、居住环境、性格特征、身体健康状况等诸多因素有关。科学家对200多位棒球运动员长期观察发现，平时爱笑的人比不爱笑的人平均寿命多活7年。中国长寿研究部门对4238位长寿老人调查研究发现，这些寿星们有个共同优点：心态好。心态好突出表现为"爱笑"，寿星们天天总是笑呵呵的，活得像天真的孩子一样。

现在人们身处经济社会，市场竞争激烈，生活节奏加快，心理压力增大，开心的时候少，不开心的时候多，所以笑的次数就少了。

有很多年轻人对我说："笑老师，我一两年都没有开心笑过了，教教我笑吧！"

我回答："好啊！学吧。"

他摊开双手无奈地说："工作忙，没有时间呐。"

我问："你有时间吃饭吗？"

他答："不吃饭会饿死的。"

我说："不笑会病死的，再忙也得笑哇。"

他惊诧地问："有那么严重吗？"

我答："等到病入膏肓就笑不出来了。"

《黄帝内经》说："喜则气和达志""以喜胜悲"古今中外以笑治病疗疾之事屡见不鲜。医学家肯定，笑是一种有益于人体的运动。笑一笑，可使人体内的膈、胸、腹、心、肺，甚至肝脏都能得到短暂的运动。笑得有力，则能使脸、臂与腿的肌肉得到松弛，会使动脉扩张，毛细血管充血，引起脸部、颈项发红，有时头皮和手也会发红。

还有一种说法，认为笑能刺激大脑产生一种名为邻苯二酚的激素，可以减轻心脏、肌肤和关节的疼痛与不适。由于情志致病能导致机体气机紊乱，损伤脏腑、精血，故气机失调为其主要机理。可用喜乐疗法治疗，使之"喜则气和志达，营卫通利，气血和畅"。

中医认为："心之官则喜，心有余则笑。"对于真诚的笑，经常笑逐颜开，不仅能调节心身，还可安定神志，并且能梳理肝脾，促进全身五脏六腑的协调，故能起到有病治病、无病健身、健康长寿的作用。

第二章
笑与传统文化

开心一刻

苏轼与佛印

苏东坡被贬黄州后，一居数年。一天傍晚，他和好友佛印和尚泛舟长江。正举杯畅饮间，苏东坡忽然用手往江岸一指，笑而不语。佛印顺势望去，只见一条黄狗正在啃骨头，顿有所悟，随将自己手中题有苏东坡诗句的扇子抛入水中。两人面面相觑，不禁大笑起来。

原来，这是一副哑联。苏东坡的上联是：狗啃河上（和尚）骨。

佛印给出的下联是：水流东坡诗（尸）。

悟道金句

笑的元素，铸就中国国学史诗的灵动材料；

笑的文化，串联中华华夏文明的源远流长。

笑文化是以传播笑知识为元素的全息文化体系，也是中华传统文化的显现，囊括文字、书法、绘画、表演、文学、美学诸多艺术元素，凝聚艺术美学价值及超强正能量。从文学到美学，从心理学到表演学，从艺术学到传播学，从经济学到营销学，传承和发展中华民族五千年文明国粹。

笑文化是传播笑元素的开心文化，笑文化倡导笑理念的快乐文化，推广笑运动的养生文化，开启笑商道的智慧文化，公益笑慈善的道德文化，融合儒释道的全息文化。笑文化就是以"笑元素"为传播理念的文化体系。笑文化涵盖了开心文化、快乐文化、智慧文化、道德文化、养生文化。

笑是正能量的标志。除书法之外，笑容可掬、笑口常开、笑语欢歌等有关笑的成语有上百条，有关笑的诗词名句更是美不胜收。

第一节　笑之说文解字

笑字，最早出现于战国时代，本从犬不从夭。有云："下士昏（闻）道，大笑之，弗大笑，不足以为道矣。"笑字皆从艸从犬，与楚帛书同。古文献中较早出现"笑"字的是《易·旅》："旅人先笑后号啕。"后来的有《论语·宪问》："乐然后笑，人不厌其笑。"《孟子·梁惠王上》："以五十步笑百步，则何如？"《庄子·秋水》："吾长见笑于大方之家。"

《说文新附》："此字本阙。臣铉等案：孙愐《唐韵》引《说文》

云'喜也。从竹，从犬。'而不述其义。今俗皆从犬。又案：李阳冰刊定《说文》'从竹，从夭。'义云：'竹得风其体夭屈，如人之笑'。"

"笑"指的是人在高兴时流露出的一种真实情感。"笑"除了代表个人情绪之外，还代表人与人之间关系的融洽，如"喜笑颜开""谈笑风生"等词语。发展到后来便有人用与"笑"有关的词语，来形容那些表面和善而实际上严厉或阴险的人，如"笑面虎""笑里藏刀"等词语。"笑"由高兴的意思又引申出了讥笑、嘲笑的意思，如成语"五十步笑百步"。

笑文化博大精深，情趣盎然。笑起来眉宇灿烂，学起来丰富万千。

笑文化要从"笑"说起。《说文解字》曰："笑"是一个会意字，从竹（竹子）从夭（弯曲），竹子被风吹弯且发出声响，如人笑时，常会曲体弯腰发出笑声而得名。笑字由上面"竹"字头和下面"夭"字组成。竹子是自然界绿色生命中最顽强的植物，竹笋能从顽石底下拱出来，在阳光下节节长高，可见生命力极强。

笑字由上面"竹"字头和下面"夭"字组成。"竹子"是自然界绿色生命中最顽强的植物，竹笋能从顽石底下拱出来，在阳光下节节长高，可见生命力极强。

笑字里面有"天"，有"地"，有"人"，真乃天、地、人三位一体。

从养生学角度看"笑"字："竹"字头象征人的生命力，两个竹字头，左为阳，右为阴，上为天，下为地。在这上下左右、天地阴阳之间，"人"居其中，笑起来很有动感，象征阴阳平衡，生命永恒！

好一个富有全息能量的"笑"字，把人类生命现象活脱脱呈现出来了。

第二节　书法中的笑文化

历代文人墨客都将"笑"字当作创造的灵感，写诗作画，寓意人格的高风亮节。中国书法有很多体派，但无论柳体、颜体、魏碑、还是隶书或大篆，书写这个"笑"字竟然有十几种方法，或苍劲、或飘逸、或诙谐、或豪放。

书圣王羲之行草书写的"笑"字，犹如开口笑的波浪，行云流水，信手拈来。石鼓篆书第一人吴昌硕书写篆书的"笑"字，就像一个大写的人，仰天大笑，笑得酣畅淋漓；唐代僧人书法家怀素用狂草书写的"笑"字，犹如一位僧人伴着木鱼狂笑铺陈，笑传百年人生；晚清书法第一的何绍基用隶书书写的"笑"字，四平八稳，脉脉含情，犹如一件完美的艺术品；被称为"坦荡书法"的颜真卿用楷书书写的"笑"字，更是字体工工整整，字形公公正正，字如其人。

| 王羲之行草 | 吴昌硕篆书 | 怀素狂草书 | 何绍基隶书 | 颜真卿楷书 |

同样都是书法大家，同样书写一个"笑"，从字形字体、字态气势，就能呈现出其不同的思想性格和禀赋天性。王羲之行书写的"笑"，如小溪流水；颜真卿楷书写的"笑"，似春风拂面；吴昌硕篆书写的"笑"，像飞升的大鸟；怀素狂草写的"笑"，偌猛虎狂啸；何绍基隶书写的"笑"，像红梅绽放。每位书法家在书写"笑"字时，修行历练心智，顿悟人生真谛，为后人留下万古流芳的墨宝。

第三节　成语中的笑文化

有关笑的成语，每个人张口就能说出一大串，如笑口常开、笑容可掬、笑迎春风、笑语欢歌、喜笑颜开、笑容满面、笑逐颜开、笑语欢歌、笑歌劲舞、笑傲江湖、笑傲风月、一笑百媚、一笑倾城、一笑千金、一笑了之等等，但每个与笑有关的成语故事大家并不见得讲出来。下面分享几则成语故事博你一笑。

一、笑容可掬

三国时期，司马懿率军进攻蜀国街亭，诸葛亮派马谡驻守失败。司马懿乘胜直逼西城，诸葛亮无兵迎敌，但大开城门沉着镇定，笑容可掬地坐在城楼上弹琴。

司马懿怀疑设有埋伏，引兵退去。等得知西城是空城回去再战时，赵云已赶回解围。

二、笑里藏刀

唐高宗时，有个名字叫李义府的人，因善写文章，被推荐当了监察御史。李义府还善于奉承拍马，得到高宗的信任，任中书令，飞黄腾达。李义府外表温和谦恭，同人说话总带微笑，大臣们知道，他心地极其阴险，因此都说他笑里藏刀。

李义府在朝中为所欲为，培植亲信，任意让妻儿向人索取钱财，还随意封官许愿。有一次，李在宫中看到一份任职名单，回家后，让儿子把即将任职的人找来，对他说："你不是想做官吗？几天内诏书即可下来，你该怎样谢我？"那人见有官做，立刻奉上厚礼。高宗得知了此事，就以"泄露机密"为名，将李义府父子发配边疆。

第四节　诗词中的笑文化

"笑"字的学问，乃笑文化的起源，对笑字的解析，也是千种万种说法，笑字成语百条千条；笑的典故，亦有很多；笑的诗词、歌赋数不胜数。

俯瞰唐诗宋词，有关笑的诗词信手拈来，先拿诗仙李白的作品为例。李白写过一首诗《笑歌行》

笑矣乎，笑矣乎。君不见曲如钩，古人知尔封公侯。
君不见直如弦，古人知尔死道边。张仪所以只掉三寸舌，苏秦所以不垦二顷田。笑矣乎，笑矣乎。

唐诗三百首里，诗人多如牛毛，而李白在诗里出现"笑"字最多，说明李白对笑字情有独钟。诗里出现的每一个"笑"，都有其用意，且笑笑灵动，字字生辉。

李白在《横吹曲辞·幽州胡马客歌》这首诗里先后出现两次笑字：

笑拂两只箭，万人不可干。妇女马上笑，颜如赪玉盘。

他在《杂曲歌辞·前有一尊酒行二首》这首诗里写道：

胡姬貌如花，当炉笑春风。笑春风，舞罗衣，君今不醉欲安归。

他在《杂曲歌辞·结客少年场行》诗中写道：

笑尽一杯酒，杀人都市中。

他在《杂曲歌辞·宫中行乐词》写道：

笑出花间语，娇来竹下歌。

他在《嘲王历阳不肯饮酒》写道：

笑杀陶渊明，不饮杯中酒。

他在《游泰山六首》写道：

笑我晚学仙，蹉跎凋朱颜。

李白还在《南陵别儿童入京》表白：

呼童烹鸡酌白酒，儿女嬉笑牵人衣。仰天大笑出门去，我辈岂是蓬蒿人。

纵观唐诗宋词的文化风景，最亮眼的就是描写笑的诗词和绝句。
诗圣杜甫《老夫》的"欲填沟壑唯疏放，自笑狂夫老更狂"。
贺知章《回乡偶书》的"儿童相见不相识，笑问客从何处来"。
崔护的情诗："人面不知何处去，桃花依旧笑春风。"
诗佛王维的"偶然值林叟，谈笑无还期"。……
诗人杜牧的"一骑红尘妃子笑，无人知是荔枝来"。
边塞诗人岑参的"一生大笑能几回，斗酒相逢须醉倒。醉卧沙场君莫笑，古来征战几人回"。

第五节　文学典故中的笑文化

四大名著《西游记》《三国演义》《水浒传》《红楼梦》，每部都有关于笑的描写，且写得惟妙惟肖、入骨三分，使人物活灵活现，栩栩如生。

《西游记》描写唐僧西天取经历经九九八十一难，其中"金兜山遇怪"这三回是最喜庆的一关，孙悟空虽然被弄哭了一次，但是却接连笑了十三回。

走到金兜山金兜洞，唐僧、猪八戒、沙僧误入独角兕大王点化的楼阁被捉，孙悟空前去要人，不料这次碰到的是一个不弱于他的硬茬子。二人功夫半斤八两，打了半天也是旗鼓相当，不自觉地相互欣赏和喝彩起来。后来独角兕大王喝令小妖一齐上来围攻，孙悟空无奈之下祭出大招。

孙悟空就哭了这一回，剩下的十三次全是笑。其实这一关的喜庆气氛，在开始就有表现，因为孙悟空之前就"笑道"给唐僧解释这个楼阁有凶险，并特意给他画了个铜墙铁壁的圈子，并一再叮嘱他不要出来。

孙悟空第一次笑，是耐心的笑，可惜唐僧没听他的，反而是听信了猪八戒这个夯货的谗言。

第二次笑，是发自内心的笑；

第三次笑，则是无奈地苦笑；

第四次笑，是笑着安慰他的。

第五次笑，有点恼怒，一怒赤手空拳冲了上去，独角兕大王倒也仁义，丢了枪和孙悟空赛拳，于是孙悟空笑着和他说"走上来！"

第六次笑，孙悟空洋洋得意，虽然他的毫毛又被收走了，但是他对自己的拳法的确是相当自信，天庭的大神也是赞叹不已。

第七次笑，则是难得的自谦。因为他变作麻苍蝇儿偷回了金箍棒，独角兕大王追出来，二人又打了个旗鼓相当，众仙都夸他有真本事，孙悟空谦让："承过奖！承过奖！"

第八次笑，他在众仙一片夸赞声中，笑嘻嘻的。

第九次笑，则是笑骂独角兕大王，乘机又把自己的本事吹嘘了一番。

第十次笑，则是强装笑颜，安慰众人再去灵山搬救兵，因为他们都被独角兕大王折磨的一点办法都没有了。

第十一次笑，是因为如来佛祖告诉他，十八尊罗汉携十八粒"金丹砂"可以降服独角兕大王，孙悟空信以为真，赶紧笑着催促他们上路。

第十二次笑，是因为罗汉的金丹砂也被圈子套走了，孙悟空明白又被佛祖坑了，他这次是幸灾乐祸的笑。

第十三次笑，则是欢欢喜喜地笑，因为他终于找到太上老君这个正主了，胜利在望。

吴承恩通过孙悟空13次笑态不同变化，将这个人物描写得活灵活现，性格鲜明。随着故事情节的延伸，读者在不断的爆笑声中，留下深刻印象。

罗贯中在《三国演义》中，描写曹操三次大笑：

赤壁之战，曹操被周瑜一把大火烧得灰飞烟灭，在败逃的过程中有三次大笑的趣事。第一次在乌林大笑，诸将问操何故大笑，曹操说："单笑周瑜无谋，诸葛亮少智。若是吾用兵之时，预先在这里伏下一军，如之奈何？"结果赵云杀将出来。第二次南夷陵大笑，结果引来张飞大战。第三次华容道大笑，结果等待的是关羽守株待兔。

曹操的笑是奸笑不断，带着自信，带着城府，带着枭雄的霸气。

例如败走华容道，他几次大笑诸葛亮、周瑜无知，说如换是他，早在此埋伏，明显要显出他的智谋。而诸葛亮确实在那里有了埋伏，只是没有马上现身而已。

周瑜冷笑不止。孔明只袖手冷笑。瑜曰："先生何故哂笑？"孔明曰："亮不笑别人，笑子敬不识时务耳。"肃曰："先生如何反笑我不识时务？"孔明曰："公瑾主意欲降操，甚为合理。"瑜曰："孔明乃识时务之士，必与吾有同心。"

在刘备三顾茅庐的过程中，有一段刘备和童子对话，让人捧腹大笑：

玄德曰："汉左将军宜城亭侯领豫州牧皇叔刘备，特来拜见先生。"
童子曰："我记不得许多名字。"
玄德曰："你只说刘备来访。"

童子也真是，这么不给刘备面子，好歹也让刘备显摆显摆。

一位哲人说过："笑是人类智慧的第一次闪光。"把这种智慧闪光的"笑"引入各种门类的作品中，使之成为艺术的笑，就更为耐人寻味。

古典名著《水浒传》中对人物笑的描写，如丰富多彩的生活那样，呈现着百种情怀、千般姿态，使人赏心悦目，获得美的愉悦。如此写笑的艺术经验，是很值得探究玩味的。

来看《水浒传》中的笑话几则：

1. 吴用

晁盖与吴用到郓城县逛大街，吴用看见一药贩在众人的围观下，声嘶力竭地宣传自己的药用价值，便钻入人群之中观看。晁盖发现不见了吴用，便到处寻找。这时有几位正想买药的顾客向药贩询问自己得的病用这个药有没有用。

突然听到晁盖大喊"吴用，吴用！"，几位顾客听到掉头就走了。

药贩听后气急败坏地奔向晁盖怒吼道：你凭什么说我的药无用？

晁盖：……

2. 朱贵

一日宋江与朱贵去猪场购猪，朱贵内急，没来得及跟宋江打招呼就跑去解手，宋江在猪场内走了一圈后发现朱贵不知去向，便高声大喊："朱贵，朱贵！"

这时几位买猪的顾客正在与猪场老板讨价还价，听了后说道：算了，你听人家都说你这"猪"贵，就不在你这儿买了，我们还是去别的地方买去。

猪场老板听后立即勃然大怒，冲向宋江，狠狠地揍了他一顿。

在《红楼梦》中，曹雪芹妙笔生花，每一个写笑的片段都很精彩。仔细地品味，笑中可以看出生活的酸甜，笑中可以体会到艺术的魅力。笑中看个性，笑中有真谛。细节千姿百态，美不胜收。家宴、对话、手帕、小诗、眼神、微笑……林林总总的细节描写，称得上是其中的又一座大观园。仅从小说描写笑的众多细节中，便可感受到曹雪芹塑造人物形象的艺术功力。

一、王熙凤之笑

最为精彩的是第三回"林黛玉进贾府"时的出场，即王熙凤和黛玉的见面：

一语未了，只听后院中有人笑声，说："我来迟了，不曾迎接远客。"黛玉纳罕道：这些人个个皆敛声屏气，恭肃严整如此，这来者系谁，这样放诞无礼。心下想时，只见一群媳妇丫鬟围拥着一个人，从后房门进来。

"未见其人，先闻其声""丹唇未启笑先闻"。她的笑声总是赶在了她的脚步前面。凤姐的笑声，那一句"我来迟了，不曾迎接远客！"，在贾府这个众人"个个皆敛气屏声，恭肃严整"的环境中，立刻将一个"放诞无礼"的"凤辣子"形象活灵活现地呈现在读者面前。

二、刘姥姥之笑

只见一个媳妇端了一个盒子站在当地，一个丫鬟上来揭去盒盖，里面盛着两碗菜。李纨端了一碗放在贾母桌上。凤姐儿偏拣了一碗鸽子蛋放在刘姥姥桌上。贾母这边说声"请"，刘姥姥便站起身来，高声说道:"老刘,老刘,食量大如牛,吃一个老母猪不抬头。"

　　自己却鼓着腮不语。众人先是发怔,后来一听,上上下下都哈哈地大笑起来。史湘云撑不住,一口饭都喷了出来;林黛玉笑岔了气,伏着桌子哎哟;宝玉早滚到贾母怀里,贾母笑的搂着宝玉叫"心肝";王夫人笑的用手指着凤姐儿,只说不出话来;薛姨妈也撑不住,口里茶喷了探春一裙子;探春手里的饭碗都合在迎春身上;惜春离了座位,拉着他奶母叫揉一揉肠子。

　　地下的无一个不弯腰屈背,也有躲出去蹲着笑去的,也有忍着笑上来替他姊妹换衣裳的,独有凤姐鸳鸯二人撑着,还只管让刘姥姥。

第六节　笑——开心文化

　　很久以前,有一个手艺人,技术娴熟,很多人上门买雕塑。但他又和其他人不一样,喜好雕塑妖魔鬼怪。

　　有一天,他照镜子的时候发现自己相貌变得很丑:不是五官发生了改变,而是整个面相凶恶、丑陋、古怪。

　　后来,他到一个寺庙里找方丈求助,方丈说:我可以给你治疗,但你必须先帮我雕刻100尊观音像。于是,手艺人就开始不断研究观音菩萨的神态表情,有时甚至到了忘我的境界。半年之后,当他把富有善良、慈悲、宽容形象的观音菩萨雕刻出来后,送到寺庙找方丈,对方丈说:请您务必帮我治病。

　　方丈没说话,从背后拿出镜子,笑了笑说:你的病已经好了。

这时候他才发现，自己的相貌也已经变得正气端庄了。

"相由心生"，人们的心理主阴性，看不见摸不着；人们的笑容主阳性，可见可视。心理活动的状态，在人们脸上就会呈现出来的。比如，我心里高兴大笑起来，围在周边的人也会情不自禁地笑起来。

笑是一种开心文化，具有正能量感染和传播的属性。当人们开心的时候，脸上会产生多种面目表情，微笑、欢笑或大笑，且笑容灿烂，笑声爽朗，笑姿百态。笑是人们生命现象的一种体征，具有心理学和行为学的属性。从一个人爱笑不爱笑，可以看出他开心不开心。

何为笑理念？"笑理念"是理想与信念的统称。笑理念是笑文化传播的核心内容。人类是灵与肉的生命载体，人的灵魂则是主导思维的内在能量，人的躯体则是承载灵魂的外在行为。人的灵魂有"理想"与"信念"两大阵营，理想是人们对生存的一种美好向往，而信念则是实现理想的自我信心。

每个人都有自己的生存理念——我想做一个什么样的人，如何活在这个世界上，实现什么目标。是做快乐的人呢，还是做郁闷的人？如果做个快乐的人，就要树立笑的生活理念。笑的生活理念就是将笑元素融入你的生活方式之中，要求自己每天笑口常开，找到让自己开心的理由。笑理念，就是一种快乐的生活方式，养成一种快乐的习惯。传播"自乐乐与众乐乐"的快乐文化，即是"让身边人笑起来，用笑传播爱，用爱播撒幸福"。

第三章
笑的艺术

开心一刻

画技精湛

一位著名超写实派画家眼睛患上疾病,于是去找眼科医生。经过医生的精心治疗终于康复了,于是,画家决定酬谢医生。但是医生只想请他画一幅画。

"你想要什么样的画呢?"画家问。

"画的内容无所谓,只要是你画的就行。"医生回答。

于是,画家画了一只巨大的眼睛,眼睛瞳孔的中央是医生的肖像,画得非常逼真,惟妙惟肖。

医生看了以后,叹了一口气,说:"幸好我不是肛肠科医生!"

悟道金句

笑与美是一对孪生姐妹,笑脸绽放美丽奇异的花朵;

笑与艺术相伴而行,艺术的魅力隐藏在笑的酒窝里。

第一节　笑是一门美的艺术

笑是一门美的艺术，人类最美丽的表情莫过于微笑、欢笑、大笑、狂笑，笑容、笑姿、笑态都无法用语言来形容。微笑像一朵绽开的鲜花，欢笑如一股奔流的清泉，大笑似一片涌动的波涛，狂笑若翻江倒海的快乐态势。笑容似夏花般灿烂，笑姿有千姿百态般美妙，笑态流溢着婀娜多姿的元素，笑的形态、美的艺术就在我们身边，不用描绘，不用修饰，不用雕琢，不用刻意追求，自然天成。

奥黛丽·赫本被誉为美丽女神，不是只因为貌美，貌美的人很多，并不能都被全世界的人记住；也不是因为学历，比她学历高的比比皆是。但她用一生诠释了"精神长相"这个词，她曾经这样说：

若要优美的嘴唇，就要讲亲切的话；若要可爱的眼睛，就要看到别人的好处；若要苗条的身材，就要把你的食物分享给饥饿的人；若要美丽的秀发，在于每天有孩子的手指穿过它；若要优雅的姿态，走路时要记住行人不只你一个。

性格写在唇边，幸福露在眼角。站姿看出才华气度，步态可见自我认知。

表情里有近来心境，眉宇间是过往岁月。衣着显审美，发型表个性。职业看手，修养看脚。

一个人最大的魅力，是拥有一颗阳光的心态。韶华易逝，容颜易老，浮华终是云烟。拥有一颗阳光的心态，得失了无忧，来去都随缘。容貌乃天成，浮华在身外，心里装满阳光，才是永恒的美。要想心态好，定要学微笑。笑容总是阳光的，笑声总是快乐的，笑姿总是优美的。

笑文化是一门社交艺术，笑不仅是可以广泛传播、世代传承的笑文化，而且除了文化的属性之外，笑还是一门社会交往的文明艺术。笑文化具有语言艺术、表演艺术和社交艺术的功能。

人与人之间表情达意传递思想，主要靠语言交流，或用表情和动作来完成。最直接的沟通就是投以微笑，报以微笑。我送你个微笑，你回我个微笑。笑是瞬间打开心门的最佳通道，微笑是人与人沟通的最佳方式。在家里对父母微笑表示感恩与尊重，对老婆或对老公微笑表达爱慕之心，对孩子微笑表示亲昵与喜爱。微笑里包含着亲人间的相互爱慕、尊重和关心。

微笑是人们有心的表白，同时也是无声的情感传递。大家平时习惯用微笑与父母沟通吗？习惯以笑容为爱人祝福吗？习惯满含笑意与孩子玩闹吗？如果你是这样做的，说明你已经掌握了笑的沟通技巧。

其实，微笑很简单，心里快乐一点，脸上高兴一点，情绪阳光一点，嘴角咧开一点就够了。现在，你可以照着镜子挑挑眉梢，咧咧嘴角对自己微笑一下，看自己心情什么感觉；对身边的亲人笑一笑，看看他们都有什么反应。你一定会得到微笑的传递、欢笑的快乐、大笑的愉悦。

第二节　笑：具有感染力的表达艺术

笑是人类最美丽的语言，微笑是在脸上流动的涟漪，欢笑是在心里意动的波浪，大笑是在形体振动的姿态，都代表着丰富多彩的内心语汇。在每年的"世界爱笑日",来自不同国度、不同肤色、不同语言的人们彼此相互微笑,传递快乐与美好。微笑的表情、微笑的神态、微笑的心理都是相通的,呈现出开心、高兴、愉悦、友善的社交符号。世界上只有微笑能超越国界,它架起人与人之间心中的桥梁,传送春的温暖、夏的火热、秋的斑斓。

诗人雪莱说:微笑是仁爱的象征、快乐的源泉、亲近别人的媒介。有了微笑,人类的感情就沟通了。

政治家说:笑,是和平的福音,使人类社会充满和谐与关爱。

文学家说:笑,是一缕温暖的阳光,使大地永远和煦如春。

哲学家说:笑,是最便宜的灵丹妙药,是一种万能的药。

科学家高士其说:笑,是治病的良方,健康的朋友。

微笑是人们有心的表白,同时也是无声的情感传递艺术。假如在地铁里,你遇到一位漂亮姑娘想上去搭讪,是先送上微笑,还是先搭讪呢?如果你先朝她微微一笑,她也礼貌地回你个微笑,说明她不讨厌你,这时再上去搭话就接上头了。

微笑是人与人心灵的传递,是一种无声的语言交流。战争年代,潜伏的地下党接头时,两人一个会心的微笑,就传递了情报信息。会使用微笑语言的人,才能委以重任。

笑是愉悦身心的释放方式,也是娱乐大众的表演艺术。相声大师侯宝林、郭全宝都是创造笑料的表演艺术家,他们用幽默的语言,一个逗哏、一个捧哏,笑翻多少观众。另一位相声大师马三立的单口相声《逗你玩》,成为经典桥段。姜昆、唐杰忠表演的相声《虎口遐想》,令观众无不捧腹大笑。冷面笑星方清平自己不笑逗人笑,包袱一个接一个,笑破观众的肚皮。赵本山、范伟、高秀敏的《卖拐》,

赵丽蓉、巩汉林的《打工奇遇》，宋丹丹、崔永元《昨天、今天、明天》，潘长江的小品短剧等，多以演员诙谐的表演艺术，逗观众开心欢笑，达到寓教于乐的目的，成为央视春节晚会的亮点。

第三节　笑：社会交往的形象艺术

　　笑不仅是美的艺术，还是一门社会交往的形象艺术。"苹果肌"是位于在眼睛下方二公分处的肌肉组织，呈倒三角形状，又称为"笑肌"。饱满的"苹果肌"可以让脸颊呈现出如苹果般的曲线，即使不笑，看起来也像在笑的感觉。微微一笑，感觉更为甜美。反之，很多漂亮女人，就算五官长得很细致、皮肤也不错，但只要脸上少了"苹果肌"，就会呈现过度消瘦的面相，即使化妆时再努力上腮红，也画不出苹果肌的甜美效果，有难以令人亲近的感觉。

　　人笑起来眉梢上挑，像一轮弯月；嘴角上翘，似一块金元宝；两只眼睛眯成一条缝，非常迷人。笑脸这种瞬间面部组合是不是艺术？当摄影师拍照的时候，总会喊一声"大家笑一笑"，咔的一按快门，留住最美的瞬间。美国好莱坞女影星辛迪·克劳馥曾说过："女人出门忘了化妆，最好的办法就是面带微笑。"

　　微笑具有美容的作用，人快乐了，心花怒放，大脑会产生一种叫"多巴胺"的物质，这种物质相当于人体吗啡，能使人体细胞活跃，气血周流速度加快，皮肤细腻红润，人就会显得漂亮美丽。而微笑这种天然的美容元素是人体快乐自然产生的，绿色环保，没有任何添加剂和毒副作用。与整容医院有所不同，不用通过整容技术改变人体面部骨骼结构，破坏皮肤细胞组织变异，也不用靠注射"玻尿酸"保持年轻美貌。只要坚持每天练习微笑，激活脑内啡肽，调动细胞基因发挥作用就行了。古代美女西施天生丽质，拥有淳朴自然的微笑，虽是出身山野，也成为中国古代四大美人之一。

创作《蒙娜丽莎的微笑》这篇油画时，蒙娜丽莎夫人6岁的儿子刚刚夭折，心情极度悲伤。为了让蒙娜丽莎笑起来，达·芬奇每天请来喜剧演员逗蒙娜丽莎开心笑，开启天然的微笑美容艺术。终于等蒙娜丽莎度过了抑郁期，他用三年多时间创作出这幅传遍全球的画作。

第四节　笑：待人接物的礼仪艺术

笑文化是一门社交艺术，笑文化具有语言艺术、表演艺术和社交艺术的功能。人与人之间表情达意传递思想主要靠语言交流，或用表情和动作来完成。笑是友善的社交艺术，微笑是快乐的标志，微笑是心灵的自信，微笑是沟通的语言，微笑是社交的礼仪。无论你走到哪里，无论你身处何方，只要你面带微笑，一定会得到最好的礼遇。坐飞机看空姐笑容可掬，为优质服务增添几分喜气。乘高铁瞧列车长呈现笑的礼仪，高效率解决棘手的问题。银行大堂经理总会面带微笑迎来送往，接待好每一位客人。

常言道：客，不骂微笑的；官，不打送礼的；人，喜欢快乐的；病，不找健康的。如果你想人见人爱，就要养成笑的习惯，拥有好的心态、爱的善心、美的礼仪。天天练习微笑吧！努力把自己变成笑的天使、爱的大使、美的信使。

笑是独有的人品艺术，笑是一种人格修养，笑是一种胸怀境界，笑是一种社交礼仪，笑是做人风范。每个人生活在社会之中，无论在家里还是参加社会活动，受欢迎不受欢迎、受待见还是不受待见，主要看有没有人格魅力。人格魅力体现在外在颜值与内在修养上。笑容可掬，最能增添一个人的外在颜值分量。

微笑是一种礼节，见面时点头微笑，人们会意识到这是尊重和欢喜的表现。微笑是最富魅力的体态语言之一，发自内心的微笑是渗透情感的微笑，饱含着对人的关怀、热忱和爱心。感情是微笑的一种重要内力，它赋予微笑以色彩、能量而形成强烈的感染力。

微笑是一种健康、文明的举止，一张甜蜜的带着微笑的脸总是受人喜爱的。

笑容的礼仪之微笑"四要"：一要口眼鼻眉肌结合，做到真笑。发自内心的微笑，会自然调动人的五官，使眼睛略眯、眉毛上扬、鼻翼张开、脸肌收拢、嘴角上翘。二要神情结合，显出气质。笑的时候要精神饱满、神采奕奕、亲切甜美。三要声情并茂，相辅相成。只有声情并茂，你的热情、诚意才能被人理解，并收到锦上添花的效果。四要与仪表举止的美和谐一致，从外表上形成完美统一的效果。

笑容的礼仪之微笑的"四不要"：一不要缺乏诚意、强装笑脸；二不要露出笑容随即收起；三不要仅为情绪左右而笑；四不要把微笑只留给上级、朋友等少数人。

保持一个微笑的表情、谦和的面孔，是表示自己真诚、守礼的重要途径。在经济学家眼里，微笑是一笔巨大的财富；在心理学家眼里，微笑是最能说服人的心理武器；在服务行业，微笑是服务人员最正宗的脸谱。

微笑是有自信心的表现，是对自己的魅力和能力抱积极的态度。微笑可以表现出温馨、亲切的表情，能有效地缩短双方的距离，给对方留下美好的心理感受，从而形成融洽的交往氛围。面对不同的场合、不同的情况，如果能用微笑来接纳对方，可以反映出你良好的修养和挚诚的胸怀。

发自内心的微笑，自然会调动人的五官：眼睛略眯起、有神，眉毛上扬并稍弯，鼻翼张开，脸肌收拢，嘴角上翘，唇不露齿，做到眼到、眉到、鼻到、肌到、嘴到，才会亲切可人，打动人心。微笑在于它是含笑于面部，"含"给人以回味、深刻、包容感。如果露齿或张嘴笑起来，再好的气质也没有了。

现代职场，微笑是有效沟通的法宝，是人际关系的磁石。没有亲和力的微笑，无疑是重大的遗憾，甚至会给工作带来不便。

可以通过训练有意识地改变自己：

微笑训练：放松面部肌肉，然后使嘴角微微向上翘起，让嘴唇略呈弧形。最后，在不牵动鼻子、不发出笑声、不露出牙齿，尤其是不露出牙龈的前提下，轻轻一笑。

闭上眼睛，调动感情，并发挥想象力，回忆美好的过去或展望美好的未来，使微笑源自内心，有感而发。对着镜子练习，使眉、眼、面部肌肉、口形在笑时和谐统一。当众练习法。按照要求，当众练习，使微笑规范、自然、大方，克服羞涩和胆怯的心理，也可以请观众评议后再对不足进行纠正。

一个简单的笑容通常能够消除人与人之间的陌生感，使人产生心理上的安全感、亲切感和愉悦感。初次见面，笑容是问候语；逢年过节，笑容是祝福歌；交往有误解，笑容是道歉语；送别友人，笑容是欢送词。总之，笑容贯穿人们相互交融、相互感染的过程，能够创造出融洽、和谐、互尊、互爱的气氛，能够减轻人们身体上和心理上的压力。

第四章

笑与心理学

> 开心一刻

今天没题

武官在城中巡夜。有个人犯了宵禁，被武官捉住。

这人自称是书生，与同窗研习功课，因此回来晚了。

武官说："你既说自己是书生，我且考你一考。"

书生："您请出题。"武官开始思考。时间过了很久。

武官："哼，便宜了你，今天恰好没题。"

> 悟道金句

让心笑起来，快乐才是最本真的释放，笑由心生；

心无挂碍，心门敞开，心潮澎湃，犹如心笑的大海。

我国《心学》创始人王阳明曰:"心即理,致良知。无善无恶心之体,有善有恶意之动,知善知恶是良知,为善去恶是格物。万物一体,知行合一。"

《黄帝内经》云:"相由心生"。让心笑起来,由衷的喜乐,脸上的笑容才能真。练笑先练心,让你的心情喜乐起来。平时人们只是看到笑脸,听到笑声,看到是笑态,您看得见笑心吗?笑是有心的,没有心哪有笑啊!

微笑是人心高兴时在脸上绽放的花朵。心门敞开了,心花就会绽放。心门关闭了,心花瞬间凋谢。

笑脸,就是你的心像,阳光灿烂;

笑声,就是你的心声,洪亮可爱;

笑态,就是你的心态,心无挂碍。

我可以从你的背后,看得出你的心笑没笑。

有人会问:从正面看着一张笑脸,也看不到笑者的心?

我答:心笑,是一种状态。心笑就是人体细胞在笑,只有心笑了,才能将人体 60 兆亿细胞激活,只要浑身细胞激活了,人脑就会释放让人愉悦的内啡肽,产生让人快乐的多巴胺、让人平静安宁的血清素,心血饱满,气脉畅通,浑身灵动。心笑是笑的灵魂,脸笑是笑的表象,心灵纯净,笑脸才真。

第一节　笑是健康心灵的呈现

微笑心学，就是有关微笑时的心理学问。美国社会心理学家进行一系列研究和实验后发现，微笑不仅是脸部肌肉动作，更是内在情绪的表露和两个心灵亲密融合的最直观表现。微笑的表现形式就是脸颊上颧肌主要肌肉群收缩，牵动嘴角。微笑不是浮于表面的东西。微笑有多种形式，有时嘴角咧开，露出牙齿；有时双唇抿住；有时眼睛眯起；有时下巴略抬。一些研究人员希望更进一步了解产生微笑的心理状况。他们的研究发现，微笑往往源于快乐，人感觉越快乐，颧肌主要肌肉群收缩越强烈。

一项调查显示，中国网民使用的网络表情第一名是"咧嘴笑"，第二名是"偷笑"。这从某种程度上说明，笑仍是每个人内心的渴求。大量心理学研究发现，笑不仅是快乐"催化剂"，更是人类的本能，就连新生儿都会在睡梦中出现自发性微笑。可以说，微笑乃天赐。

大脑通过三种途径区分微笑和其他表情：第一，对比一个人的脸部与标准微笑，判断对方是否微笑；第二，通过对方所处环境判断面部表情；第三也是最重要的一点，通过模仿识别微笑。

微笑心学，是微笑者以及接受微笑者心态行为的双重心学的学问。英美政客都懂得利用微笑来树立自己的最佳形象，他们甚至还发现了"最有魅力的笑容"，即"杜彻尼微笑"，而人们只有在最真诚的时候，才会发出这种微笑。相反，如果不会利用微笑，人们则会对这个大人物产生隔阂。

诗人说：你需要的话，可以拿走我的面包，别把我的微笑拿走。

因为生活需要微笑，也正因为有了微笑，生活便有了生气。生活中需要笑，需要充满魅力的笑，需要甜美纯洁的笑。因为笑，让生活充满灿烂的阳光，让似火的热情融化了坚冰的冷漠。爱笑的人运气会更好，爱笑的人其实内心很强大，爱笑也是一种深厚的技能和软实力。

鲁迅先生曾说过："伟大的心胸，应该表现这样的气概，用笑脸来迎接悲惨的厄运，用百倍的勇气来应付一切的不幸。"

微笑也是最强大的技能。威廉·怀拉是美国推销寿险的顶尖高手，年收入高达百万美元。他的秘诀就在于拥有一张令顾客无法抗拒的笑脸，那张迷人的笑脸并不是天生的，是长期苦练出来的。

威廉原来是全美家喻户晓的职业棒球明星球员，到了40岁因体力日衰而被迫退休，而后去应征保险公司推销员。他自以为以他的知名度理应被录取，没想到竟被拒绝。人事经理对他说：保险公司推销员必须有一张迷人的笑脸，而你却没有。听了经理的话，威廉没有气馁，立志苦练笑脸。他搜集了许多公众人物迷人的笑脸照片，贴满屋子，以便随时观摩，他还买了一面与身体同高的大镜子摆在厕所里，每天进去大笑三次。隔了一阵子，他又去见经理，经理冷淡地说：好一点了，不过还是不够吸引人。威廉不认输，回去加紧练习。

有一天，他散步时碰到社区的管理员，很自然地笑了笑，跟管理员打招呼，管理员对他说：怀拉先生，你看起来跟过去不太一样了。这句话使他信心大增，立刻又跑去见经理，经理对他说："是有点味道了，不过那仍然不是发自内心的笑。"威廉不死心，又回去苦练了一段时间，终于悟出"发自内心如婴儿般天真无邪的笑容最迷人"，并且练成那张价值百万美元的笑脸。

第二节　笑与积极心理学

笑是心灵在脸上绽放的花朵，笑口常开是积极入世的美好心态，也是一门快乐"心"学，让心情快乐起来的学问。让迷惘心灵悟透生命真谛，让愁闷众生重绽开心笑颜。要想笑口常开，可以采用快乐平衡法：左手托面包，右手拿玫瑰，精神物质双搭配。光有面包吃，只能填饱肚腹，没有精神寄托，形同行尸走肉。只有玫瑰鲜花，没有面包果腹，撑不了几天就会完蛋。快乐就是吃饱肚子，还有鲜花欣赏，玫瑰送给爱人，从而快乐处世、快乐生活，拥有快乐药方。

快乐的种子是什么？是心态。心态阳光，心情舒畅，每天微笑面世，笑声朗朗，大脑就会产生"多巴胺"物质，这种多巴胺物质就是快乐基因被笑声激活了，想不快乐都不行。快乐已经成为现代每个人的追求，暂时没有钱可以，但没快乐绝对不行。有人调查了一些中过巨额彩票的人，如果这个人是具有抑郁情绪不快乐的人，一生的绝大部分时间都不快乐，那么中奖后会快乐半年左右，但半年后他们又陷入了不快乐之中，重新变得抑郁。也就是说金钱只能使一个原本不快乐的人获得暂时快乐与幸福。但从一生的角度看，金钱导致的快乐是短暂的。

一个心理学研究表明，具有积极情绪的人比一般人更能忍受痛苦。手伸进冰水的实验是这样的。在冰水中普通人伸手，只能忍受60到90秒。但在积极情绪测量中最出色的人、得分最高的人或者具有积极的情绪的人，往往能忍受的时间要长一些。

快乐的人，更喜欢与别人交朋友，而不是独处。他们愿意主动接触陌生人，愿意为他人捐钱，更具有利他主义精神，更关心周围的人，而很少考虑自己的利益。

快乐的人，几乎都在做事情，而不是一直在想事情。因为快乐是做出来的，不是想出来的。烦恼有时是因为无路可走，有时却因为可走的路太多。你可以回忆过去，也可以幻想未来，但是你的身体却牢牢地被地球引力限制在"当下"。你不可能在当下喝到昨天的一杯水，也不可能在当下吃到明天的一碗饭！

影响快乐最主要的两个人格指标是外向性与神经质。最快乐的人，通常是高度外向型、低度神经质。而最不快乐的人，完全反过来，通常是低度外向型、高度神经质。快乐与外向、神经质程度有关，而研究也发现，这两个特质很大一部分确实是由遗传决定的。还有环境，快乐也跟环境有关，比方说你住哪里、你的生活质量和财务状况如何等。说实在的，环境其实也有一点天注定的成分，只是仍有机会透过后天努力而改善。

英国医学杂志发表的一篇研究显示：快乐情绪的影响，可远达三层外的人际关系。认识快乐的人，会让你变快乐的概率增加15.3%，认识有快乐朋友的朋友会增加9.8%。

根据英国心理学家皮特·寇恩（Pete Cohen）提出的快乐公式，他认为：

快乐 = $P + (5 \times E) + (3 \times H)$。在这个公式里：$P$ = 个人特质：泛指自己的价值观、适应能力与弹性。E = 生存环境：涵盖了身体健康、财务状况与友谊。H = 更高层次的需求：包括自尊、期望、野心与幽默感。

世界上大多数人都是悲观的，他们倾向于认为别人比自己乐观。

乐观的人寿命更长，赛利格曼测试了70个心脏病人，17个被测试为最悲观的病人中，有16个没有经受住第二次心脏病发作而去世了，而19个被测试为最乐观的人中，只有一个人被第二次心脏病的发作夺去了生命。

快乐提升免疫力。乐观是抵抗疾病的第一道防线。研究表明，具有乐观性格的人在保险公司销售人员中，往往是销售业绩冠军。乐观的小学生将来很少得抑郁症，走向社会后，在工作成绩和社会地位方面均超过悲观的人。乐观可以通过教育而形成，一个悲观的人通过心理训练可以转化成为乐观的人。

人在遇到困难或身陷困境中时，接受了别人的帮助与恩惠，往往会心存感激，并时刻铭记在心。这种人会带着感恩的心理走进生活、融入社会，随时准备以爱心回报生活、回报社会。这种人在生活中是幸福的，也是快乐的。生活给人带来挫折的同时，也会赐予人坚强的品质。

微笑是人们一种积极心态的外在表现，可以释放出正能量。这种正能量表现出人们积极、向上、阳光的良好状态。对个人、对家庭、对社会也表现出快乐、善良、健康的积极效应。让存在感、获得感、幸福感充盈在心灵深处，产生愉悦的享受。

美国著名心理学家塞里格曼在担任美国心理学会主席数月后的一天，与五岁的女儿在院子里播种。他的女儿叫尼奇。塞里格曼虽然写了大量有关儿童的著作，但实际生活中与孩子并不算太亲密，他平时很忙，有许多任务要完成，就是与女儿种地也只想快一点干完，尼奇却手舞足蹈，将种子抛向天空。

塞里格曼叫她别乱来。女儿却跑过来对他说："爸爸，我能与你谈谈吗？""当然"他回答说。"爸爸，你还记得我五岁生日吗？我从三岁到五岁一直都在抱怨，每天都要说这个不好那个不好，当长到五岁时，我决定不再抱怨了，如果我不抱怨了，你可以不再那样经常郁闷吗？"

塞里格曼产生了一种闪电般的震动，仿佛出现了神灵的启示。他太了解尼奇的成长，太了解自己和自己的职业。他认识到，是尼奇自己矫正了自己的抱怨。培养尼奇意味着看到她心灵深处的潜能，发扬尼奇的优秀品质，培养她的力量。培养孩子不是盯着他身上的短处，而是认识并塑造他身上的最强，即他拥有的最美好的东西，将这些最优秀的品质变成促进他们幸福生活的动力。

这一天也改变了塞里格曼的生活。他过去的五十年都在阴暗的气氛中生活，有许多不高兴的情绪，而从那天开始，他决定让心灵充满阳光，让积极的情绪占据心灵的主导。继而塞里格曼将这种关心人的优秀品质和美好心灵的心理学，定位为积极心理学。

幸福的奥秘是什么？现代人为什么经常不快乐？怎样保持生命的最佳状态？美国著名心理学家塞里格曼提出并倡导的积极的心理学从关注人类的疾病和弱点转向关注人类的优秀品质，它有三个层面的含义：

第一，从主观体验上看它关心人的积极的主观体验，主要探讨人类的幸福感、满意感、快乐感，建构未来的乐观主义态度和对生活的忠诚；

第二，对个人成长而言，积极的心理学主要提供积极的心理特征，如爱的能力、工作的能力，积极地看待世界的方法、创造的勇气、积极的人际关系、审美体验、宽容和智慧灵性等等；

第三，积极的心理品质，包括一个人的社会性、作为公民的美德、利他行为，以及对待别人的宽容、拥有职业道德和社会责任感，成为一个健康的家庭成员。

幸福与财富无关。幸福的人不一定是富人，一个穷人也可以很快乐。积极状态的人不一定富有，但一定是幸福快乐和乐观的。积极是一种爱，是一个人把所有力量都运用到极限而问心无愧的人生态度。这种心理素质促使一个人热爱自己、热爱他人、热爱这个世界，拥有快乐和幸福。

第三节　笑与社交心理学

笑社交心理学，顾名思义，是以微笑为主要行为的社交模式，专指人与人交往中的心理变化及在社交上人的思维惯性，也叫社会交往心学。笑社交心理学是研究人们在社会文化活动中的心理和微笑行为的一门科学。人与人的交往，实际上是人与人心理的交流。现代健康观把人际交往的心理健康作为身心是否健康的一个重要标志。一个人的人际关系状况不仅影响其成长与发展，并且决定着其事业的成败。

笑社交心理学，主要体现三个字：笑、说、做。人与人交往，面对面交流，离不开微笑、说话、做事。最平等的社交第一步就是投以微笑，报以微笑。这种交流无论男人女人、高低贵贱、名流平民，都是一样的。礼节性的交流中，具体微笑背后的内容却是千差万别的。

如何笑？怎么笑？特别是国家领导人的国际外交，更是十分讲究的。

社交，即社会交往，是一个大的范畴，有家庭间的夫妻交往、子女交往，以及亲属交往，学校间师生的交往、同学间的交往、家长与老师间的交往，单位领导与员工的交往、领导与高管的交往、员工与员工之间的交往，社会上朋友之间的交往、一般朋友之间交往、好朋友之间的交往，还有密友、挚友之间的交往。但人们对家庭的、学校的、工作的、朋友的以及社会的交往，都会有约定俗成的套路。比如，就拿微笑而言，对父母微笑是真情的，对老师微笑是尊重的，对领导微笑是热情的，对朋友微笑是真诚的。哪怕是礼节性的微笑，也不是随便的。微笑的背后隐藏着不同的心理状态，传递着不同的交流信息，释放着不同情感的温度。

人与人交往，第一学问是微笑，第二学问是语言。语言交流就是说话。古人云：一句话百样说，看你会说不会说。笑着说、赞美说，还是板着脸说、瞪着眼说，同样是语言交流，效果大不一样。笑着说、赞美说，心里充满快乐，语言都带着颜色与温度，是金黄色的、热乎乎的。如果板着脸说、瞪着眼说，说明心里憋着气、窝着火，语言都是灰黑色、冷冰冰的。

比如赞美式交流：您太有气质了，真赞！笑着说，心里充满快乐。如果瞪着眼说，你这人真差劲儿，想让我做什么，没门儿。在这样心态下，双方就没法交流下去了。社会交往，说话是一门学问，心理的学问。

笑社交心理学，第三是行为。行为即社交时心理反应的外在举止和动作。双方见面微笑、赞美过后进行思想交流，举止言谈、行动坐卧都是快乐的表现，两张脸融成一张脸，两颗心合成一颗心，这样的社交一定是快乐的、和谐的、融通的、舒服的。如果交流语言和行为都是相反的、拧巴的、纠结的，交流的结果一定是失败的。

提高人际交往和掌握成功的人际关系技巧的第一步：正确地了解人和人的本性。了解人和人性可以简单概括为"按照人们的本质去认同他们""设身处地认同人们"，而不要用自己的眼光去看待别人，更不要把自己的意志强加于别人。人首先是对自己感兴趣，而不是对你感兴趣。一个人关注自己胜过关注你一万倍。要认识到"人们首先关心的是自己而不是你"。

如何巧妙地与别人交谈。当你与人交谈时，请选择他们最感兴趣的话题。人类一个最普遍的特性，便是渴望被承认，渴望被了解。你愿意在人际关系中如鱼得水，就尽量使别人意识到自身的重要性。请记住，你越使人觉得自己重要，别人对你的回报就越多。

笑社交"心理学"，就是真诚地面带微笑，巧妙地聆听别人说话，巧妙地影响别人思路，巧妙地说服别人，巧妙地使别人做决定。巧妙地调动别人的情绪，巧妙地赞美别人，巧妙地批评别人，巧妙地感谢别人，巧妙地给别人留下美好的印象。

第四节　笑解心病

笑是人们在情绪愉悦时表现出的一种状态，也是心无挂碍的快乐形态。一个人如果心里有病，心情郁闷，抑郁惆怅，脸上就没有笑容，眉宇紧锁，牙齿紧闭，心事重重。只要一笑起来，就会心门打开，心病化解，情绪释然。

曾有两位同名同姓的患病女人，同时住进同一家医院，在同一个病房等待检查结果。由于护士粗心大意，错把查出肺癌的检查结果放在没有得病人的床头，而将没有得病人的检查结果放在患癌人的床头。可半年后，结果竟发生了戏剧性的变化，得肺癌的女人每天高高兴兴，又唱又跳的，完好如初。而没得肺癌的女人却郁郁寡欢，后来真得了肺癌死掉了。

这件事真有点让人不可思议，看起来似乎有些荒唐。但细想起来，又不无道理。得肺癌的女人是患"身病"，但心里没病；而没得肺癌的女人，虽然身体没病，但患上了"心病"。而心里没病的人，身体正气足，抗病能力强。可心里有病的人，精神失常，萎靡不振，身体抵抗力下降，结果"身病"就会乘虚而入。由此可见，"心病"是因，"身病"是果。

何谓"心病"，即心理发生的问题，看不见摸不着。

何谓"身病"，即躯体血肉发生的器质性病变，通过仪器检查是可视可见的。例如高血压、心脏病、脑血栓、糖尿病、癌症等。

人是由灵魂和肉体两部分组成，灵魂即精神，由人的心脑主宰；肉体既物质，包括五脏六腑、奇经八脉、四肢百骸，由人的大脑指挥调动。可我们这里讲的"心"，不是物质的心脏，而是人的神明，是指挥人们社会行为的思维系统，而这个思维系统就是人体这架机器的指挥中心，它一旦失灵了，人体各部位就会紊乱。古人云：百病皆源于心，千疾皆源于气。这个"心"就是指人体司令部，主内。这个"气"就是生存环境对人产生的影响，主外。由此可见，人们是先得"心病"，后患"身病"的。"心病"是病变的根须，"身病"

则是病体的主干和枝叶。

其实，很多时候都是先得"心病"的。曾有位高级干部当官时春风得意，满面红光，出事落马两年后，身患肝癌一命呜呼；一位"股疯"，当上千万股票消失时，坠楼人亡；一位年轻人失恋后，卧轨自杀。如果一个人的心死了，躯体就是个臭皮囊，没有生存的意义了。看来"身病"有法可治，而"心病"却无药可医！

当代人生命状态大多数处于浮躁、焦虑、郁闷、抑郁等亚健康状态，主要是由于社会竞争激烈，心理压力大造成的。而这种心理压力没有恰当的释放方式，长期累积就会导致人体脏腑机能的失调紊乱，转而形成不同的病变，这就是高血压、心脏病、脑血栓、糖尿病、肥胖症、癌症及亚健康等现代病的主要成因。其实人们得百病是先伤及心，后累及身。身为现象，心为本质。但人们只看到现象，只知道去医院治"身病"，而不知如何去"心病"。结果越治越重，最后死于无知。

"心病"何医？答曰：非医非药。

◎ 诊断："心病"源于情志所伤。

◎ 疗法：愉悦身心。

那么怎样才能达到"愉悦身心"呢？

我们先从字面分析：愉：欢愉；悦：喜悦；身：躯体；心：心情。

用什么方法才能达到这种境界呢？只有通过笑、唱、跳的娱乐活动。

第五章

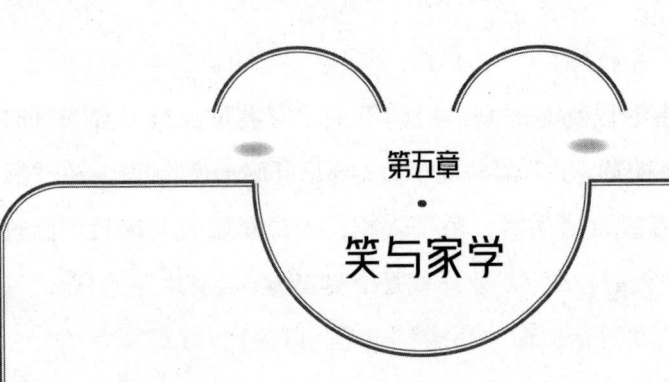

笑与家学

开心一刻

于心不忍

有一天,一位诗人和朋友一起喝酒。他们要了一份下酒菜——四只麻雀。

诗人的朋友一口气连吃了三只,正要吃最后一只时,

诗人忙说:"这一只,该我吃了吧?"

朋友叹了口气,说:"我本想给你吃的,可是,我实在不忍心拆散它们,还是让它们在我肚子里面团聚吧。"

说完,他把最后一只也吃下去了。

悟道金句

笑是家庭最美的风景,爱是家庭最响的音符;

笑传和谐家风功在千秋,美扬家训利在当代。

孟子云："天下之本在国，国之本在家，家之本在身。"

中华百家姓是千万个家庭的名片，也是"家学"文化的灿烂符号，流溢着每个家族的芬芳。从源远流长的《家谱》到精辟独到的祖德《家训》，从谆谆教诲的《家教》到严以律己的《家规》，从祖辈沿袭世代的行为品德到薪火相传的优良家风，无不浸透着人伦的美德、文化的积淀和艺术的陶冶。

孟母三迁，岳飞刺字，陆游教子有方，曾国藩家书治家；钱钟书夫唱妻和，伉俪情深，比翼双飞；钱学森一家患难与共，互相支持，共攀事业高峰；吉鸿昌正直刚毅，父亲吉筠亭要求子侄亲友"做官就不许发财"，吉鸿昌以此激励自己，廉洁正直，拼搏奋斗，成为名垂青史的一代名将。这些都是注重家庭建设的成功范例。

家风，是一个家庭或家族的门风，体现在父辈们身体力行和言传身教上。家风文化，即以家族为系统，以家庭为单位薪火相传，代代继承。从先秦到明清，我国流传下来不少经典的家规、家训之著作。比如诸葛亮的《诫子书》、司马光的《家范》、朱熹的《朱子家训》，以及《曾国藩家书》。纵看蔚蔚家风文化之大观，是华夏民族之精粹，人世间之感悟。

文化，即是"文"以传世，"化"以度人。中国有句古语："欲治其国者，先齐其家。"有位领导人说，"家风"体现在"家国情怀"上，"家事"要节俭，从小处入手；"国事"大于天，从大处着眼。其父亲经常教育孩子："我是农民的儿子，要靠自己的本事吃饭。"这位领导人在给父亲的拜寿信中说："一学父亲做人，二学做事，三学执着追求，四学赤子情怀，五学俭朴生活。"并坦言，"我从父亲那里继承和吸取的高尚品质很多。"

古代大思想家范仲淹的家风体现在"忧乐"二字，他在《岳阳楼记》中写出了"先天下之忧而忧，后天下之乐而乐"的千古佳句。范仲淹治国有略，教子有方，他的两个儿子先后都成了宋朝的宰相，继续为实现他富民强国的远大理想而奋斗。

从小立志做圣贤的明代著名哲学家王明阳，其家风重视家教。一次，私塾先生问：读书为了什么？学生回答：为了将来做官。唯有王明阳说：读书为了做圣贤。可见其志向高远，非同一般。

家庭的幸福，从笑声里传出。笑是心中一朵花，为幸福而绽放。应笑出家庭的幸福，笑出家庭的和谐。

家是归宿，家是港湾，家是永恒的驿站。家是微笑的；家是彩色的。家庭就是由爱编织的故事，叫人阅读一辈子，回味一辈子，感动一辈子。家，不仅是一个让人安居的地方。对于孩子，这个家可以遮风避雨，可以栖身，可以感受到爱意；对于上班族来说，可以让人放下所有防备，可以释放压力，可以让疲惫的身心放松；对于夫妻来说，这是一个用来安放对方爱的地方，是一种安全感，也是一种陪伴。

家庭是社会的基本细胞，是人生的第一所学校。不论时代发生多大变化，不论生活格局发生多大变化，我们都要重视家庭建设，注重家庭、注重家教、注重家风。领导人如此重视家风问题，正因为家庭是"国家发展、民族进步、社会和谐的重要基点""千家万户都好，国家才能好，民族才能好"。

第一节　笑的美育家教

孟子小时候，父亲早早地死去了，母亲守节没有改嫁。开始时他们住在墓地旁边。孟子就和邻居的小孩一起学着大人跪拜、哭嚎的样子，玩起了办理丧事的游戏。孟子的妈妈看到了，就皱起眉头：不行！我不能让我的孩子住在这里了。

孟子的妈妈就带着孟子搬到集市旁边去住。到了集市，孟子又和邻居的小孩学起商人做生意的样子。一会儿鞠躬欢迎客人，一会儿招待客人，一会儿和客人讨价还价，表演得像极了！孟子的妈妈知道了，又皱皱眉头：这个地方也不适合我的孩子居住。

于是，他们又搬家了。这一次搬到了学校附近。孟子开始变得守秩序、懂礼貌、喜欢读书。这个时候，孟子的妈妈很满意地点着头说：这才是我儿子应该住的地方呀！

等孟子长大成人后，学成六艺，获得大儒的名望。君子以为这都是孟母逐步教化的结果，"近朱者赤，近墨者黑"。

笑与家学，主要内容是笑的快乐元素在家庭传承中积极的作用。一个家庭传承家训、修缮家谱、倡导家教、弘扬家风，是一项利国利民的传统文化。家族血脉延续，培养代代新人立德成才，家庭教育至关重要。

笑的传承，提倡"快乐美育法"，快乐美育注重心灵情趣的陶冶、智慧的启迪、潜能的开发。家庭教育中更注重"快乐"和"德行"等美好品质的熏陶，孩子要在心情愉悦的状态下，对世间万物产生极大兴趣，才会主动愉快地学习，学习鲜活的知识。比如说，家长对幼儿识字，给小孩子看一万张看图识字，如看图片中的猫、狗、猪，也不如看到家养的宠物更真实可见，在孩子与宠物密切接触中，让其体验与人类的好朋友——动物玩耍的快乐，从而了解这些猫、狗、猪的特点与习性。让孩子从对父母善良的行为中，体验感恩、善良，尊重那些身边的美德。比如，同父母做"拍手笑运动"，家长与孩子同快乐，既锻炼了身体，也创造了快乐。

快乐美育法，是家族传承延续的重要环节，快乐美育与一般教育相比，对提升孩子的品质和素质效果更好。

第二节 笑的"幸福五行"

笑是什么？笑即是"道"，是统帅"四合"，通达"五行"的大道之法。

笑，就是快乐啊！

爱（木）、孝（火）、教（土）、财（金）、和（水），即恩爱、孝道、家教、财富、和睦。"笑"即是"道"，道法、道理、道路。"笑"统四和：天合，地和，人和，家和。天合则晴，地和则宁，人和则旺，家和则兴。"笑"通五行，能使阴阳五行相生相和，家庭和睦幸福，兴旺发达。

和为水，水能生木；水能载舟，亦能覆舟。这个"舟"就是家庭的方舟。只有家和才能载舟，才能天和、地和、人和。和气生财，和生万物。

和，如一汪柔和之水，随圆就方，源远流长，载着幸福家庭的小舟荡漾。

笑，就像水中的浪花，点缀生活多姿多彩，美妙动人。

家庭的基本成员是夫妻，夫妻恩爱不恩爱，直接关系到这个家庭细胞和谐不和谐。家学，第一步就是"爱"学。"笑"能为夫妻恩爱加点"糖"和点"蜜"，加点"盐"，使平淡的夫妻生活更有味道。

现场来做个游戏：

1. 丈夫对妻子说：老婆，我爱你！看妻子如何反应？
2. 妻子对丈夫说：老公，你真棒！看丈夫反应如何？

结果，大家清楚地看到，笑着说我爱你，能使丈夫很快乐，妻子更是兴奋不已，乐不可支，甚至扑到丈夫怀里。而没有笑脸的丈夫很平淡，妻子也没有特别反应，愣愣地望着丈夫，似乎在问：你连个笑脸都没有，是真爱我还是敷衍？

同样说我爱你，笑着说或不笑着说效果截然不同。笑着说"老公你真棒"的妻子被老公拥抱。不笑说的，老公只是点点头说"谢谢"。看夫妻恩爱不恩爱，从笑不笑就能一目了然。生活中你去观察，只要夫妻对视时，满眼含笑的都是幸福夫妻。反之，一定是不幸福的。

笑，是人类最美丽的语言，发自于心，喜形于色。我们为什么要笑呢？因为开心、快乐、高兴。笑是人们美好心情的释放和表达方式，笑传递快乐的信息，是沟通夫妻心灵的桥梁。谁都想与笑口常开、阳光灿烂的人生活工作在一起，谁都不愿意同一位每天板着一张八点二十阴云密布的脸，好像谁欠你二百的人打交道。夫妻也是如此。

一次，我有个学生求我说："许老师，你训练一下我丈夫笑吧，他不笑我就跟他离婚！"

我问她："你丈夫不爱笑？"

她气呼呼地说："我俩结婚十年，在我记忆里，他只对我笑过三次。第一次是见面相亲，第二次是婚礼庆典，第三次就是我生女儿。"

我问："你丈夫做什么工作？"

她答："搞软件开发。每天回家就坐在电脑前忙到深夜。我不知道他是爱电脑还是爱我，你说不离婚，跟这种人过着有啥劲儿？"

我很同情她，当然也愿意帮助她。我给她丈夫训练一个月就OK了。现在小两口恩爱有加，也不提离婚二字。

学生高兴地说：老师真厉害！以前我丈夫十年跟我笑三次，现在一天甚少跟我笑三次。早晨一起床，他笑着对我说，老婆早晨好！中午吃饭，他笑着对我说：一定要吃饱。晚上睡觉前笑着说，做个好梦哟！现在有老公恩爱，我好幸福啊！

阴阳相生谓之"道"，夫妻相克谓之"魔"。丈夫爱笑，就是晴朗的天象；妻子爱笑，就是灿烂的地象。笑是夫妻恩爱的晴雨表，笑是夫妻和谐的灵丹妙药。

易经曰：一阴一阳谓之道。一夫一妻，是不是一阴一阳？夫妻恩爱，阴阳相生谓之"道"。夫妻反目，阴阳相克谓之"魔"。家庭生活中，这个"笑"就像夫妻恩爱中的"糖"，它能使夫妻如胶似漆，形影不离。夫妻和合谓之"道"。夫妻不爱笑，感情不和就是"魔"。现在离婚率为啥这么高？因为着了魔的夫妻太多，闪婚，骗婚，发昏……

顺口溜：上床睡觉，下床打闹，爱过不过，分道扬镳。

恩爱夫妻：上床睡觉，下床说笑，恩爱有加，白头偕老。

家庭组合，就像道家的符号，是由"阴阳鱼"组合成一个圆，丈夫就像那个白色的鱼（属天属阳），妻子就像那个黑色的鱼（属地属阴），如果丈夫爱笑，就是晴朗的天象。笑起来眉梢上挑，嘴角上翘，像不像一个金元宝？钱从天上掉下来就能接住。相反，你的脸总是一副哭丧脸儿，嘴角往下撇像个破财罐，就是败家的模样。笑能招财、哭能惹灾。小孩子哭闹不停，父母就会说，这孩子搅灾哩。

妻子爱笑，就是灿烂的地象。你看女人笑起来是不是很美很迷人？就像鲜花含苞欲放，流溢清香。常言道：爱笑的女人是旺夫相，能给男人生命能量，助其事业有成，财富满仓。夫妻常笑，健康不老。有对夫妻感情不和，经常吵吵闹闹的，当然就笑不起来了。十年后，妻子得了心脏病，住院治疗花费十来万。回家夫妻一吵架，心脏病又复发住院了。后来，丈夫开始练习笑，笑着对妻子说话，逗妻子开心。奇怪的是，不但夫妻关系好了，妻子的心脏病也神奇般的痊愈了。还节省了很多医药费哩！

夫妻恩恩爱爱，甜甜蜜蜜，就像一根常青藤上盘缠着的一对龙和凤，丈夫是龙，妻子是凤，龙飞凤舞，鸾凤和鸣。笑，就像这根常青藤上的绿叶，永远枝繁叶茂，郁郁葱葱，永不凋零。（五行叫木生火）

孝为火，火能生土。父母是子女的生身之根，是子女的天地之神，时时护佑着子女成长。所以，孝道孝道，感恩知报。孝顺父母，天经地义。五行叫木生火。

父母的爱，像一堆干柴，蕴藏着能量。等到子女长大成人了，父母虽然老了，仍然像一堆干柴，蕴藏着巨大的能量，期待子女用孝道的烈火去点燃。

子女尽孝道，就是用你孝道的星星之火，换来爱的燎原之势，获取无限的能量。多少历史风云人物获得成功就是因为他是大孝子。

笑，就是点燃父母这堆干柴的火源，子女能博父母开心一笑，就是最好的孝道。父母天天保持欢笑，就能长命百岁，健康不老。五行叫火生土。

教为土，土能生金。孝道就是家教的根基。上行下效，言传身教；父母笑，子女孝。父母就是子女的榜样，你不孝敬父母，将来子女也不会孝道你。"教"字是由左边一个孝右边一个反文组合，意思是反反复复尽孝道，就是最好的家教。尽孝道是家族教育的首要。

家教，就像一片未开垦的处女地，父母辛勤耕耘，播下良种，子女才能生根、开花、结果。家教，就像一片未开垦的处女地，只有父母辛勤耕耘，播下优良的种子，子女才能生根、开花、结果，才能五谷丰登，财源广进。

财为养命之源，生存之根。财为金，金能生水。财富是家和的保证。古人云：君子爱财，取之有道。这个"道"是什么？是教，即良好的教育。

钱财就像一根看不见的红线，连结着生活的五彩衣。人在社会上生存靠钱，吃穿住行、学习工作、社交往来、结婚成家、养儿育女都需要钱。一切向钱看，是当今社会的流行语。想吃饭，掏钱；想穿衣，掏钱；想买房买车，掏钱；想娶媳妇，掏钱；孩子上大学也需要钱，钱是人们生存的命根子，发财梦人人都在做。五行叫水生木。

只有快乐，夫妻才恩爱，木生火。只有快乐，父母才得孝，火生土。只有快乐，子女才成才，土生金。只有快乐，日子才富足，金生水。

只有快乐，家庭才和谐，水生木。这种恩恩爱爱、和合相生、蒸蒸日上的景象，不就是"幸福家庭"的写照嘛！

```
        爱为木
  和为水        孝为水
        笑
    财为金  教为土
```

爸爸笑，妈妈笑，儿女就是尽孝道。

儿子笑，女儿笑，父母心里乐陶陶。

家庭和睦事业兴，快乐健康美逍遥。笑与孝，同音不同字，异曲同工。孝与笑，异字而同音，寓意微妙儿女孝，老人笑，一笑尽百孝。真正做到"孝道"，以老人的"笑容"为标准。老人开心笑了，才是最好的孝道。"笑"为百孝之魂。敬为孝，顺为孝，养为孝，敬了，顺了，养了。笑着尽孝，孝顺从心灵做起。

怎么才能做到尊敬父母呢？无论你官做多大，无论你钱挣多少，无论你多么成功，社会地位有多高，回到家里，在父母面前你永远是儿子、是女儿，父母永远是你的天命你的根，养育之恩永远也报不完。你要打心眼儿里把父母当做长辈来尊敬，你就会面带笑容，语气和缓地同他们说话，父母就会打心眼儿里认为你孝顺，由衷地高兴，比给他们买多少好东西都快乐。对父母尊敬是无价之宝，你掌握住这个法宝，就做到孝道的第一步了。

父亲是儿女的天，母亲是儿女的地。儿女尽了孝道，父母开心地笑了，就天晴地宁、阖家欢乐。

笑，就是点燃父母这堆干柴的火源，子女能博父母开心一笑，就是最好的孝道。父母保持天天欢笑，就能长命百岁，健康不老。

第三节 笑与孝道

父母不爱"笑"，子女不爱"孝"。子女不爱"笑"，父母得不到"孝"。父母都爱"笑"，全家乐陶陶。家教，对下笑着家教，父行子效。笑容，是给人看的，笑声是让人听的。笑声朗朗、和颜悦色、循循善诱，比正襟危坐、拳脚相加、"棍棒出孝子"更有效果。

笑出卓越、幸福和谐。（和为水）常笑开智慧，智慧的人卓越。常笑福自来，人和百业旺。常笑家和睦，家和万事兴。家学：既是恩爱、孝道、家教、财富、和睦。"笑"统四和：天和，地和，人和，家和。天合则晴，地和则宁，人和则旺，家和则兴。

"笑"通五行，能使阴阳五行相生相和，家庭和睦幸福，兴旺发达。爱为木，木能生火。笑孝的"根"就是"爱"。

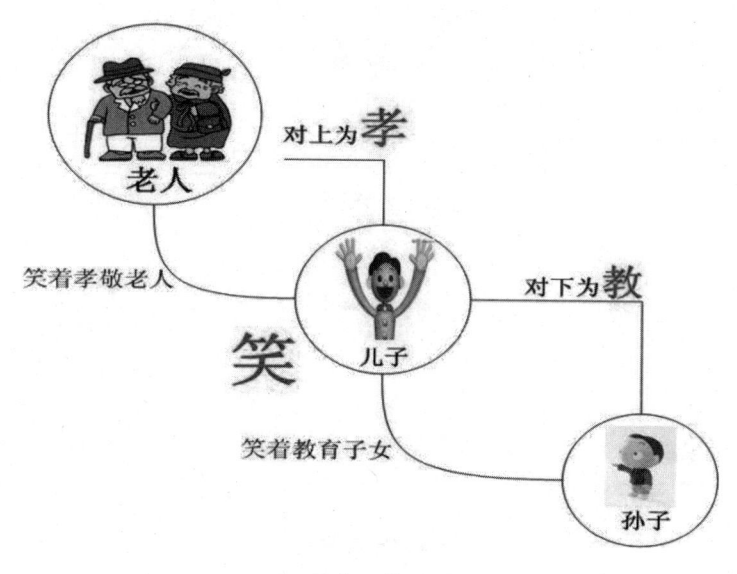

▲ 笑孝三代乐图示

　　家庭是一种以血缘为基础、具有情感纽带的社会单元，以共同的住处、经济合作和繁衍后代为特征。家庭是亲属关系或类亲属关系中相对较小的户内群体，是一个相互合作而发挥初级社会化、人格稳定化、经济合作等功能的单位。亲属是指一些有着共同的祖先或血缘的人，或是有姻亲关系或养育关系的人组成的社会网络。亲属可包括父母、兄弟姐妹、姑姨叔舅、祖父母、姑舅祖父母、叔伯祖父母、堂（表）兄弟姐妹、远房堂（表）兄弟姐妹等。

　　"家学"文化、源远流长，博大精深。它连接历史，连接当下，连接未来，与每个人、每个家庭的幸福息息相关。笑文化家学将会走进家庭、走向社会，为家学美育绽开姹紫嫣红的春天。所谓"幸福"，就是人们心中最美好的感觉，开心、快乐、满足、愉悦。

第六章

笑与福学

开心一刻

触电感觉

女：人家都说相爱的男女双方见面就像触电一样，心中起火花……
我跟你怎么没有这种感觉呀？

男：亲爱的，你别急！我这儿还没打开开关呢！

悟道金句

夫妻间笑着恩爱，亲子情无处不在，笑美育温馨可爱。

孝道孝道，感恩知报，家庭和睦，才是最好的福报。

每一张欢愉的笑脸，都会洋溢着满满的幸福感，而这种幸福感都与快乐的笑容和笑声相伴。幸福就是一种心灵的快感，这种快感能让大脑释放内啡肽，产生多巴胺快乐物质，也就是幸福的元素。笑与幸福犹如一对孪生兄弟。

在世界著名高等学府哈佛大学，排名第一的课程不是大宗的经济学课程，也不是实用的法律课程，而是泰勒·本－沙哈尔博士开设的幸福课。泰勒博士被誉为哈佛大学"最受欢迎的讲师"和"人生导师"，他的幸福课引起了前所未有的轰动，美国、西欧及中国很多家新闻媒体都曾多次进行了报道。泰勒博士的幸福课程被全世界各大企业领袖们誉为"摸得着幸福"的心理课程。

美国哈佛大学开设的《幸福》课程场场爆满，听课的人有商界领袖，有政府官员，有企业巨子，也有大学生、高级职员，来自全球各行各业。有的人权力至上，有的人腰缠万贯，有的人爱情甜蜜，有的人声名鹊起，有的人追求时尚却不幸福。对于"幸福"二字，每个人都有自己的理解。

幸福永远是人类的追求，人类所有的努力都是为了实现幸福的理想。但是，什么是幸福？怎样才能得到幸福？至今仍有无数的人在苦苦寻找着答案。

现实生活告诉我们，幸福是一个经常变幻的不等式：富裕不能带来幸福，贫穷不能夺走幸福；苦难不会减少幸福，名利也不会增添幸福。人生的历练同样告诉我们，幸福还是一个没有标准答案的矛盾选择：得到了，你也许并不幸福；失去了，你也许获得了更多的幸福；接受了，也许是你幸福的损失；给予了，也许会给你换来幸福的倍增。所以，今天的你我，即使衣食无忧，功成名就，仍会感到自己并不幸福。很多现代人，即使实现了很多梦想，获得了很多成功，仍会常常产生这样的困惑：我是幸福的人吗？我的幸福究竟在哪里？

幸福的感觉，其实是来源于人体内分泌的一系列神经物质，比如多巴胺、血清素、内啡肽等等。多巴胺会让人充满激情和积极性，它是激发人们做某件事的动力和源泉；血清素会让人感觉平静、安宁，是一种能带给人治愈感的重要物质；内啡肽是我们应对压力的一种激素，当我们面临压力和危险的时候，帮助我们缓解疼痛感，让我们更专注地应对和解决问题。只要我们能掌握分泌这些幸福物质的开关，就能掌握自己的幸福，尤其是多巴胺，直接被称为"幸福物质"。它是如何让我们快乐的呢？

幸福从不拒绝任何人。每个人都有追求幸福的权利，也都能找到自己的幸福。因为幸福是对生活的一种热爱，幸福也是对人生的一种品味；幸福是对生命追求的一种回报，幸福更是对人生价值的一种奖励。

究竟什么是真正的幸福？怎样才能找到自己的人生幸福？一位美国的学者以独特的理解为当代人做了新的诠释，广为人知而备受推崇，他就是哈佛大学积极心理学教授泰勒·本－沙哈尔博士。

而我认为，幸福有两个层面："眼下的幸福"和"终极的幸福"。

眼下的幸福，即是一种超享受的快感。

喜剧演员范伟说：什么是幸福，幸福就是你饿极了，看见别人正在吃包子，你感觉能吃上包子就很幸福。饥饿的人，若吃上一口饭，哪怕是粗茶淡饭，就感觉特别美味与享受。

比如，开车如遇塞车，憋得不行了，找到了厕所，感觉好幸福啊！

比如，加班困极了，倒在床上就睡，感觉幸福极了。

比如，单身汉娶了新娘入了洞房，笑着头撞南墙，乐晕了。

比如，玩累的孩子，吃上一块巧克力，美得让他干什么他就干什么。

终极幸福是什么？十个字，一言以蔽之：心灵无烦忧，身体无病痛。也就是人的灵与肉、精神与物质，全身心细胞都是健康快乐的。

第一节　笑孝幸福观

人生就是在追求幸福的路上，幸福的人应当学会保持微笑，传递快乐。科学界有个著名的"蝴蝶效应"，一个生活在新加坡的蝴蝶扇动一下它的翅膀，理论上就有可能会在佛罗里达引起一场龙卷风。

人类的网络指数理论也都表明，每个人都与其他事物处于相互联系之中。快乐是能够传染的，你的一个微笑，可以感染另外三个人，而这三个人又将微笑传递给其他九个人。这样在很短时间内，可能你就是那个"蝴蝶"，而将你的快乐传递给了整个世界。假如整个世界有数量可观的一部分人在每天传递微笑和快乐，那么世界每天将会添加多少新鲜的幸福感啊！

每天都在传递幸福的人，必定会在精神上获得愉悦。佛家讲究的"利他"理论，就是幸福传递，只要你能做到事事"利他"，就会产生幸福感。"笑孝幸福观"的理念中，第一个字是"笑"，体现快乐观；第二个字是"孝"，证明德行观；第三个字是"福"，享受幸福观。

我从"笑、孝、福"三个字，来阐述什么是真正的幸福。

第一个字"笑"，是一个人的心态和精神面貌，爱笑，不仅是一种情绪表达方式，更是人的心智模式与生命能量和身心健康的综合体现。

第二个字"孝"，古有百善孝为先之说，今有百孝笑为魂之意。对生你养你的父母孝道不孝道，证明你感恩不感恩，有没有德行修为。孝是做人的根本标准，也是做事的基本原则。

第三个字"福"，福如东海，寿比南山。家和万事兴，人和百业旺。教为土，土能生金。孝道就是家教的根基。上行下效，言传身教。父母就是子女的榜样，你现在不孝敬父母，将来子女也不会孝敬你。这就是一个闭环规律。

第二节　百善孝为先

春秋时期，楚国有位叫老莱子的隐士，为了躲避乱世回到蒙山南麓，自耕于田地之间，过着平常的日子。他是个大孝子，平时总是把最好吃的孝敬给近百岁的父母。那年，他虽已年逾古稀，但尚不言老。为了逗父母开心，他经常穿着五色彩衣、手摇拨浪鼓，如同小孩子般戏耍，以博父母开怀快乐。一次，他为父母送水，进屋时不小心跌了一跤。他怕父母担心，索性顺势躺在地上学小孩子哭闹，竟逗得二老哈哈大笑。

百善孝为先，百孝笑为魂。笑容的"笑"与孝道的"孝"是两个同音不同义的字，有着紧密的内在联系。笑容的"笑"是人们愉悦心情的外在表现，孝道的"孝"却是儿女对待老人的报恩行为。"笑"与"孝"两个字连起来，而形成一种"笑孝文化"。

"笑"字本义：因喜悦而开颜或出声。笑，喜也。"孝"字上有老，下有子。年轻时老育子，年老时子养老。天伦之乐良性循环，是家庭和谐的自然规律。欢笑是发心，孝道是行动，和睦是根本，幸福是结果。儿女对父母天天微笑，老人一定很快乐。如果儿女看到父母开心笑，一定也快乐。由此可见，笑容的"笑"是孝道灵魂所在。

儿女不孝父母与天道相悖，事业不顺利。夫妻不笑与地道相违，家业不兴旺。父子不笑与人道相逆，学业不精进。送快乐是智慧，送健康是情商。这个快乐就是"笑"，这个健康就是笑运动。

笑与孝，同音不同字，异曲同工。第一个"笑"是发心，第二个"孝"是行为。发心让父母开心快乐，行为让父母健康长寿。儿女孝，父母笑，一笑尽百孝，笑笑三代乐。

孝敬父母，是家庭幸福的重要因素。父母是子女的生身之根，是子女的天地之神，时时护佑着子女成长。所以，孝顺父母，天经地义。如果不孝敬父母，就是无源之水，无根之木。谁能每天逗父母开心一笑，快乐无疆呢？谁能坚持每天给父母打一个电话，嘘寒问暖？孝敬父母从"笑"开始。笑容用来给人看的。孝道是一种感恩德行，笑到孝道，感恩知报。博父母开心一笑，就是最好的孝道。笑到父母心窝里，孝在父母心坎上、做到父母需求处。

第三节　百孝笑为魂

看！一个"笑"字，就把人的生命能量活脱脱呈现出来了。笑商高的人，心身健康，灵性释放。笑商，是一条快乐红线串起五颗商数的珍珠。笑商是亲和力、表现力、凝聚力、思维力、创造力、行动力、领导力的综合体现。笑商高，其他能力都高。

回想唐山大地震，我失去父母等 11 位亲人。那时候感觉爸爸是我的天，天塌了；妈妈是我的地，地陷了，唐山大地震中爸爸妈妈不见了。家是我的根，家没了，我的心也碎了。地震后，父母离我而去，也带走了我的笑容和快乐。

大灾之后，我能健康而快乐的生活，这就是对父母最好的孝道。虽然自己的亲生父母没有了，但我可以孝敬天下的父母。我练"笑"，医好了心中的悲伤，创编出"笑健操""笑笑歌"，为很多老父亲、老母亲送去快乐与健康，尽到最好的孝道。父母在天之灵一定是欣慰的。

第四节　笑孝智慧

孝道是子女对父母的报恩行为。孝道是一种智慧，儿女有孝心，有孝力，同时也要有智慧的方法。比如，有位亿万富翁北漂打拼 20 年，花几万块钱买件裘皮大衣，春节回家送给老母亲尽孝道，没想到竟被老母亲拒绝接受。他在"笑孝幸福学堂"上提及此事，自己有孝心又有尽孝的能力，却不能尽孝，非常苦恼。我开导说，尽孝是有智慧的，并不是有钱就能做到。一个山区老太太能穿裘皮大衣吗？勤俭一辈子舍不得啊！倒不如开车拉着老母亲到老人商店，让她自选衣服，儿子刷卡就行了。只要让老母亲开心快乐，你就尽到孝道了。

一位姑娘说她父母经常吵架，一吵架就要摔东西闹离婚。她很害怕，不想成为单亲家庭的孩子，所以总是劝架，劝完这头又劝那头。今天劝好了，明天又打起来了。如复一日，年复一年，从小学一直劝到高中，父母吵架还是没完没了，真是冤家对头。她带父母来到"笑孝幸福学堂"听完课，回家就不吵架了。她终于看到父母恩爱的笑脸，再也不担心离婚了。这真是女儿尽孝道，父母欢心笑，全家乐陶陶。

有对夫妇望子成龙心切，天天逼着孩子玩命学习，不让他出去找同学玩，不许看电视看手机，不许上网打游戏。每天圈在家里背古诗学英语、读课本答考题，逼得孩子离家出走想自杀，吓得这对父母魂都飞了。他们来到笑孝幸福学堂，学习快乐美育法，让孩子笑开心门，走出父母的教育魔咒，重新产生了学习的兴趣。

第七章

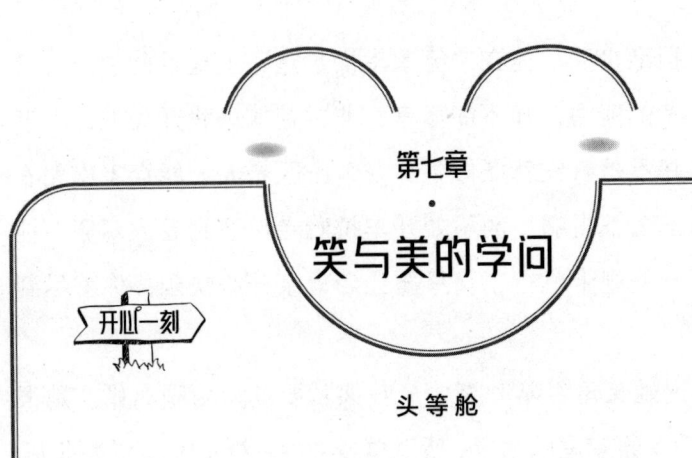

笑与美的学问

> 开心一刻

头 等 舱

一个金发碧眼的女人上了飞机,在头等舱坐下。空姐过来检票,告诉她:"您的机票是普通舱的,不能坐在这里。"

女人说:"我是白人美女,我要坐头等舱去洛杉矶。"

空姐无可奈何,只好报告组长。组长对美女解释说:"很抱歉!您买的不是头等舱的票,所以只能坐到普通舱去。"

"我是白种美女,我要坐头等舱去洛杉矶。"美女仍然重复着那句话。

组长没办法,又找来了机长。机长俯身对美女耳语了几句,美女立马站起身,大步向普通舱走去。

空姐惊讶不已,忙问机长跟美女说了些什么。

机长回答:"我告诉她头等舱不到洛杉矶。"

> 悟道金句

荷尔蒙决定一见钟情,多巴胺决定天长地久,
肾上腺决定出不出手,自尊心决定谁先开口,
健康与寿命基因因素,决定谁先离开谁先走。

笑与美丽是孪生姐妹，笑与美人是绝代佳配。人笑起来最美，美人笑起来更美，美得让你心驰神往而陶醉。古代四大美女笑起来，美得用语言无法描绘。西施天生丽质，嫣然一笑，清水出芙蓉；王昭君文静舒雅，灿烂一笑，合婚美塞外；杨贵妃妩媚婀娜，回眸一笑百媚生；貂蝉冷妍一笑，美的闭月羞花，楚楚动人。笑容为古代四大美人增添了无限魅力，四大美人也为笑容绽放出靓丽的一笔，定格笑与美丽的历史瞬间。

第一节　笑与美

人类什么表情最美？当然是微笑的时候，眉梢儿上挑，犹如一轮弯月；嘴角往脸颊两边咧开，就像金元宝；两个眼角眯成一条缝儿，神秘而奇妙；皮肤放光白皙细腻，泛着灵动的波纹。笑声阵阵，宛若银铃晃动洪钟敲响；笑姿变化出各种美妙的剪影，喜人心窍。人们不同的欢笑，汇聚多少美学元素，美学专家也无法知道。

生活充满美学色彩，爱情更是集美学之大成。两人热恋时，大脑释放荷尔蒙，看对方什么都是美的。除了恋人的微笑美妙之外，还有甜蜜、亲吻，拥抱，干什么都是美滋滋的。

眼睛是心灵的窗口，如果微笑打开了这扇窗子，爱心就会从窗口里飞出来，充满灵动感，微笑便是心灵的传递。美的灵魂是笑容。美女尽管长得像天仙一般美丽，如果脸上没有笑容，冷冰冰的毫无生气，不过只是一幅画而已。美女靠什么拥有美貌？一是天生丽质，二是后天造就。

美女靠什么保持美丽？一是吃好睡足，二是修心养性，三是适度运动。心灵是美的根，容貌是美的花朵。笑是心灵之根、美丽之魂，笑与美的关系，就是灵与肉的关系。笑是美的内在灵魂，美是笑的外在表现。

美女美在肌肤，肌肤靠什么保养？靠气血充盈。气血充盈靠什么运行？靠心灵纯净。如果一个人皮肤松弛，出现皱纹成了黄脸婆，一定是心态出现问题，导致脏腑机能失调，然后气血亏虚，美丽全无。美女要想保持美丽如花，首先要保持心灵纯净无烦忧。

内外兼修，美容如玉。从养生学说，笑为灵丹，爱笑才美。快乐养颜，笑是最佳心身运动。气血养颜，赞美是最好的享受。心理养颜，笑颜是最妙的美容。

笑是心灵美容法，细胞美容。笑是灵丹妙药，能量美容；笑是琼浆玉液，魅力美容。爱美之心，人皆有之。美好无处不在。美女吸眼球，美男撞心头。男人找一位美貌妻子赏心悦目，女人嫁一位美男丈夫激情荡漾。

人哪里最美？脸蛋、身材、眼睛还是心灵？常言道：情人眼里出西施，咋看咋美，因为美在心里。人的微笑最美，难怪摄影师拍照时，总是喊："笑一笑"，咔！一张徐光带色带笑容的美照就出来了，藏在岁月的相册里。

第二节　笑绽美之花

笑是爱之门，打开春风拂面。笑是美之花，绽放五彩缤纷。我们来欣赏笑的夏天。夏天花草旺盛，枝繁叶茂，大自然如诗情画意般的美丽。这是多美的词汇，多美的意境。但是，词汇再美，意境再美，也比不上人的心灵美、笑容美！

人生最美是笑容，笑容最美是心灵。清水出芙蓉，天然去雕饰，是形容我国古代第一美女西施的诗句。沉鱼落雁之容，闭月羞花之貌，是古人对美女的溢美之言。如果美女不笑，也只是一幅供人欣赏的画而已，没有摄人心魄的魅力。

心灵美，人们用肉眼是看不到的，只能用心去感悟。而容貌美，人们是看得到的。容貌美产生于人的心灵，心灵之花是通过笑容来绽放的。笑，是心灵的显像；美，是心的灵动。所以，美人笑起来会更美，似乎每一个细胞都在流动，使人们愉悦、欣喜而陶醉。

科学家研究发现：笑是心灵最好的美容剂，当人们哈哈大笑时，大脑产生一种叫"内啡肽"的化学物质，这种物质有兴奋神经、愉悦心身、活化气血、美容养颜的效果。

笑起来吧，挑起你的弯月眉，露出你洁白的牙齿；咧开你的樱桃小口，送给人一个会心的微笑，传递你心中的快乐。笑过之后，你会走出自我的象牙塔，忘掉自己，融入到大家的世界，心身感到非常的愉悦。

笑从何来？心中喜乐，笑是"心之蕊"绽放在脸上的花朵，五彩缤纷，绚丽夺目。人笑起来为啥最美？因为心情愉悦，细胞活跃，气血畅通，浑身舒服。

当妈妈看到宝贝甜甜笑脸时，心门打开了，美不美？美。

学生课堂上成绩好得到老师表扬笑得开心，美不美？美。

当恋人为爱人点燃生日蜡烛、送上礼物，恋人笑了，美不美？美。

当子女为父母尽孝道，爸妈开心地笑了，那笑容美不美？美。

可以说，所有人世间美好的事情都是开心的事，人一开心就会笑。反过来，一切开心的事情也都是笑出来的。人因为开心才笑，因为"笑"才美丽。

第三节　笑出美心态

做美女，是天下所有女性共有的愿望；扮靓美女，也是女人追求的目标。美女有两种，一种是天生丽质，一种是后天造就，要经过修饰化妆或整形整容。但不管是哪一种，美女永远是比出来的。

有人自傲，自以为是天下第一美女，殊不知真与美女媲美就成丑小鸭了。有人自卑，怨父母没给自己美胎，出生时上帝打了盹，然后自怜自弃，不再与美有缘。其实，美在心态，美在自信，美在精神。每个人来到这个世界都是最美的，独一无二的。女人总愿与别人比，皮肤不如人家白，头发不如人家黑，眼睛不如人家大，嘴巴不如人家小，脸形不如人家好，身材不如人家美，比来比去，把自己就比没了，不自卑才怪呢！

天外有天，人外有人，天下永远没有第一美女。女人跟自己比，永远是最美的。如果你觉得自己头发不黑，就去发廊焗一焗；脸形不满意，就到医院整一整；眼睛不大就化化妆；皮肤不白就抹抹脂。打造现代美女，有的是好方法，只要你追求美。容貌不满意，可以整形；形体不如意，可以塑身；仪表不顺心，可以训练。只要你想美，就能美到极致。学会笑，就能让你美丽如花，灿烂如霞。

女人追求美，快乐自己，愉悦他人。为愉悦丈夫者美，为愉悦儿子者美，为愉悦父母者美，美得自在。虽然没有西施天生丽质，没有王昭君仪态万方，没有杨贵妃雍容华贵，没有貂蝉的妩媚娇态。但是，每个人都有自己的独特风韵，没人能与自己相比，可以大胆自豪地说：我们美得天下无双。

因为爱笑，爱笑才美；因为快乐，快乐才美；因为健康，健康才美；因为幸福，幸福才美。美在心态，美在自信，美在精神，美在心灵。

第四节　美人也爱笑

中国有句老话：爱美之心，人皆有之。无论女人男人都爱美。这是众所周知的。但相比之下，现实生活中女人更爱美一点，有人说"女人臭美"是天生的，这个毋庸置疑。更确切一点，女人爱自己美，男人更爱美女。无论女人臭美也好，男人爱美也罢，总之，无论女人或男人，颜值高就吸引眼球，增加回头率。

女人什么时候最美？笑起来最美！古诗云：天生丽质难自弃，一朝选在君王侧。回眸一笑百媚生，六宫粉黛无颜色。春宵苦短日高起，从此君王不早朝。白居易在《长恨歌》里是这样描写美人杨贵妃的。轻罗小扇白兰花，纤腰玉带舞天纱。疑似仙女下凡来，回眸一笑胜星华。媚眼含羞合，丹唇逐笑开。风卷葡萄带，日照石榴裙。眉如翠羽，肌如白雪，腰如束素，齿如含贝，嫣然一笑，巧笑倩兮，美目盼兮。这些都是古代诗人描写美女笑起来时的美丽动人，具有抓眼球、挠心窝、入梦境的魅力。

清水出芙蓉，天然去雕饰。西施本出身山野，每日朝露洗脸，溪水润身，风餐露宿，阳光美容。不施粉黛，不着霓裳，仍然具有沉鱼落雁之容，闭月羞花之貌，那才叫真美。

西施的美貌，鬓挽乌云，眉弯新月，肌凝瑞雪，脸衬朝霞。沉鱼落雁，闭月羞花，嫣然一笑盖群芳。天生丽质，清水出芙蓉，天然去雕饰。美似朝霞，灿如夏花，笑若丹青。吴国国君夫差为博娇娃嫣然笑，何惜虚国掷万金。

杨玉环美貌描绘，目长而媚，回顾射人。唇非膏而目丹，鬓非烟而自黑。肌丰而有余，体妖而婉淑。真香娇态，非梳掠，乃物比仙姬，非人间之常体。笑言巧丽，动移上意，真乃美丽绝伦女子。

杨贵妃爱笑，回眸一笑百媚生，六宫粉黛无颜色。杨贵妃受宠，三千宠爱在一身，从此君王不早朝。杨贵妃有才艺，能歌善舞通音律，曲尽人情解心意。

女人笑容最美，美在哪里？笑是灵动的美，笑是提升颜值最直接、最简单的方法。美国好莱坞女影星辛迪·克劳馥说：出门忘了化妆，最好的补救办法就是微笑。在某卫视大型婚介节目中，站在台上爱笑的女士，很快就被心仪的男士领走了。而那些自命高傲的冷面美女们却在那里一站到底。其中的奥秘，不言自明。

男人爱美女，那叫"真"爱啊！爱到疯狂，竟达到不可理喻的程度。

嫣然一笑值千金，吴国国君夫差耗资一千万两黄金，在宫廷建造"四季坊"，只为博得美女西施一笑。

回眸一笑百媚生,从此君王不早朝。杨贵妃迷倒君王不朝政。可见美女之笑,能量有多大。因为美女之笑,能打开皇帝的心门;美人之美,洞开男人的心扉。皇帝开心了,愉悦了,高兴了,快乐了,那就什么都成了。

第五节 笑出爱的情愫

笑是心灵在脸上绽放的花朵,笑是心像在面部呈现的状态,笑是心绪在神情释放的灵性,笑是心境在细胞变化的显像。笑与爱的关系,即是思维与情态表现的关系。

"笑"现于脸,"爱"藏于心。笑与心理是一对姐妹,一个在内(心理)一个在外(笑脸),驿动于心,喜形于色。心里高兴就会笑,心里悲伤就会哭,心里忧愁就抑郁,心里愤怒就发火。心理活动决定笑的程度、笑的频率、笑的状态、笑的能量。

笑与爱相伴而行,笑是传递爱的光芒,爱是流溢幸福的暖流。如果每天对着老师笑,证明学生是爱老师的,感恩老师教导有方,学生愿意接受老师爱的教育,沉浸在知识的海洋里,实现追求的理想。如果每天对着学生笑,证明老师是爱学生的,老师感恩学生尊师重教,情愿做蜡烛燃烧自己,将自己化作铺路石,让学生们通往理想的大道。领导笑对员工,销售笑对客户,同事笑对同事,战友笑对战友,朋友笑对朋友,恋人笑对恋人,亦是如此。

笑里藏着爱,爱里裹着笑,笑能让人感觉到温馨,感觉到真诚能让孩子快乐成长，生活在笑和爱的世界里。从心理学角度看，笑与爱是人们心理活动的两个方面，情绪表达的两个点，交流循环的一个圆。紧密相连，相伴而行。笑且不说，我们说说"爱"。

人的生理状态和精神状态无时无刻不处于体内各种激素的调控之下，激素演绎着复杂冗长的剧情，呈现出人生百态，多巴胺在其中扮演了重要的角色。多巴胺是下丘脑和脑垂体中的一种关键神经递质，能直接影响人的情绪，同时中枢神经系统中的多巴胺浓度又受精神因素的影响。这种神奇的物质可以使人感觉兴奋，传递开心激动的信息，激发人对异性的情感。

其实，人类的大脑中有一个爱情中心，就是下丘脑，下丘脑分泌的多种神经递质，比如多巴胺、肾上腺素，就像丘比特之箭。当一对男女一见钟情时，这些恋爱兴奋剂就会源源不断地分泌出来，于是我们有了爱的感觉，享受爱的幸福、甜蜜甚至眩晕，陷入其中无法自拔，所谓当局者迷，旁观者清，也是多巴胺在发挥作用。

爱情是多么美妙的事情，多巴胺带来的激情会给人一种错觉，以为爱可以永久狂热。不幸的是，我们的身体无法一直承受这种刺激，也就是说，一个人不可能永远处于心跳过速的巅峰状态。多巴胺的强烈分泌，会使人的大脑产生疲倦感，所以大脑只好让那些化学成分自然新陈代谢，这样的过程可能很快，也可能持续三四年的时间。随着多巴胺的减少和消失，激情也由此不再，后果是或者爱情归于平淡，或者干脆分道扬镳。

科学研究证明，对人类来说，爱情是伴随爱情激素的分泌产生的情感。现今科学解析浪漫的爱情是一种生物程序，有关爱的行为都是源于吸引力，通过激素起作用所主导，所有疯狂的行为只为了把基因传递给后代。爱，代表着愿意为对方无条件地付出，而不求回报。就像母亲对孩子的付出一样。

而开始来源于五种吸引力（基因等）并受距离、相似性、相互依恋等已知因素左右。

脑科学表明，人们坠入爱河的时候，大脑不断释放出一组特定的化学物质，包括神经递质激素、多巴胺、去甲肾上腺素、5-羟色胺和苯丙胺（外语音译又叫做安非他明）并释放相同的化合物，相同的化合物刺激大脑的愉悦中心，导致产生副作用，如心率增加、食欲减退、失眠和强烈的激动。研究表明这个阶段通常持续一年半到三年。

"爱"是人的精神所投射的正能量。是指人主动或自觉地以自己的某种方式，珍重、呵护或满足他人无法独立实现的某种人性需求。

"爱"在汉语中是一个多义的字。"爱"是一种感觉，是一种信任；是关心，是帮助，是你在受伤时，对方会为你心疼；"爱"是一个人把对方当成自己最重要的人，并希望成为对方最重要的人的欲望；"爱"是把对方放在自己心上，爱可以有很多种，比如"爱人""亲人"，"爱"也是灵魂的共鸣。

爱是无私的奉献与给予，包括物质、感情、行动等形式。有爱的人有朋友，博爱的人朋友广。

爱，是这个世界的灵魂，它属于整个生命系统。因为爱，人们才觉得世界美好，生命才拥有了智慧、期待和求索。爱出自心灵，出自本然，是生命最美、最自然、最渴望的情愫和状态，是一个生命对另一个生命或事物的珍重、眷顾和牵念，是对世界的怜惜和悲悯。

第六节　笑爱夫妻

　　天天微笑，时时微笑，这对夫妻恩爱、白头到老为什么如此重要？夫妻每天在一起生活，需要交流，需要沟通，第一个方式就是微笑，早晨从睡梦中醒来，看到同床的丈夫或妻子，微微一笑，早晨好。然后去卫生间洗漱，夫妻一起吃早点，分头去上班。晚上双双回家，见面微笑，相互问候。今晚想吃点什么？撸串、烧烤、麻辣烫，任你选择。

　　坐在饭店里，夫妻边吃，边笑边聊，无话不说。饭后两人遛遛弯，看场大片回家睡觉。日复一日，年复一年过日子。

　　微笑，是夫妻生活的"糖"，真甜蜜呀！

　　微笑，是夫妻生活的"盐"，有味道啊！

　　夫妻俩从结婚开始就激情满怀，兴致酣浓，天天微笑面对。但日子久了，爱情枯萎，激情退了，微笑就打了折扣，变成一种夫妻间勉强、无奈应付的行为。如果夫妻生活缺了"糖"和"盐"，你觉得生活还有味道吗？天天这样混下去，离离婚就不远了。

　　也许课堂上夫妻对峙正在冷战期，也许夫妻破釜沉舟状告到法院离婚，也许夫妻心情郁闷拿不定主意。离婚还是不离婚，渴望着解决的办法。如果读完这段文字，定会"山重水复疑无路，柳暗花明又一村"，心里豁然开朗。

　　夫妻之间的微笑，充满美好，充满爱的温馨和神的灵动。

　　男女之间的微笑，恋人之间的微笑，更是眉目传情，风情万种。

　　微笑对人的身体和婚姻有什么好处呢？微笑能够愉悦心情，保持美好心态。微笑能够化解忧郁，排除不良情绪。微笑能够兴奋神经，激活脑内啡肽，产生多巴胺物质。微笑能够牵动右脑肌肉，开发智慧潜能，美容养颜。

心中欢喜，气往上提。眉梢上挑，晴空万里；嘴角上翘，流淌甜蜜；眼神聚焦，心里有你。据科学家观察发现，从 20 年前一张同学合影照片看，爱笑的同学结婚后，大部分都很幸福，婚姻美满。而那些不爱笑、老板着脸的同学，婚姻容易出现问题，有的甚至二十年后仍然单身。

从夫妻微笑的眸子里，可以看得出爱的真假；从夫妻微笑的状态中，可以体悟到情的浓淡。爱你我就笑出来，爱我你就说出来；爱你我就做出来，爱我你就多表白。老公练微笑，青春永不老，如虎添翼；老婆练微笑，容颜美姣好，如胶似漆。夫妻微笑沟通，爱情永远火红；夫妻微笑牵手，婚姻天长地久。

恋爱是一门艺术，需要你激情投入；婚姻是一项责任，需要你理性承担；家庭是一种义务，需要你耐心履行。

学会恋爱再恋爱，不然你会受伤害；懂得婚姻再结婚，不然你就会发昏；学会持家再成家，不然你就会败家，这就是恋爱、婚姻、家庭三部曲。婚后生活，哪有那么多甜言蜜语，天天给甜蜜的微笑就足够了；爱情保鲜，哪还有那么多激情鲜花，保持天天微笑就行了。

第七节　笑开爱之门

微笑传递，打开爱之门。伸出你的右手握住身边朋友的手，笑着对他说,见到你我很高兴!然后再用左手握住你身后的朋友,笑着说,认识你很开心啊!当你发现自己对别人投以微笑,对方回报微笑的时候,心门是敞开的,顿觉春风拂面而来,相互间没有了陌生感。这就是笑的传递,爱的能量,美的享受。

爱能够化腐朽为神奇,化干戈为玉帛,化悲伤为动力。

有一位丈夫因见义勇为被歹徒打成植物人,爱妻并没有因此每天以泪洗面,过度悲伤,而是天天握住丈夫的手,望着他的脸微笑,祈祷他早日苏醒过来。心诚则灵,结果奇迹真的出现了,丈夫在昏迷第七天时苏醒过来,后来在妻子爱的关怀下,慢慢地恢复了神志。

还有一位孝顺的女儿用笑疗的方法,竟使因病被医院判了死刑的母亲起死回生,创造出爱的奇迹。这样的事例生活中不胜枚举。因为笑是爱之魂,笑是爱之根。

当人们真诚去爱的时候,心门是敞开的,这种开心会产生一种正能量,通过笑容传递出去。而这种笑与爱的能量有多大?谁都无法计算。一句话,笑产生爱的能量,能够化腐朽为神奇。笑有感染力,一个人笑起来,可以带动成百上千人笑起来。特别是伟人之笑,可以化干戈为玉帛,结束国与国之间的战争。爱有穿透力,可以融化冰雪,温暖人间。

第八节 笑与婚姻

眼睛是心灵的窗口,微笑打开了这扇窗子,爱心就从窗口里面飞出来了，充满灵动感，微笑也是心灵的传递。微笑是有巨大能量的，它能穿透你心灵的坚冰，化解矛盾与仇恨。常言道：一笑泯恩仇。

微笑可以使爱情更甜蜜，微笑使夫妻生活更和谐，微笑使亲子教育更快乐，微笑使家庭和睦更幸福。快乐的外在表现有微笑、欢笑、大笑，以及手舞足蹈。

多巴胺是一种神经传导物质，用来帮助细胞传送脉冲的化学物质，主要用于传递兴奋和开心的信息。所以它又被称为"幸福物质"。你想产生多巴胺"幸福物质"，就得多练习微笑。

妻子看丈夫微笑真诚，说明有爱。丈夫看妻子微笑纯洁，说明有情。微笑就是爱情的晴雨表，婚姻的黏合剂。夫妻展开微笑的翅膀，飘飘欲仙；夫妻架起爱情的鹊桥，翩翩起舞。

见面就微笑，开心乐陶陶。一次登山，一次修行，快乐心灵之旅，从夫妻微笑开始。微笑化解一切不开心。

据国家民政部门统计：现在每天离婚和结婚登记比例基本对等。夫妻闹离婚，不外乎有四种原因：

一是思维方式有所不同，你说东，我说西，我说打狗你打鸡。
二是生活习惯完全相反，我吃咸，你吃淡，相爱容易相处难。
三是孩子教育存有差异，我说教，你说育，不上名校咱就离。
四是孝道老人不公平，你妈是妈，我娘也是妈，一碗水端不平。

男女认知是有差别的，男人要的是"面子"，女人要的是"里子"，夫妻进行微笑训练，可以撕下男人的"面子"，揭开女人的"里子"，创造幸福快乐的夫妻生活。如果你不想离婚，想让爱情保鲜，现在就开始练习微笑吧！

　　微笑之夫妻恩爱，听起来有点特别。有人会问：难道夫妻天天微笑就恩爱了吗？反过来也有人会说，夫妻不天天微笑，就不恩爱吗？从不同角度看问题，大家都是对的。

　　我曾经针对这个问题，开办过"微笑夫妻训练班"。写过一部独幕话剧《你不微笑就离婚》。情节是一位妻子与丈夫结婚十年，只见丈夫对她微笑三次。因此，她向丈夫提出警告：你不微笑，咱就离婚。丈夫以为妻子跟她开玩笑，没有在意。结果当收到法庭的传票时，丈夫方才幡然醒悟：微笑和婚姻还有这么重要的关系。

下 篇

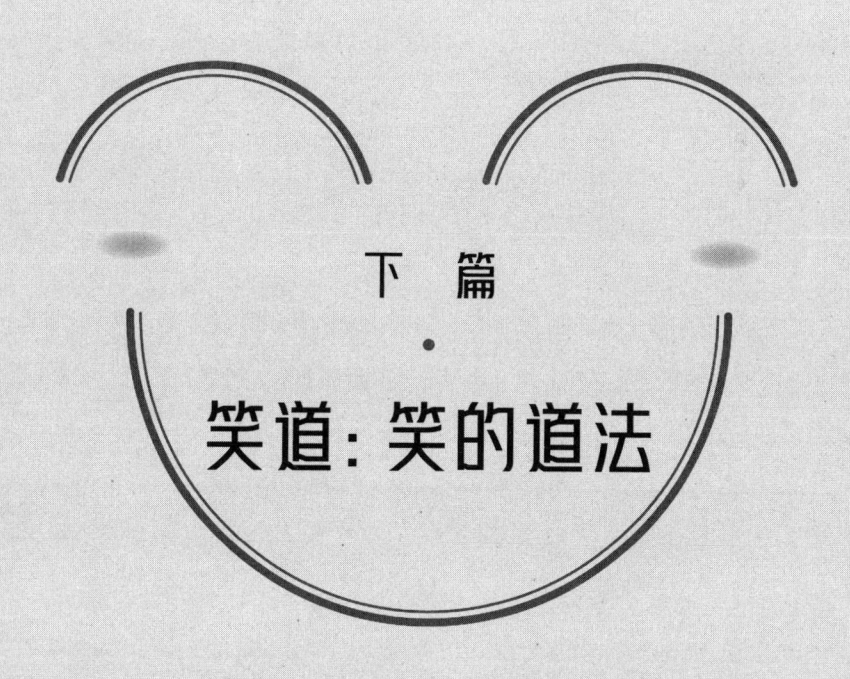

笑道：笑的道法

老子《道德经》云：

道可道，非常道；名可名，非常名。无，名天地之始；有，名万物之母。故常无，欲以观其妙；常有，欲以观其徼。此两者，同出而异名，同谓之玄。玄之又玄，众妙之门。

笑道，乃笑的道法。笑健康道、笑智慧道、笑情商道、笑营销道、笑管理道、笑思维道、笑演讲道、笑主持道、笑直播道。微笑有道，道法自然。

笑歌有道，通灵通窍；笑商有道，管理微妙；笑派有道，直播真好！

笑测智商道，尽显奇妙。提高国人健康指数和幸福指数，三笑养生出奇招。

笑活思维道，笑形象思维，笑逻辑思维，笑发散思维，笑聚合思维道。

微笑营销道，笑迎客户，笑开心门，洞开脑门，撬开财门，情愿掏腰包。

笑与情商道，情投意合，情趣盎然，情意绵绵，情同手足，情志高涨。

笑与财商道，财源滚滚，财富五车，财运亨通，笑纳财宝，财库满盈。

笑派演讲道，口吐莲花，舌卷风云，笑面春风，微笑有派的精致讲话。

笑派主持道，笑派贯口，笑歌演唱，笑舞翩翩，笑动观众拍手哈哈笑。

笑派直播道，笑派沟通，笑派演艺，笑派引流，笑派直播，笑派带货。

笑道有道，条条大道通罗马；笑道有道，条条大道笑声高。

笑里有道，道里有笑，笑着传道，笑着送笑，哈哈笑、嘻嘻笑、嘿嘿笑、开心笑，高兴笑、快乐笑，微笑欢笑大声笑，你笑我笑他也笑，笑古笑今笑人生，笑得笑失笑福报！

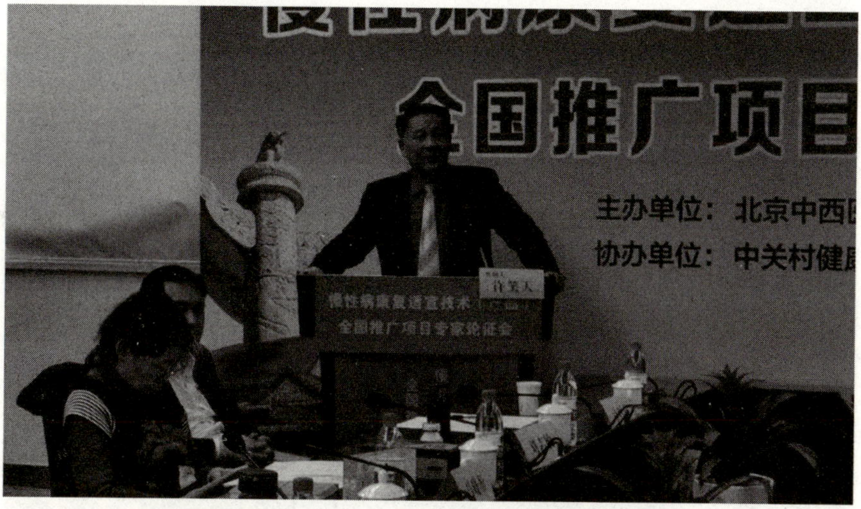
全国推广项目
主办单位：北京中西
协办单位：中关村健

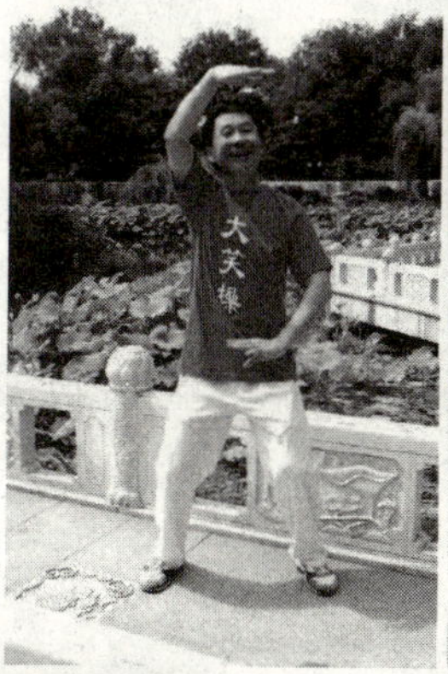
大笑操

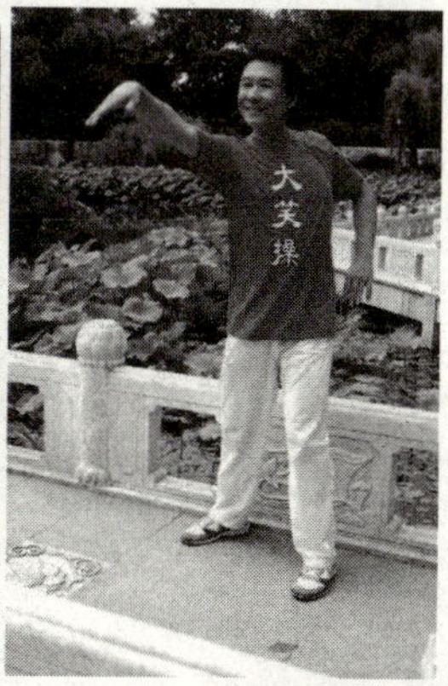
大笑操

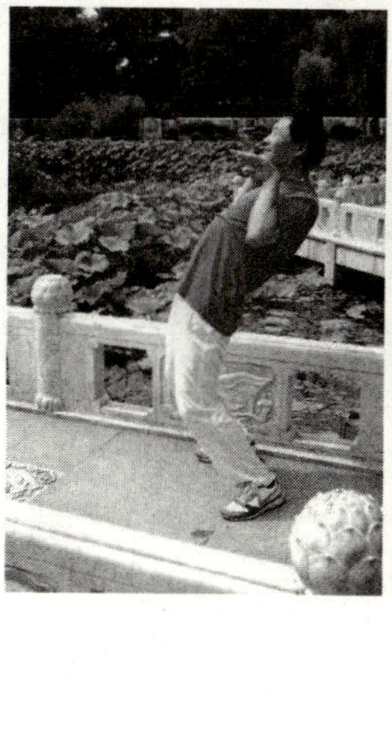

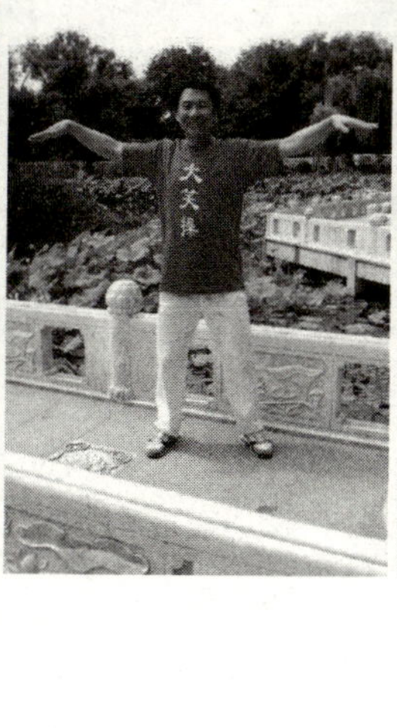
大笑操

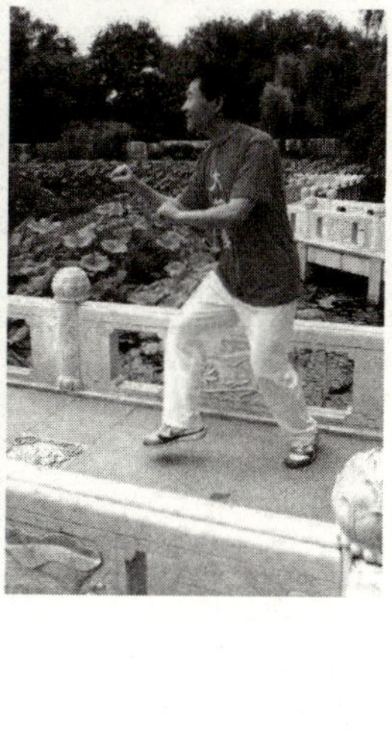

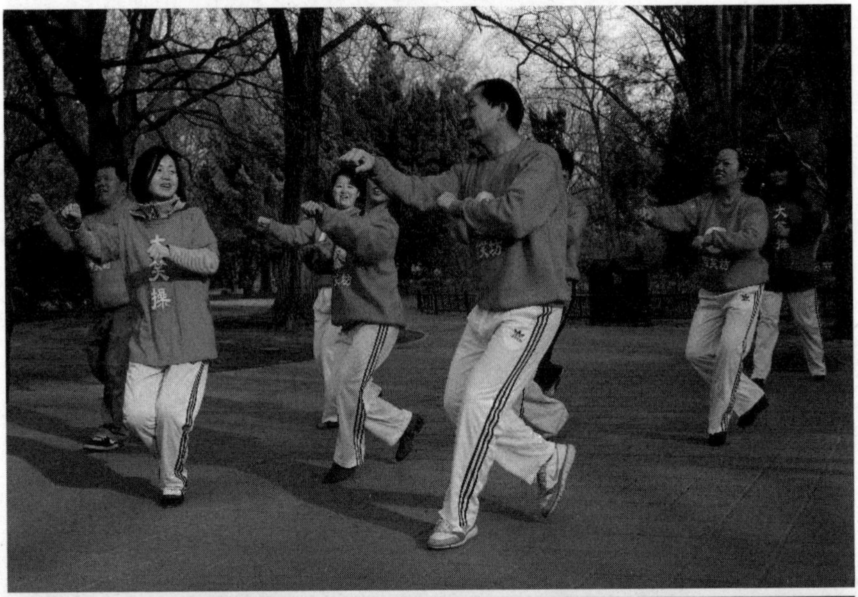
大笑操

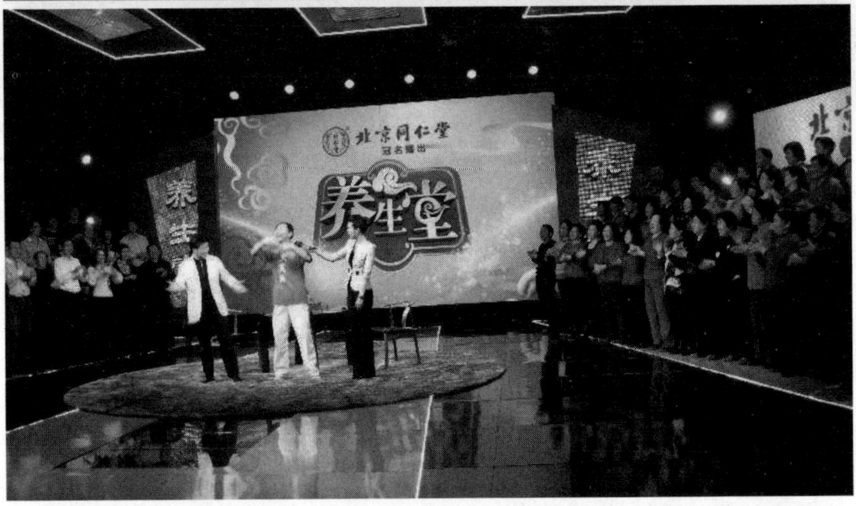
北京同仁堂
冠名播出
养生堂

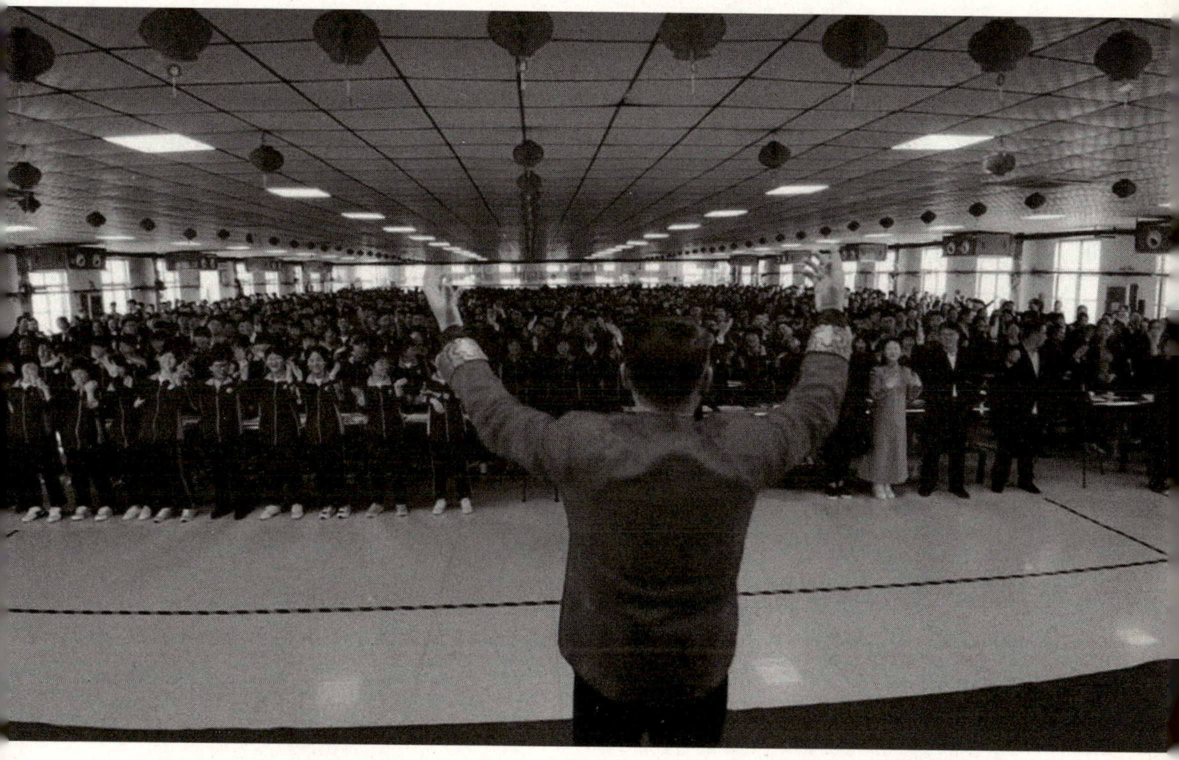

第八章

笑悟生死道

开心一刻

得来不易

一名当事人向他的辩护律师许诺说:"如果你有本事使我可以只蹲半年监狱,那么你将得到额外的 1000 美元酬金。"

结果,他如愿以偿。

律师一边收钱一边嘀咕说:这可是棘手的活啊,本来法官们想判无罪释放的。

悟道金句

笑悟人生真谛,生死一念之间,无憾事;

笑谈经历非凡,快乐一世之缘,有希望。

一笑一哭，一生一死。活着一口气，死后一股烟。这就是人的生死之道。简单，奇妙无穷。有的人活着轰轰烈烈，死去悄无音声；有的人活得平平常常，死后却万世留名。有人死得重如泰山，有人活得轻如鸿毛。

孔圣人在《论语·先进》中说："未知生，焉知死？"生死有命，富贵在天。

苟利国家生死以，岂因祸福避趋之。林则徐是我国近代史上的著名人物，这位民族英雄说：如果对国家有利，我可以以生命相许，岂能因祸而逃避，见福就趋附呢？

诺贝尔文学奖得主印度诗人泰戈尔语：生如夏花之绚烂，死如秋叶之静美。

大灾突降，难以提防。大难不死，必有后福。我的人生噩梦就从1976年7月28日凌晨3点42分开始。

为了纪念大地震逝去的死难者，唐山市政府在地震遗址公园内，建起唐山抗震纪念墙。纪念墙由三面巨大的通体黑色花岗岩石板组成，每面墙长280米，厚度3.42米，墙高7.28米、长500米。

纪念墙，属于集体墓碑，属于37年前地震中的24万亡灵。地震死者的名字就在每一块石板上镌刻成镏金字。我父母等11位亲人名字，就镌刻在唐山抗震纪念墙上。每年清明节或地震纪念日，我和家人都要去祭奠地震中逝去的亲人，寄托哀思。

下篇
◁ 笑道：笑的道法

第一节　与生死面对面

　　1976年张家口坝上。招待所的一间客房里，我正在做梦，好像自己乘坐一艘小船在大海波涛上挣扎，漂漂泊泊，摇摇晃晃，一会儿小船被推上波峰，小船翻了，我一下被惊醒了！发现屋里一个人也没有，这时，听见外面有人喊叫："地震了，快出来啊！"

　　我一听说地震，下意识裹起身上的毛巾被，光着脚丫子冲出客房。出屋一看，大家都已跑到院子里，战战兢兢地议论着，震中在哪里？

　　这次由河北美术出版社组织的连环画脚本改稿会刚刚开始三天，作者来自唐山、保定、石家庄、邯郸、沧州等20多个城市。

　　我当时还吹牛：震中一定不是唐山。因为地质学家李四光说，唐山地壳是花岗岩结构，非常的坚硬。

　　那天夜间，大家谁也不敢进屋睡觉，瞪大眼睛捱到天亮。当早晨听到中央人民广播电台新闻播报震中是唐山时，我顿觉五雷轰顶，一下子就懵了，不知家人会是什么状况。大家都为我而担心。当时张家口市公交车都调去唐山抗震救灾，我被困在坝上下不来，急得火上房。

　　第二天，我侥幸搭上老乡的拖拉机从坝上下来，到张家口火车站买了张到天津的票。坐在火车上，我总是往好处想，不敢想家里人会有难。自我安慰，我家住的是新房，很结实，不会震倒的。

　　乘客在议论纷纷：听说，唐山震得可惨了，夷为平地了。尸骨遍野，城市上空一片腥臭。我听后，真有点毛骨悚然，脑子里一片空白。

　　为了预防地震造成人员伤亡，北京火车站候车室大厅已经被封闭。南来北往的火车到站后，乘客们鱼贯而出，都涌到候车室外面的广场上。我放眼望去，黑压压一片人海，大部分都是从全国各地赶回家乡的唐山人。方知唐山火车站已经全面瘫痪，轨道破坏很厉害，停运了。

北京车站已停电，天空下着小雨，偶或有几束烛光在燃烧，我寻着光亮走去，到跟前才发现是卖晚餐的饭店摊位，排着很多人等着买饭。乘坐一天火车，我水米未进，又渴又饿。我排队买了碗菜蹲在路旁，狼吞虎咽地吃起来，吃了半碗竟吃不下去了。家人生死未卜，心里着急没有胃口。

不知家人如何，我心里很乱，辗转反侧睡不着觉。再加上天气闷热，蚊虫叮咬，也不知过了多长时间迷迷糊糊睡着了。我醒来时，天已大亮。发现身上盖了几张报纸，这一定是门卫怕蚊虫叮咬为我盖的。门卫的关爱，令我十分感动。这时，门卫大哥走到我身边说："现在刚刚六点钟，我已下班。你的工友七点才来上班。我家就住在厂对面工区里，跟我到家吃完早点再过来等她吧。"说完拉住我手就走，北京人真热情，还有同情心。

出了厂门口，路上他买了些油饼、豆浆。到了他家吃完饭，我们聊天才知道，他原来是唱京剧小生的，因为身体原因退役后，来厂做门卫，图有个事儿干，离家近。临走前，他一定要让我带点大米等礼物。我说拿不动，家里还不知怎么样。最后，他硬是塞给我10斤全国粮票和50元钱。他带我回到厂门口见到前工友，前工友将我带到刚从唐山厂区回京的现工友家中，听她介绍了亲眼目睹的工厂的惨状。

第二天早上，经工友帮忙联系到一部212吉普车，专程送我回唐山。

北京大雨滂沱，似乎苍天在落泪。

下篇
◀ 笑道：笑的道法

早晨七点钟，吉普车驱动，穿过雷鸣电闪密密雨帘向前疾驶，目标唐山。

吉普车在疾驰，时速已开到了80迈，我仍然心急如焚，归心似箭。催促司机加大油门，快点，快点，再快点！恨不得一步飞到家里。

我坐在车厢里，心中盘算着家人。爸爸吉人天相，七天前外出去秦皇岛开会，现在是不是已经安全回家了？家里只有母亲和妹妹，我最担心妈妈的安危。因为我家住的新砖房，房间很宽敞，屋顶上架着五根承重的水泥钢筋梁，如果真的被震塌了，妈妈可能会……我不敢多想。

一年前，我在院子里盖了间小蜗居，房间面积只有五平方米大，那是属于我的小天地，里面仅能放下一张床，一张桌子和一把椅子。房顶上架着几根木檩子很细很轻，角落里放着一张硬木老式床，床头很高，即使房顶落下来，也能被床头接住。我这一出差，妹妹一定会到我房间去住，保险系数会大一些。

吉普车驶过玉田县境，前面唐山市在望。大雨已经小了，我发现路上有很多汽车上拉着裹头挎臂的伤员。车行驶到唐山市郊，看到一群群、一拨拨人相互搀扶着往外逃生。传言唐山市要地陷，人们心里恐怖至极。侥幸活着的人都想尽快逃离这葬身之地，有亲的投亲，有友的奔友。

公路被残砖碎瓦填满了，车已不能向前行驶，突然，我看到邻居兄弟夹在外逃人群中，索性跳下车迎上去，向他打探家里的情况。那位兄弟看见我非常激动："大哥，你回来了？"

我问他："家里伤了吗？"

他哭丧着脸回答："只剩下我一个人，爸妈和哥哥都死了。"

"我家咋样？"我问。

他答："就剩你妹子，你爸妈都没出来。"

"我爸出门了。"我说。

他说："你爸地震那天晚上十点钟到家的。我们哥儿几个在胡同口玩牌，看见你爸拿着脸盆和毛巾去水泵冲澡。"

我一听到这个消息，脑袋突然爆炸了，苍天啊！可怜的爸爸，你早不回晚不回，偏偏在地震前到家，那不是送死吗？

兄弟说："大哥，你妹受伤已转外地，家里没人了。现在疯传唐山要地陷，活着的人差不多都跑了。你现在找不到家了，快逃命吧。"

我甩开他的手，不行，我还没有见到我爸妈面就逃命，算什么儿子。活着见不到人，死也要见到尸！我疯了似地朝前奔跑，道路已经被倒塌的房屋铺满了，根本就找不到回家的方向。

放眼望去，地面上的景物依稀可见，惨不堪睹。那些高低有别、形状各异的建筑群像被推倒的积木一样，变成一片片破败的废墟。高楼的残骸、滑落的预制板犬牙交错；水泥框架，光秃秃地耸立在废墟之上；核桃酥般皲裂的楼壁，高悬在倾斜了的框柱之间；矗立的水塔、烟囱及路旁的水泥电杆、法国梧桐千姿百态，有的连根拔倒，有的拦腰折断，有的只削去个塔尖，有的倾斜欲跌……公路上瓦砾横飞，空气中烟尘弥漫，仿佛电影厂偌大的摄影棚里模拟的战争场面一般。

公路上偶尔有人在奔跑，废墟里时而传来呼救的声音，此起彼伏，接连不断，撕肝裂肺！一路上，满目是悲惨的景象：全部坍塌的果绿色邮电大楼；只剩下一隅转角式乳白色的开滦医院；趴了架的西山百货商场；抛到路面上来的床板、衣物、杂品；悬挂在危楼上端的尸首……

第二节　同父母永别

不知走了多长时间,我在废墟上转来转去,就是找不到自己的家。直到我看见邻居韩二姐的身影,才辨别出我家就在脚下。原来,我家那个胡同有两排新红砖房,震后已经塌成一马平川,连一间立着的房子也没有。原本两排房屋中间有一条三米宽的路,路已被填平,房顶也变成了路面。

我站在屋顶上呼喊:"爸爸,妈妈,你们在哪里?"

没有回应。我连喊数遍,仍然没有任何回音。一种不祥之兆袭上我的心头,难道真的见不到父母了吗?我俯下身去,看见我家整个屋顶上有一条大裂缝。我想,爸爸妈妈一定压在下面,在等待我回来救助。我把手伸进去,使出全身力气,一点也搬不动。几次尝试无果。我急中生智,跑过去喊来几位解放军战士,用铁钎撬开屋顶,将父母的尸体扒了出来。我扑到他们身上,抱住遗体哽咽着,哭不出声音。忏悔自己,危难之中竟不在父母身边,没有尽到儿子的孝心,真是悔恨终生。

我将父母尸体掩埋后,回到废墟上扒出家里的东西。虽然父母人已去了,天命难为。悲伤归悲伤,思念归思念,可往后的日子还要过呀!我要把父母倾注几十年心血的家业继承下来,让他们安息九泉。

房盖被揭开后,我先将自行车抻了出来,车链盒砸坏了,收拾收拾还能骑。毁坏的柜子上散落着一些核桃、花生、葡萄干,那是爸爸去秦皇岛开会带回来的土特产。他每次外出都要带一些回来。我发现旁边还有一封信,上面是爸爸的笔迹。一看日期就知道,信

是前几天爸爸从秦皇岛写给妈妈的。我打开信纸,爸爸那漂亮的笔迹跃然眼前,内容是这样写的:

芝(爸对妈的爱称):

家里好吗?大东(我的乳名)厂里同意他去张家口参加改稿会了吗?如果同意他去,孩子第一次独自出远门,你要多给他带些钱,千万别让他在外面难住。

读到这里,我的手颤抖了,喉头哽咽了,再也看不下去了。马上意识到,这是爸爸最后一封家书啊!他已经走了,走向天国极乐世界。他走得那么匆忙,那样无助,那么遗憾。临走前也没有看到儿子一眼。我想他咽气时,一定认为儿子出差还活着,躲过一大劫难。儿子二十多岁,已经长大成人,可以自立门户了。

爸爸是商业干部,一个很正统的人。他对我要求特别严,脾气有点爆,动不动就打我一巴掌,平时也很少给我零花钱。那时,我心里对他蛮有意见。觉得他对我太严厉了,就这么一个独生子,一点也不娇惯我。直到看了这封家信,方知严父内心对儿子的一片柔情。爸爸已经遗憾地走了,我再也看不到他那亲切的笑容和身影,再也听不到他喊我的声音,再也体会不到他对我的严厉和挚爱。

我和爸爸为什么会分别呢?事情是这样的。

1976年7月17日,我接到河北美术出版社的邀请信,要将我写的电影文学剧本改写成连环画脚本,准备正式出版发行。为了保证出版质量,出版社特意组织来自全省各市区的20多位作者在张家口坝上集中改稿,需要20天时间。当时,我正在唐山齿轮厂上班,要征得单位准假才能如愿。改稿会定于 7 月 24 日报到，25 日开始。爸妈很支持我去参加，叫我与单位领导好好说说，争取同意我去并准假。

爸爸那段日子很忙，他的行程是 7 月 20 日要去秦皇岛开会，一周散会后再去丰润县开会四天。而爸爸 20 日走的时候，还不知道单位同意不同意我去，于是才写这封家信问我妈妈。但万万没有想到，他偏偏在大地震前那天晚上，从秦皇岛散会乘车赶回唐山，到家已经夜间 10 点多钟，仅仅在床上睡了几个小时，就被突如其来的大地震吞噬了。真是天有不测风云，人有旦夕祸福。这封普通的家信，竟是最后一封家书，成为父亲的绝笔。

苍天啊！我和爸爸就这样一个在人间，一个去天国。爷儿俩一走一回，从此天各一方了吗？我不相信那是真的，真希望不过是做了一场噩梦。我下意识揉揉自己湿润的眼睛，看到面前被震灾摧毁的家，又不得不承认这是事实。我只好把这封最后的家书珍藏起来，成为永恒的记忆。

第三节　一碗救命的清水面汤

废墟上余震不断，残垣断壁在坍塌，路面在裂缝，危险随时都会发生。为了安全起见，我在离家不远处的商业学校篮球场空地上搭了个棚子，支上一张床板权当蜗居。白天出去到废墟上扒东西，夜间回到窝棚睡觉。早上起来仰面一看，屋顶上密密麻麻落着一层苍蝇，真令人恶心。因为天气热，周围的尸体腐烂，散发着腥臭味，招来很多苍蝇蚕食。

三伏天，正午烈日炎炎，骄阳犹如一顶高频电炉悬在头顶上，将上亿卡热能向地面释放，高温低压，骨肉蒸腾，空气仿佛燃烧起来了。柏油公路融化了，脚踩在上面滚烫滚烫的，就像柔软的面团。

光秃秃的废墟，由于没有遮掩，又高于地面之上，更是晒个精透。那一块块水泥楼板晒得像烧红的炉盖，脚踩上去就会滋滋地冒油。人们光着身子，无论躲到哪里，豆粒大的汗珠子都会从额头、脖颈及各个部位渗出皮肤，汇成一条条浑浊的小溪，顺着光溜溜的脊背、胸脯、大腿流动着，滚落在楼板上碎成八瓣，冒出一股股白烟，瞬间蒸发掉了，连风都是热乎乎的。

震波的强大冲击力，使地下自来水管道崩裂、折断，全部遭到不同程度的破坏。地面建筑物的摧毁，使水泵、水缸、水桶、水盆、水碗等一切与水沾边的工具，大部分被废墟砸碎、挤扁，掩埋在瓦砾之中。偌大的废墟，犹如瀚海中的一座孤岛，几十万活着的人被困在孤岛上煎熬着，进退无路。淡水缺少，严重威胁着人们的生命。

伤病号迷迷糊糊地喊叫："水……水……"

小孩子哭闹地摇着大人的臂膀喊叫："我要汽水，我要冰棒……！"

滚烫的废墟上，人们仍然奔跑着，寻找水，寻找能解渴的东西。河里的浑水，锅炉里、残缸里的剩水都被抢光了；坑里的、沟里的、游泳池里的污水淘干了；废墟上未碎的汽水、啤酒、饮料、罐头被吃净了；地里的西瓜、甜瓜、黄瓜、西红柿、青椒都摘没了；果树上未熟的苹果、甜梨、毛桃被捋光了；就连窑里的、冷库里的冰块也抠空了，仍然满足不了几十万张干裂的嘴，几十万颗焦渴的心……

平时生活中最便宜、最普通的自来水，现在却显得比什么珍品都贵重。一滴水，就有可能救活一条性命啊！烈日暴晒下，人们仿佛干枯的禾苗，耷拉着脑袋瓜儿，懒散着胳膊腿儿，躲在废墟各个角落里不时地喘息着。每人喉咙里都像烧着一团火，舌头烫得打了卷儿，嘴唇裂开条条口子，眼珠儿布满红红的血丝……

开始，还偶或有人用碎碗片儿，找来一些污浊的水，大家每人沾一沾唇；偶或有人找来一块脏凉冰，摔碎后每人含块小冰碴儿；偶或有人摘来一个小小的青苹果，又酸又涩，每人咬上一点点……到后来，就什么湿润的东西也没有了。人们只好捧着自己的汗珠儿往嘴里抹，捋把树叶子儿放在嘴里嚼，甚至把自己的尿洒在背心上塞到嘴里……

渴！仍然威胁着人们的生命……

水来了！水来了！水来了！

渴极了的人们在废墟上呼喊着，手里举着破碗片儿、扁饭盒、旧钢盔、碎缸瓦片及各种各样能够盛水的东西，朝着公路上一辆辆乳黄色的水罐车跑去，朝着天空中一个个洁白色飘飘而落的大水袋奔来……

一股股澄澈澈、清凉凉的淡水，化作条条溪流，缓缓地流进几十万张焦渴的嘴里，流进人们血管里，流进人们心田里，生出一个个绿色的梦。那不是水车、水袋呀，分明是生命的乳腺、力量的源泉。

地震前外出躲过一劫，我幸免于难。但回家后，我喝了被污染的脏水，吃了不干净的东西，身染菌痢，连续三天呕吐、腹泻、高烧，折腾得我死去活来。

也不知过了多长时间，随着大地的摇摆，我才慢慢地苏醒过来，我不由得伸伸手脚，觉得浑身湿湿漉漉的，这才发现虚汗已经浸透了被褥，连背心、裤衩都紧贴在皮肤上，很不是滋味。我想坐起来，心脏呼呼乱跳，身体非常虚弱。看看手表，将近正午12点了。烈日犹如盆炭火悬在头顶，地面仿佛被烤化烧焦似的。一丝风也没有，树叶打成卷儿，蝉儿拼命地嘶叫，旁边没有一个人影儿，只有倒塌的半壁秃墙和残楼的骨架。此时此刻，我犹如困在孤岛之上，有生以来第一次体验到失去父慈母爱和家庭温暖的孤独和悲凉！

在这空旷如坟墓般的废墟之间，我软绵绵地躺着，口干舌燥，嗓子眼儿冒烟，嘴唇裂开口子。饥肠辘辘，胃里仿佛有无数条馋虫骚动，这才意识到肚腹早已泻空，昼夜水米未进了，多么想吃碗热面汤啊！记得去年我病重卧床，爸爸特意为我做了鸡蛋面，我却一口不吃，非要妈妈做碗肉丝面不可。可今天，我再也得不到父母的宠爱了，再也享受不到家庭的温暖了。一股酸楚的滋味涌上心头，泪水从眼角顺着脸颊一直淌到耳根。但我清楚地知道，路南区是全市灾情最重的地方，放眼望去，几乎没有半间立着的房子。我们胡同居住100多户人家，地震中有的"全军覆没"，有的所剩无几。侥幸活下来的人，伤重的，转送外地，伤轻的，躲到安全地方，有谁能顾及我呢？我静静地躺在这里，眼睛直勾勾地望着棚顶，等待着命运的抉择。

焦渴、饥饿、绝望，死神一步步向我逼近……

忽然，眼前出现了一个身影。我扭头一看，只见邻居韩二姐手里端着一碗热气腾腾的面汤出现在我面前，兴奋地对我说："呀！你可醒来了，折腾一宿饿坏了吧，快吃碗面汤吧。"

山穷水尽，柳暗花明。从她话音里我完全明白一切，竟感动得一句话也说不出来了。她看我没有言语，用缠着白纱布的手为我揩去眼角的泪痕，宽慰地说："别难过了，家家都这样，活着的人总要活下去呀！"

　　我望望韩二姐那憔悴的面容，刚毅的眼睛，不禁肃然起敬！她在地震中失去了两岁的娇女和高龄的父母，却先后从死神手中拯救出七位弟兄的生命！

　　她看我无动于衷，将一双筷子硬塞到我手里，催促着："还愣个啥，快趁热吃吧！保住身体，往后的日子还长哩！"说完顺势坐在一块水泥梁上，用期待的目光望着我，那神态使我不由得想起了母亲。

　　我打量着眼前这碗面汤，淡淡的颜色，没有一星油花，没有一片菜叶，只有几缕白色的面条漂浮着，清汤清水的，但仍然散发着一股沁人心脾的香气。我刚要端起饭碗，蓦地想到所有的房子塌了，柴米油盐，锅碗瓢盆全部埋在废墟下面，连地下管道也遭到严重破坏，在这种特殊情况下，喝上口清水都是很困难的，做碗面汤的难度就可想而知了，她们母女俩一定在饿着肚子吧？

　　"二姐，你把这碗汤……"没等我说完，她的身影就消失在棚子外了，她走了，将温暖和慰藉全部融在这碗面汤里。

第四节　笑对无常

　　经历了这么大的天灾，我能完整健康地活下来，已是不幸中的万幸。老天爷让我活下来，一定会赋予我什么重大使命。我要走出封闭的小我，走向人生的大我，开始一段新的征程。虽然，我命不由我，但天命不可为。我要走出抑郁的魔咒，笑对灿烂的人生。

人活的是一种精神，一种理想追求，一种美好的向往。只要人心不死，遇到什么艰难险阻，勇敢面对都不在话下。我开始一场心的修炼，从练习微笑开始。

地震后，父母离我而去，也带走了我的笑容和快乐。那段时日，我吃不下饭，睡不着觉，夜间经常从噩梦中惊醒，猛地坐起来，几个小时也睡不着。白天精神恍惚，浑身没有力气，甚至经常把家门从外面反锁上，猫在屋子里发呆发愣，脑子里一片空白。身体一下子就垮掉了，体重掉了20斤。我去医院检查，各项指标正常。医生说我患了"灾后综合症"。我到处求医问药，治疗半年效果不佳。

后来，我开始躲在家里面对镜子练习微笑，用微笑来忘记悲伤与痛苦。开始练习时，就是笑不出来。看着自己那张脸没有一丝笑纹，我没有灰心。坚持练到15天时，脸上开始出现笑容。我兴奋不已，坚持练一个月，奇迹终于出现了，久违的笑容重新回到我脸上。我终于笑出来了！同时，我还发现了笑的秘密，笑是可以训练的，快乐是可以创造的。只要心中喜乐，笑容就会灿烂。你对鲜花微笑，鲜花就会向你绽开；你对生活微笑，生活就会变得更加美好。

大灾之后，我能健康而快乐地生活，这就是对父母最好的孝道。虽然自己的亲生父母没有了，但我可以孝敬天下的父母。我练"笑"医好了心中的悲伤，创编出"笑健操，笑笑歌"，为很多老父亲老母亲送去快乐与健康，尽到最好的孝道。父母在天之灵一定是欣慰的。

第五节　笑扛车祸

天有不测风云,人有祸夕旦福。1982 年 11 月,我在历经了第二次生死劫难的情况下,仍然保住了上大学的机会。我经过百般努力,经过全国招生考试,终于被中央电视大学中文系录取。第一学期学习古代汉语、现代汉语、写作三门课程。电大同学最大的 52 岁,最小的 18 岁,来自社会各个阶层,学习经历不同,工作状态各异,但大家抓住难得的机遇,刻苦学习,争取拿下文凭。

学习两个月后,进入期考阶段,学员们神经紧张起来,开始模题。一天晚上下学后,我骑自行车回家,脑子里还想着复习功课的事儿,不知不觉就进入一种幻觉之中。当我醒来时,发现自己坐在公路上,听见有人在喊:看看撞伤没有?这才知道自己出了车祸,我双手捧着头部,感觉右半拉脸颊塌陷一个大坑,当时头脑还算清醒,第一个念头,骨折要在 24 小时复位。我用双手揉搓脸颊,心想一定要将脸颊复位,不能落下残疾,不然就当不成电影明星了,会留下终身遗憾。我被送到人民医院,做了急诊检测,确诊为轻微脑震荡,中耳凹陷,眼角出血,牙齿牙龈无感觉。脸部弓骨骨折,浑身骨节疼痛。

我住在医院里昏迷了三天,噩梦里全都是惊悸万状的梦幻。医生告诉我输了三天脑活素,才清醒过来。我发现自己没有死,还活着。但吃饭只能吃米粥半流体。肇事者是一位小伙子,愣头青一样。新买了一辆摩托车,那天晚上,后座驮着一位兄弟飙车,拐弯儿时就把我撞了,将永久牌自行车撞飞了,巨大贯力让我从车把上飞了出去,重重地砸在马路中央。好在自己命大,没被撞死。还幸亏我练过武术身体灵活，也没被撞残。面颊弓骨骨折，那得承受多大冲击力啊！

　　车祸发生的当天晚上，公路上停电，我又被撞晕送到医院，没有通知交警到现场。由于我上学处在特殊情况，带工资学习，不能让企业知道，只能私了。肇事者报销全部医药费，赔付一辆新自行车了事。

　　期考迫在眉睫，我住院一周就回家康养，头上裹着白纱布，一个月后，到学校参加复习辅导。每天吃补品补益身体。我不敢超负荷用脑过度，每天解答复习题定量，保证大脑休息。写作是我的特长，除了自己复习外，还为同学们讲课，撰写范文。功夫不负有心人，那年期考三门课统统过关，命题考试作文《电大，我爱你》还被选为河北省电视大学考试范文，发表在《河北电大》创刊号上。

第六节　笑脱药中毒

　　人处红尘之中，风险无处不在。2021年8月13日早晨，我六点钟就起身了，小便之后，喝杯白开水，坐在吧台前，看抖音视频。前几天，看到养生大师提供的秘方：葱白、姜片加中草药附子煮水喝，能够调理咽炎、痰湿和肾虚。

　　妻子从网上订好附子片，我开始按着方子熬水。切好三寸葱白，去须；备好五片生姜，然后锅里放入6000毫升水，将葱白和姜片放进去，再加上5片附子。据说附子有大毒，不敢加过量，按照保守量10克。水熬好了，我先舀出一碗晾着。然后放入西红柿、白菜、

下篇
◉ 笑道：笑的道法

紫菜、虾皮做碗汤，加食盐少许，打上两个鸡蛋。

我先喝药汤，尔后吃菜汤，吃俄罗斯黑面包。饭后觉得咽喉部发凉，有点不适。我没有当回事儿，坐在电脑前写文章。万万没想到，咽喉部位凉意越来越大，凉转热并向头部涌动。我觉得势头不对，是不是附子中毒？我立马上网查阅，发现真的是中毒症状。

我曾经采访过中医大师，说中草药中毒要多喝水，大量水到体内可以稀释草药毒素。我立马到厨房抓起一杯刚刚沏好的沉香叶茶送进嘴里。我感觉体内毒素在扩展，头发晕，脚发飘，立马测量血压，60/90毫米汞柱，有点低了。

我又喝了两杯水，感觉头发麻，眼睛视物模糊了，心里有些发慌。又赶紧测血压，50/78毫米汞柱，感觉头大如斗，自己走不了路了。妻子马上给我的十指尖放血，小拇指出血是黑色的。不适症状稍稍缓解一下。妻子上网一查，肉桂粉可以中和附子毒，家里正好备有肉桂粉，凉水冲泡即可饮用。肉桂粉喝进去，甜甜的，糯糯的，感觉稍好一些。血压还在下降，不祥之兆仍然罩在心里。我打电话给中医药研究院杨院长咨询，他说喝白糖水解毒。妻子立马沏杯白糖水递过来，我喝了两小碗。

时间已到十一点钟，从发病到现在已经过了一个多小时，症状忽好忽坏，血压上升到100毫米汞柱，头麻好一点，眼睛有些亮了。我坐到沙发上，身体靠在沙发背上。感觉胃部不舒服，妻子又送上一杯白糖水，我一饮而尽。刚要靠沙发就呕吐出来，刹那间白糖水、菜叶及胃里没有消化掉的粉状物喷了一地。呕吐完感觉轻松多了，头晕好一些了，血压也上升到100毫米多汞柱。

妻子扶我到床上躺下休息，我在床上睡了一觉。感觉憋尿，起身站起来,头涨如斗,特别是右太阳穴感觉涨痛。我索性又躺下来,就会感觉好一些。总算将尿排出去,躺在床上了又睡了一觉。起床后,症状基本消失了,头不麻了,也不晕了。

真是一场虚惊,附子中毒这么厉害,感觉简直像坐过山车一样,不能掌控自己。妻子说庆幸吃得量小,再多吃一点,人就玩完了。看着男子汉壮壮的身体,几片附子就差点交待了,人太脆弱了,一定要好好呵护自己啊!

我亲身感受到中草药有毒好厉害,绝不能轻易为之,一定要在中医师嘱托下合理用药,不然后果真是不堪设想。

人的生命,上天注定。命运命运,命是先天注定,来自父母遗传基因,不易改变。但运势是后天环境所为,完全可以调理的。回想走过的风风雨雨大半生,确实不易。我经历过唐山大地震自然灾害,逃离了死亡魔咒。我遭遇过突发车祸,侥幸没有落下残疾。我曾经药物中毒,所幸没有伤及性命。我们存活在危机四伏的动荡时代,一定要随时保持乐观心态,活在当下、利在千秋,健康平安、乐观自在,笑面人生、洒脱自然。

常言道,有啥别有病,没啥别没钱。人生健康第一,其他都是零。但是人的一生,疾病总是相伴而来。各种疾病不期而至,折腾着人类的躯体。高血压、糖尿病、心脏病、脑血栓、抑郁症、癌症等六大杀手威胁着人们的生命。特别是新冠病毒,比蛇毒、蜂毒更厉害,全球蔓延使上亿人感染,百万人命丧黄泉。各国科学家研究防疫疫苗,投入大量科研经费,不断做人体试验,第一代、第二代、第三代;第一针、第二针、第三加强针,中国首创研发成功,一年内接种疫苗几亿株，有效地控制了疫情蔓延。但是，新冠病毒非常狡猾，不断变异，搞得世界惶恐不安。瘟疫流行，生灵涂炭，焚尸遍野。人生无常，风险常在，大家好自为之吧。

歌词《醒来》这样写：

从生到死有多远，呼吸之间；

从迷到悟有多远，一念之间；

从爱到恨有多远，无常之间；

从古到今有多远，谈笑之间；

从你到我有多远，善解之间；

从心到心有多远，天地之间。

生死之道，如此简单。

笑悟人生真谛，乐享健康长寿。

第九章

爱笑康复道

> 开心一刻

说梦话

妻子关心地对丈夫说:"老公,你近来老是说梦话,要不,我陪你去医院检查一下身体?"

丈夫惊慌地答道:"不用,如果医生给我治好了这个毛病,那么我在家里连这一点点发言权都没有了!"

> 悟道金句

笑运动快乐有趣简便易学,不用一钱一物,预防疾病效果好。

笑健操身心俱调科学环保,不用一针一药,开心快乐百病消。

下篇
◐ 笑道：笑的道法

人脑有几百亿个细胞，其中98.5%～99%的细胞处于休眠状态，有1%～1.5%的细胞参加脑的神经功能活动。最为神奇的是，大脑神经细胞的神经冲动传递速度超过每小时400公里，相当于波音777飞机速度的一半。每个人的脑中活动的细胞数量多少，决定着每个人的聪明与记忆程度。所谓活动的细胞，是指一个神经细胞和另一个神经细胞由"神经键"连接起来，形成神经回路，成为庞大的信息储存库。凭着信息储存库的记忆，人类才有语言、文字、创造发明以及意识、情绪、思维等高级神经活动。大多数物种的最基本单位是细胞，人体也是由细胞组成的。据科学家粗略地估计，人体大约有40～60万亿个。

细胞的特点是自我更新，增殖凋亡。细胞和个体一样也有一个过程，细胞的生命历程经历了细胞产生——分裂——分化——衰老——死亡。一年之内人体的细胞90%得到更新。血液中的白细胞有的只能活几个小时。在整个人体中，每分钟有1亿个细胞死亡。人体内的细胞大致分为神经细胞、肌肉细胞、骨骼细胞、血液细胞、上皮细胞等等。

在整个人体中，每分钟有1亿个细胞死亡。人体细胞相当于每2.4年更新一代。经实验发现，人体细胞在培养条件下平均可培养50代，每一代相当于2.4年，称为弗列克系数。据此，人的平均寿命应为$2.4 \times 50 = 120$岁。

10月10日是世界精神卫生日。据相关数据表示：全球抑郁症患者达3.5亿人，每年因抑郁症自杀的死亡人数高达100万，而这个数字随着时间的推移，增长速度正在逐渐加快。美国著名抑郁症问题专家史培勒说："抑郁症往往袭击那些最有抱负、最有创意、工作最认真的人。"历史上有数不清的文化艺术大家都曾遭遇到抑郁症的折磨，林肯、罗斯福、丘吉尔、希茜公主、戴安娜、牛顿、达尔文、托尔斯泰、爱因斯坦、憨豆先生等人都曾患过抑郁症。

这些名人本来是无数普通人仰望的一群人，本是超凡脱俗的那一类人，最终也没有逃过抑郁症。抑郁症不是矫情，不是单纯的"心情不好"，它是一种很严重的精神类综合症，就像所有的身体疾病一样，它不是自我修复就可以的，需要用科学的方法治疗。愿所有被抑郁症困扰的人士，都能从黑暗中走出来，重新投入充满阳光的世界！

第一节　解郁的"笑"

笑运动能够大量释放脑内啡肽，内啡肽被称之为"快感荷尔蒙"或者"年轻荷尔蒙"，意味着这种荷尔蒙可以帮助人保持年轻快乐的状态。大笑运动产生内啡肽，在体内持续12个小时。简单地说，它是身体的天然"快乐丸"，在大脑中的作用很像海洛因或可卡因，可以产生同样的乐观情绪。这也是有些人运用内啡肽减少压力的原因。简单的笑声，也可以释放内啡肽。

有一位70多岁老者，大笑声音哽咽，我断定他有抑郁症。老者奇怪地问：你怎么知道？他刚在医院诊断出抑郁症。我问他原因，他说老伴刚死不久，他被女儿女婿接到家里居住。由于与年轻人认

下篇
笑道：笑的道法

知不同，有些事看不惯，又说不出，憋在心里，就抑郁了。这位老先生跟我练习笑运动一个月后，郁闷之气释放了，心情舒畅了，笑声也响亮了。

老者是一位画家，一天，他手里拿着一个画筒，从里面抽出一卷画作，全是笑脸盈盈的人物肖像，栩栩如生，千姿百态。他笑着对我说，许老师，您为我调理了心情抑郁，画了一百个笑脸，送给您出书做插图用吧。

我接过这一百张画作，向老画家深深地鞠了一躬，表示感谢。

老年抑郁症是老年期常见的精神障碍。调查数据显示，我国60岁以上老人中，33.1%有抑郁症状，65岁以上老人存在明显抑郁症状的有16.0%，重症抑郁的患病率为5.3%，其中65～70岁年龄组较多。除了老年抑郁症，还有产后抑郁症，抑郁症人群非常广泛。

社会上，有多少人在承受着抑郁症的精神折磨，只有自己知晓。抑郁症是一种焦虑行为，大脑副交感神经出了问题，不能控制大脑机能按照正常轨道运行，黑白颠倒，心肾不交，心烦气躁，神不归位，长而此往，睡不好觉，大脑缺氧，神经飘飘忽忽，不能自控，就会产生厌世等一系列自杀行为。

抑郁症是遗传因素、神经生化因素与心理社会因素共同作用产生的。严重抑郁症患者的直系亲属，更易患抑郁症。女性比男性更容易抑郁。抑郁症患者还会感到非常疲倦，即使没做什么事也感到很累，严重时感觉刷牙、洗脸都很累，不想做；还会出现思维障碍及认知功能损害，如注意力不集中、反应迟钝、记忆力下降等；出现自我评价极低等过度悲观消极情绪；还可见意志活动减退，如严重的拖延等。另外，躯体症状也是抑郁症的常见症状，如睡眠障碍、食欲减退、体重下降、便秘、身体疼痛、性欲减退等。抑郁症在西方被称为"蓝色隐忧"。

社会心理学家认为，当有人微笑的时候，微笑的接收者往往受到积极的影响：或是郁闷的心情烟消云散，或是歉意被人接受，或是动摇的自信心得到支持，或是一笔交易一锤定音，或是相互吸引的两人彼此确定情意，或是一份贡献得到承认，抑或是在座的各位都可以松一口气了。

抑郁症可以预防吗？我答：完全可以预防的。抑郁症不是一天两天、一个月两个月形成的。抑郁症是经过长期心情郁闷，睡不好觉，脏腑功能减退，慢慢累积爆发的。长期心理压力不能释放，睡眠不足，大脑缺氧，自主神经失调，因而产生自杀行为。如果每天坚持笑运动，练习微笑、欢笑、大笑。拍手笑运动，唱笑歌，做笑操，快乐健康百病消。保持良好心态，会将压力消灭在萌芽之中。

当抑郁症严重时，大脑缺氧，智商下降，学习成绩差，工作效率低。面对这种情况，学生要放下学业，企业家要放下产业，全心接受治疗调理。至少三个月到半年时间，放下一切，达到自我解脱，内在能量才能充足，通过一段自我修复过程，就能走出抑郁魔咒，焕发新的生机。

推广笑运动笑康复十年来，无论是患抑郁症的青年导演，还是因抑郁失眠躺倒在家的中年博士；无论是梦想当青年领袖的抑郁大学生，还是身价百亿的抑郁企业家，通过笑运动训练后，都能重返学校或工作岗位。

据医学研究，每个人一生中都会产生抑郁倾向，有人重一些，有人轻一些，有人能扛过去，有人就扛不过去。但是，这种精神压力并不是一天产生的，而是经过长期积累形成演变的。预防抑郁症，微笑乐观很重要，开心高兴很重要。个人兴趣爱好是防止抑郁的很好选择，例如平时比较喜欢写字画画，那就多多静下心来写写画画，又或者比较喜欢打球，那就约上朋友一同打打球，总之多做做喜欢的事，对自己的身心有好处，并且自己的才艺等也会有所提高。

预防抑郁症，减压很重要。人们的压力每天都会产生，每天都要释放掉，达到动态平衡就不得病。我建议各个学校创建大学生就业项目："笑运动减压馆"学员制经营。组织学生每天笑减压30分钟，达到身心快乐，预防罹患抑郁症。各大企业、各个社区都要创建"笑运动减压馆"。

第二节 稳压的"笑"

血清素和多巴胺不同，多巴胺带给人的幸福感多是由成就感引发的，血清素给人的是平静的幸福。体内血清素不足的时候，人就会陷入"心烦意乱""坐立不安""无论如何也静不下来"的状态。

2021年年初，我举办快乐降压体验营，有位企业家介绍几位员工来参加。在讲座训练前，每人都要进行血压血糖的检测。

工作人员问："这位企业家血压高不高？"

他答："不算高，平常测血压最高也就是150～160。"

工作人员一测，结果血压表顶了。

这位企业家慌了："怎么回事？我血压这么高！"

工作人员："你不要紧张，先休息一会儿，再测一次。"

这位企业家坐在沙发上休息一会儿，接受第二次第三次测压，都在190毫米汞柱以上。他慌了，血压这么高？难怪这几天感到头晕不舒服。

他真的害怕了，跟着大家一起练习欢笑，做笑健操，开心快乐，来回奔跑，脸上微微渗出汗珠，感觉浑身舒服，头脑也清醒了，不眩晕了。自觉状态很好。再复查血压，竟然从195毫米汞柱降到153毫米汞柱，降了40毫米多汞柱。

他高兴地说，不用吃药、不用打针、不用输液，天天笑笑、唱唱歌、做做操，就能将血压降下来，真是妙极了。

目前，我国成人居民高血压患病率高达18.8%，估计全国高血压患者有2亿人。

高血压的临床后果是：视网膜出血、中风、心肌梗死、左心室肥厚、心力衰竭、终末期肾病。其中，中青年人群若不控制高血压，心血管死亡风险最高。

高血压起病缓慢，早期多无症状，多在体检时发现，有时有头晕、头痛、耳鸣、失眠、烦躁、心悸、胸闷、乏力等症状。症状与血压的高低未必一致，如长期的高血压不及时有效地降压，心脏就会因过度劳累而代偿性肥厚和扩大，进而出现功能衰竭，这就是高血压性心脏病心力衰竭。长期下去除心脏外，脑、肾的破坏也同时会发生严重的病变，大部分高血压的患者死亡原因是中风、心衰和肾功能衰竭。

下篇
● 笑道：笑的道法

无论是西医还是中医，都离不开药物调理。但笑疗降血压，则不用一针一药，通过情志养生笑、唱、跳，运动养生美、飞、跑，经络养生拍、打、敲九字大养生理念，达到梳理心智、运动气血、通调筋脉、降压稳压的神奇效果。笑训练，打开心脉；笑歌训练，振荡细胞；笑操训练，激活脑内啡肽；经络拍打，通调全身气脉经络。每天坚持训练30分钟，血压立马下降几十个百分点。

笑训练：呵呵大笑，走肾经。激活肾功能，增强肾动力。

顺口溜：肾水不旺"水行笑"，呵呵一笑美人娇。

笑健操训练：骏马跑，就是模仿骑马动作，双膝下蹲，双脚用力蹬地。

歌诀：前踢带后蹄，来回溜马腿。有氧笑运动，快乐降血压。

特色：简单易学，快乐愉悦，环保廉价，养成笑运动习惯，不仅降压稳压，预防诸多慢性病发生，而且心态阳光，身心健康，终生受益。

每天早晨，在北京紫竹院公园有一群人，双膝下蹲做骑马动作，进行全身有氧运动。在踏踏踏踏的操歌声中，仿佛骑着骏马奔驰在草原之上，酣畅淋漓。人群里有位78岁老太太自诉患高血压10年，一直靠着每天吃降压药维持血压。如果忘记吃药，血压值就会达到120/180毫米汞柱。自觉头晕脑胀，只好躺在床上休息。后来，她每天在北京紫竹院公园练习"笑健操""骏马跑"，半年后，血压稳定在90/120毫米汞柱。医生建议她停服降压药了。

中医云：肾，五行属水。肾主髓主脑，主水谷之液，统辖着全身命脉，可谓是人体的原动力。中医讲，如果肾气肾精亏虚，人就会萎靡不振，腰膝酸软，无精打采。骏马跑这节操通过双腿奔跑运动，双腿负重协调运动，强化肾脏机能，刺激肾上腺激素分泌，激活细胞，疏通血管，达到降压的效果。上下肢体配合进行有氧运动，充盈丹田之气，增强肺活量，出汗排出体内毒素，使身体五脏六腑机能达到最佳的锻炼，从而使脾胃和谐、肝肾强壮、心肺通达、血管通透、血压平稳。

第三节　护心的"笑"

现代社会人类第一大杀手就是心脏病，仅仅六分钟就能夺走一个鲜活的生命。新闻媒体每天都有播报，某某明星、某某名人被突发心脏病夺走生命，真是令人叹惋！抗疫前线的医生，辛苦奔走的片警，记者、作家、战士、法官都无一幸免。可怕的心源性猝死，无时无刻不在威胁着我们的生命，威胁着我们身边亲人的生命。心脏病比高血压、糖尿病、脑中风、癌症四大杀手更可怕、更危险，更猝不及防。心脏病虽然可怕，但有办法化险为夷，笑调心脏病。

科学家研究：在人们欢笑的时候，体内便会产生一些微妙的变化，使体内"内啡呔"含量增多。"内啡呔"是存在于人脑和神经组织的一种生化物质，这种物质有类似吗啡的功能，具有镇痛与欣快的作用。预先得到好消息的人立刻开始出现生理变化。心理学家说，笑是一种发泄，是释放紧张的一种良好方法。笑是心理物理学方面的一种运动。因为人笑的时候按摩了器官，增加了膈膜、胸腔和肺部的运动。人在笑时，下颌处于下移状态，该部位的下移是人体放松的关键。能使人从紧张状态中放松的方法，莫过于一笑，平时万念纷飞的大脑只有在笑的时候，才进入了无念无为的纯净状态，大脑处于一片空白。

当人们哈哈大笑的时候，是心脏在运动。开心时，大脑神经中枢兴奋，指挥调动丹田之气，振动胸隔膜下面150块笑肌群，通过胸腔和喉咙发出声音，哈哈大笑起来，此时心门打开了，大脑空灵了，笑肌振动了，气息流畅了。

笑完以后，感到心情舒畅，浑身轻松。科学家曾经对30名心脏病患者对照治疗：一组进行常规治疗，另一组进行笑疗法。结果显示，一年后常规治疗组死去80%，而笑疗组却80%还健在。这个对比不得不令人惊叹！

心脏病发病主要原因，一是精神上压力大，不能释放紧张情绪，突发心脏病。二是长期高血压不能控制，突发心梗、脑梗。高血压在我国出现"三高"——患病率高、致残率高、死亡率高。并发冠心病、心力衰竭、中风、肾衰等而引起的死亡逐年上升。

当中国腾飞、GDP猛涨之时，压力也到了最大化，中国成为"睡不着"的国家。中国白领工作强度大，英年早逝、猝死、过劳死经常出现在社会新闻的头条。

古人云：百病皆源于心。中医认为：心主神明，主喜乐。心在志为喜，相由心生。医学研究发现：过大的心理压力，会引起有机体过度的情绪紧张，导致有机体内活动失衡，从而带来一系列动作紊乱现象，如注意力和知觉范围变得狭窄，正常的思维活动受到干扰和限制，导致活动效率降低，甚至活动失败。长期的心理压力过大，会引起人们持续的情绪紧张，并由此而引发一系列的心身疾病。如烦躁不安、记忆力减退、焦虑、恐怖、头痛和抑郁症及患各种慢性疾病。

黄帝内经云："相由心生，心显相形。"笑为心之相，主表、主外；心为笑之源，主里、主内。先患心病，后得身病。"心病"就是心里有烦心、伤心、糟心的事儿，长期得不到解决，就会患上自闭症、抑郁症、狂想症、神经症。去医院检查各项指标正常，身体没有发生器质性病变。"心病"是根源，"身病"是枝杈。笑是火，病是冰。火旺能化冰，笑疗能去病。心的承载能量是有限的，超出负荷就会出现问题。心理压力是百病之源，短命之根。

笑养生，健康不得病。笑养心，心平气和，安然自乐。笑养性，不是命不好，而是性不好。笑养身，笑口常开，有福自来。化解心脏病，除了每天进行科学有序的笑运动之外，还要养心智。养心智就是心禅训练。我根据心理修炼过程需要，创编了一套"笑心禅修炼法"，即心笑训练法：身体端坐，闭目冥想，随着优美的旋律，大脑进入空灵的境界，让心静下来，让神定下来，让灵稳下来，接通天地能量，启动先天潜能，心中喜悦，欢喜荡漾，气脉通畅，细胞活跃，达到自我修复的效果。

第四节　降糖的"笑"

笑可以提高人体内免疫球蛋白，提高人对病菌的抵抗能力。人在笑时，胰岛素会增加，有利于降低血糖值的蛋白质比平常要多得多。

2008年北京举办奥运会期间，我在紫竹院公园推广笑运动，《健康时报》记者前来采访，有位患有2型糖尿病的学员，手里拿着一张纸条,递给记者说：我写了一个对照表,清楚记录自己练习"笑健操"调理血糖的变化。没练操前,餐后半小时后到外面走路8000步约1小时,血糖值控制在12点多。练习"笑健操"两遍,血糖值竟降到7.8,而且练完后浑身舒服。如果遇到天气不好,刮风下雨飘雪,我就只能在屋子里转圈。而学会"笑健操"之后,有个卧牛之地就能练习。

无独有偶,2017年11月北京国一堂中医院从社区邀请来50名患有糖尿病、高血压的患者,搞了一场快乐降糖训练营活动。到医院后,医务人员先为每位患者测量血糖和血压作为基础记录。然后请我给大家讲座训练一个小时后,再找几位血糖比较高的患者测量血糖,结果每人血糖下降三四个点位。患者自觉心情很舒畅,浑身出汗,精神抖擞。

我是第一次身穿医生的白大褂,在医院里给病人讲"笑疗养生课"。医生们也觉得有些不可思议,我只是带领患者们笑一笑,做做自创的"笑健操"而已,血糖就下来了。

笑运动是有氧运动,无论患者是笑还是跳,做肢体操都能释放大脑内啡肽,分泌"多巴胺"等类似人体吗啡物质,激活肾上腺素使细胞活跃,使餐后身体多余糖分消耗掉,就达到降低血糖血压的目的了。

糖尿病属于人体代谢性疾病,具有家族遗传性。改革开放以来,随着人民生活越来越好,饮食不当,生活方式不正确,造成2型糖尿病迅速发展开来,我国糖尿病人群已达1.14亿,居世界首位。糖尿病本身并不可怕,可怕的是糖尿病引发截肢、眼盲、心肌梗死、肾衰等并发症。每年约有460万人死于糖尿病,平均每7秒钟就有1人因糖尿病离世。如果你不是糖尿病患者,你一定认识一个糖尿病患者。这就是中国甜蜜的负担。

我国是糖尿病大国,治疗现状堪忧。糖尿病知晓率低,治疗率低,治疗达标率低,并发症却高。全球糖尿病患者数已增至3.66亿人,中国是糖尿病的重灾区,患病人数已高居全球首位。

目前,国际公认的糖尿病最佳治疗手段就是五驾马车,即饮食控制、药物控制、运动控制、血糖监测、糖尿病教育与心理治疗。饮食控制几乎是所有医生强调的,是重中之重,管住嘴才是控糖的第一步。

告别糖尿病,记住四个字:笑、吃、睡、动。

一、第一个字:笑,快乐有法

开心笑,快乐笑。快乐还要有方法。天天都要笑,最好是每天笑三笑,分成早、中、晚。早晨练大笑,吐故纳新。中午练欢笑,开胃健脾。晚上练微笑,心态平和。练习笑或者唱笑歌,最好到户外练习。糖尿病患者餐后练最佳,高血压患者餐前练最好。每次练习30分钟为宜。

二、第二个字:动,运动有方

科学养生做运动。"拍手笑运动""击掌通脉操""开心笑健操"等,每天坚持练习两遍,每次运动30分钟为宜。练到微微出汗为止。注意不要过量运动,超过人体生命节律就会伤身。笑有方法,运动有节度,要坚持生命在于科学的养生运动。

三、第三个字：吃，饮食有节

要设计着吃，算计着吃，不能胡吃海吃。人在娘胎里，靠脐带与母体相连，母亲濡养成熟，可谓肾为先天之本。但当婴儿呱呱坠地之后，离开母乳启动脾胃功能，吃五谷杂粮来增加营养与能量，维持生命成长。儿童时期、青年时期，身体机能旺盛，消化吸收能力强，脏腑生理工作协调，人不爱得病。糖尿病被称为"富贵病"就是吃得太好了，太多了。人体承受不住了。所以我们饮食结构要调整，饮食数量要有变化。细变粗，稀变稠，荤变素，多变少。即：多吃粗粮少吃细粮；多吃干粮少吃稀饭；多吃素菜少吃荤；饭量减半，最好做到少食多餐。

四、第四个字：睡，休息有度

耶鲁大学的研究人员发现，每天睡眠不足6小时的人，糖尿病风险加倍。每天睡眠超过8小时的人，糖尿病风险增加3倍。睡得太多或太少都会干扰与血糖相关的激素。

常言道：食补不如水补，水补不如睡补。睡觉是最好的养生。睡眠时间最好在晚上21~23点入眠，早晨5点钟前起床为佳。21~23点为亥时，三条阴经交会之时入睡，人体自我修复。23~1点为胆经，即子时是休息大脑时间、脑细胞自我代谢时辰，有胆多清脑就有多清之说。凌晨1~3点为丑时，走肝经，是血液新陈代谢时辰，人体化工厂肝脏开始工作，将损伤血细胞代谢掉，产生全新的血细胞，通过心脏泵传输到全身，濡养脏腑供给维持人体生命代谢。3～5点是走肺经时辰,通过人体吐故纳新,引入新鲜氧气,供给大脑能量,调动五脏六腑、四肢百骸,维持人体生命。

糖尿病人必须牢记这四个字,天天练习笑,保持阳光心态;天天练笑操,运动降血糖;顿顿少吃多餐,保持能量平衡;夜夜睡足觉,养气强脏腑,才能做到笑运动快乐降糖神奇之效果。

第五节 排毒的"笑"

笑还是一种面部美容操。每笑一次,能牵动面部13块笑肌不同程度地运动,促使面部血液循环加快,组织营养状况得到改善,从而使人容光焕发,青春常驻。笑还能调节植物神经和内分泌功能。

在"笑疗排毒体验营"上,我带领大家一起做"拍手"笑运动,唱"笑歌"、跳"笑舞"、做"笑操"。排毒者时而喜笑颜开,时而展臂练笑操,时而集体唱笑歌,时而平躺随着音乐冥想,开心快乐,细胞活跃,忘掉忧愁与烦恼。

当大家亲眼看到自己身体里排出红、黄、黑、白、绿不同颜色的毒素时,无不惊奇万分。原来自己每天携带这么多毒素生活,难怪经常无精打采,疾病缠身。

精神科李医生笑着说,情志产生的毒素必须通过"笑疗"排出来,笑能释放脑内肽,压抑的细胞一下就激活了,太棒了!正骨科王大夫深有感触地表示,笑疗很神奇,能够快速打开心门解除郁堵,达到通经活络的效果,增强食疗的排毒功能。中医师张女士形象地谈"笑疗排毒"，她说女人爱生气，气滞血瘀，两肋胀满不舒服，吃药不管用。"笑疗"能调理气机，化解淤滞，排除毒素很管用。调理经络的赵医师笑谈，他经过这次"笑疗排毒"后，经络更畅通了，体重减轻好几斤，感到周身轻松，好像年轻了好几岁呢。马中医师感慨地说，我们做养生天天为病人调理身体，自己身上却携带这么多毒素，难怪疾病缠身。笑疗排毒太及时了。企业老板说，工作压力大，心情郁闷，身体毒素太多了。

现代科学研究表明，人体内有毒有害物质多达1000多种。其中，呼吸气体排泄的有毒物质有149种，尿液中的有毒物质达229种，大便中有毒物质有796种，汗液中有151种，通过表皮排除的有271种。另外，还有肠道气体的排泄物和人体细菌感染的气体和液体等。成年人体内有3～25公斤毒素垃圾。德国一位杰出的外科医生解剖了280名死者的内脏，结果发现在其中240名死者的肠道内壁上都淤积有硬石状粪便污垢。伦敦一位医生解剖一名死者的大肠，从中取出10公斤陈旧的、已经变成像石头一样硬的粪便，并将其作为陈列展品，至今仍存放在盛有酒精的玻璃罐中。

笑与毒素关系密切，因为身体毒素太多，排毒功能减弱，生化失调，没有心情笑；反过来因为该笑时不笑，心理压力不能释放，毒素排出去，身体越来越差，恶性循环，导致疾病缠身。

科学家实验发现：人生气时的体液，可以毒死活泼的小白鼠。婴儿喝下生气妈妈的奶水，立马就会拉稀。因妈妈的奶水已气化生毒。只要妈妈天天笑容满面，正能量充足，孩子就会快乐无比，健康成长。

百毒皆源于心，千病皆源于气。"毒"大毁体，"气"大伤身，笑化干戈，笑解百毒。笑排"心毒"，科学家实验：两组心脏病人的实验结果令人震惊。科学家实验：笑生正能量，使大脑兴奋产生内啡肽，抑制癌细胞。笑能调节血压，降低血糖，消炎镇痛，排毒减压，祛病减肥。

排毒方法：呼吸排毒、断食排毒、运动排毒、中药排毒，排毒一绝，除烦去恼，养生愈病，睡眠笑祛万病。笑排"心毒"心里没病，身体贯通；笑化"肝毒"，肝中没有火，啥病都能躲。笑宣"肺毒"，肺气充足，百病不生，减压减肥，身心康宁。

笑能通百脉，通"肺气"呼吸排毒，通"肝脾"消化排毒，通"心脑"神经排毒。笑养生排毒的好处多多，从而达到阴阳协调、动静结合、刚柔相济、返璞归真的生命境界。

第六节 减肥的"笑"

蛋白质是组成人体一切细胞、组织的重要成分。机体所有重要的组成部分都需要有蛋白质的参与。一般说，蛋白质约占人体全部质量的18%，最重要的还是其与生命现象有关。蛋白质是生命的物质基础，是有机大分子，是构成细胞的基本有机物，是生命活动的主要承担者。没有蛋白质就没有生命。氨基酸是蛋白质的基本组成单位。它是与生命及与各种形式的生命活动紧密联系在一起的物质。

蛋白质在细胞和生物体的生命活动过程中起着十分重要的作用。生物的结构和性状都与蛋白质有关，以及细胞中氧化还原、电子传递、神经传递乃至学习和记忆等多种生命活动过程。在细胞和生物体内各种生物化学反应中起催化作用的酶主要也是蛋白质。许多重要的激素，如胰岛素和胸腺激素等也都是蛋白质。此外，多种蛋白质，如植物种子（豆、花生、小麦等）中的蛋白质和动物蛋白、奶酪等都是供生物营养生长之用的蛋白质。有些蛋白质如蛇毒、蜂毒等是动物攻防的武器。

蛋白质占人体的20%，在身体中所占比例最大。除胆汁、尿液外，都是蛋白质合成的。只有蛋白质充足，才能代谢正常。就像盖房子，构建身体的原材料最主要的是蛋白质。

大脑细胞分裂的动力源是蛋白质，脑脊液是蛋白质合成的，缺少蛋白质会出现记忆力下降、性功能障碍。

◎ 肝脏的功能：造血功能；合成激素，酶；解毒。缺乏蛋白质，肝细胞不健康。有一副好肝脏，人健康就有保障。

◎ 心脏的功能：泵器官，心脏缺乏蛋白质会出现手脚冰凉、缺氧，心肌缺氧造成心力衰竭——死亡。

脾胃每天都要消化食物，消化酶是蛋白质合成的，缺乏蛋白质会造成胃动力不够，消化不良，打嗝重者令胃溃疡，胃炎。胃酸过多，刺激溃疡面你会感觉到疼，蛋白质具有修复再造细胞的功能。消化壁上有韧带，缺乏蛋白质会松弛，内脏下垂、子宫下垂，脏器移位。人老先老腿，缺乏蛋白质肌肉会萎缩；骨头的韧性减低，易骨折。缺乏蛋白质还会导致抗体减少，易感冒、发烧。

梅女士从小就爱臭美，穿红戴绿，扎蝴蝶结。但贪吃贪睡，不爱运动。天不作美，没想到青春期来临，一下就胖起来了，足足长了30斤赘肉。走路都觉得气喘吁吁的。"三围"不见了，"美人沟"也被脂肪填满，小腿肚子粗得像"木桩"，再也不敢穿时尚裙子了。

练习"笑健操"两个月后,她重新找回女孩的自信。练"海燕飞"这个动作,使她去掉了脖子和胸脯的赘肉,重现"美人沟"。练习"骏马跑"这个动作,使她的小腿肚子结实起来,由"木桩子"变成"花瓶形"。如今她已经养成练笑运动的习惯,一天不练就觉得浑身不舒服哩。

一位人民大学的教师深有感触地说,她患有高血压肥胖症,从2003年非典时开始每天早晚坚持走路1小时也不出汗,可是练习"笑健操"十分钟,大汗淋漓,感觉头脑清楚,眼睛发亮,走路轻松,真的很舒服。练习两个月后,体重减轻10斤,吃得还多了。降压药也减了一半量。

减肥!全世界70多亿人口,肥胖者占到四分之二多,也就是说四个人中就有两三个胖子,且不分年龄大小、男女老少、贫富贵贱、身高身低。当你走到大街上放眼望去,就会看到"小胖胖"拉着"中胖胖","中胖胖"搀着"老胖胖","老胖胖"抱着"幼胖胖",嘴里哼着小调,脚下蹬着碎步,手里吃着肯德基,好一幅世俗风景画!他们摇摇晃晃,宛若好一支"胖粉"交响曲。

"肥胖症"是一种心理与生理严重失衡的疾病,它是引发高血压、心脏病、脑血栓、糖尿病、癌症等各种慢性疾病的祸根,所以,大家谈"胖"色变。有人说:肥胖是"吃出来的"。现代生活富裕了,人们吃得太好太精细,因而身体机能退化了。有人说:肥胖是"养出来的"。现代科技发达了,工作、家庭中电器当家,人们的体力劳动少了,体育锻炼少了,热量摄取多,消耗不掉。有人说:肥胖是"睡出来的"。现代人生存压力大，身体的"时间钟"被破坏了。晚上不睡，早上不起，吃饭睡觉都没有规律。

无论"吃出来"也好，"养出来"也罢，"睡出来"也成，都是不无道理的。道理我们都懂，就是做不到。人们得了"肥胖症"后，有些人心里不在乎，无所谓，生活仍然不节制，结果越来越重，最后导致高血压、心脏病、脑血栓、糖尿病的发生。有人过于在乎，到处减肥，忍饥挨饿。结果是越减越重，或反弹越减越胖，或造成营养不良，不但减肥不成，还落下一身病，严重者甚至一命呜呼。

人们呼吁：控住嘴，迈开腿，限烟戒酒要减肥。尽管如此，人们却是钱花不少，罪受不少，还是越减越肥，反弹更厉害！为了达到减肥之目的，有些人做出很多啼笑皆非的事。

减肥问题主要出在心理上，而不是生理上。现在大部人减肥不是出自健康的原因，而是面子问题。怕自己发胖，形体不好看；怕身上赘肉多，不能穿时尚衣服。特别是一些年轻姑娘追求"骨感美"，本来按照身高体重比例并不算胖，也要争抢着去减肥。这是严重的心理问题。也有一些人苦苦减肥成功后怕反弹，心里有很大压力。确实有些人减肥忍饥挨饿受不了，然后狂吃海喝一通，迅速反弹减肥失败。也有些人怕反弹坚持长期节食素食，结果身体检出病变来。

肥胖，究其根由，是脾虚，运化不好。中医认为：脾，五行属土，土生金。脾主运化，如果脾气不足，胃进食就难以消化，胸膈胀满，心口堵得慌。脾主血主肉，其功能是运化气机。脾气足，则血气旺；脾气虚，则运化滞。

经过30年研究实践，我根据人体肥胖不同部位，将"笑运动"与武术基本动作优化组合，创编出"笑健操"这套减肥操。根据武学养生理念与中医经络理论,按照人体肥胖部位,将武术动作优化组合进行对症训练。肥胖者是在快乐愉悦的情绪下,通过"笑"的运动,调整心理平衡;通过"操"的肢体抻拉打通经络,活化气血,燃烧脂肪,进行分段减肥瘦身,从头到脚全部减到。

"笑健操"要求是在心情舒畅、快乐愉悦的情绪下练习,每节动作、每个姿势都是经过科学设计反复实践创编的,全套操共有五节动作,需十分钟时间。可以根据自己体质和能力选择不同动作,坚持反复进行练习,遍数与时间自定。减肥者可以全套练习,也可以有选择地分步练习。一般每月减重5~10斤。

针对头、肩、臂部位的赘肉,可以练习第一节"梳秀发"和第四节"海燕飞"。"梳秀发"以手腕带小臂带大臂,由前往后、由下至上反复做梳头动作,可以消除脸部、脖子、大臂内侧赘肉;"海燕飞"以双臂横向由下向上反复做飞翔动作,然后双臂仰面展开伸曲做"老鹰翻身"和"燕飞",可以燃烧肩、背及胸部脂肪层。

针对胸、腹、腰、胯部位的脂肪,可以选择第二节"摆柳腰"和第三节"摇爱桨"反复练习。"摆柳腰"以横向为主,通过手臂腰胯左右摆动,贯通带脉,活化气血,燃烧"蝴蝶腰"及背部脂肪;"摇爱桨"以纵向为主,通过双手反复做划船动作,前推后拉,忽上忽下,可以打通任督二脉,消除"啤酒肚"等腹腰部赘肉。

针对腿、胯、脚、足部位的肥胖,可以练习第五节"骏马跑"。通过双腿反复做骏马奔跑动作,刺激筋脉骨骼生长,减掉臀部、大腿及小腿肚子的赘肉。

笑,让人开心;唱,让人愉悦;跳,让人快乐。人们在开心、愉悦、快乐的情绪中,细胞就会活跃,气血就会畅通,肢体就会和谐,从心理到生理，从内到外得到全面调理。

◎ 歌谣：梳秀发，摆柳腰，摇爱桨，海燕飞，骏马跑，从头到脚全练到，每天坚持六百秒，健康快乐百病消。

这套减肥操共五节动作，仅用十分钟，运动量相当于练了五套拳术。"笑健操"可以根据自己的体质和能力，选择不同的动作，坚持反复进行练习，遍数与时间自己定。减肥者可以全套练习，也可以有选择地分步练习。一般每天练习一小时，每月可以减重 5～10 斤。

第七节 安眠的"笑"

笑运动可以生成血清素，血清素是体内产生的一种神经传递物质，存在于一些植物和菌类中。但有著作表明有些营养物质可参与合成血清素，这些营养物质包括色氨酸（一种氨基酸）、$\Omega-3$ 脂肪酸、镁和锌。血清素缺少会影响人的胃口、内驱力（食欲、睡眠、性）以及情绪。

神经传递素是神经细胞用来互相传递信息的一种混合物质。这就是说，神经之间是用血清素作为相互交谈、传递信息的一种渠道。某些神经细胞用血清素，而其他神经细胞可以用不同的神经传递素。血清素缺少会影响人的胃口、内驱力（食欲、睡眠、性）以及情绪。通过适量饮食提高血清素含量能改善睡眠，让人镇静，减少急躁情绪，增加愉悦感和幸福感，带给人更多快乐。

血清素是让人们感受到幸福、快乐的一种重要的神经调节激素。

提高血清素的自然方法是通过调整饮食、定期锻炼、减压、回忆快乐、晒太阳、瑜伽、冥想、深呼吸运动。

早晨起床后的两三个小时，被称为"脑的黄金时间"，早上的工作效率要比其他时间高出3倍。对上班族来说，要想把起床后两小时的黄金时间利用好，那就要比现在提前两小时起床，为自己赢得一些"个人时间"。

人记忆力的维持靠脑细胞间正常的信号传导，乙醯胆碱是介导脑细胞间信号传导的一种重要神经递质。荷尔蒙可增加脑细胞乙醯胆碱的产生，促进脑部血管的新生，刺激脑细胞的再分裂、生长、修补及再生，使记忆力增强；荷尔蒙还可以提升精神，稳定情绪，使心情好转；荷尔蒙促进松果体分泌松果体素，对失眠有很好的治疗效果。

内啡肽是体内自己产生的一类内源性的具有类似吗啡作用的肽类物质，是内源和吗啡的缩略词。当机体有伤痛刺激时，内源性阿片肽被释放出来以对抗疼痛。在内啡肽的激发下，人的身心处于轻松愉悦的状态中，免疫系统实力得以强化，并能顺利入梦，消除失眠症。

1976年唐山大地震，一夜之间我失去父母等11位亲人，心灵受到极大创伤，突然不会哭也不会笑了。每天夜里做噩梦，夜间1点钟惊醒就睡不着了。到医院检查看医生，说我得了灾后综合征，给我开了镇静药强制休息，但仍然不起作用。晚上睡不着觉，白天无精打采，不想见人，经常把自己反锁在家里待着，体重掉了20多斤。

下篇
◁ 笑道：笑的道法

亲人们都离我而去，活着还有什么意义？时常产生轻生的念头。

　　有人问：笑与睡觉有什么关系呢？我说关系大了，白天笑得好，晚上睡得香。我发现生活中爱笑爱闹的人，躺在床上就能入梦乡。因为这种人身体健康，心里没有烦恼事。往往天天郁郁寡欢不快乐、不爱笑的人，躺在床上就精神，睡不着。因为这种人身体机能严重失调，其表现就是不快乐不爱笑。

　　我曾告诉他们一个催眠的秘诀：躺在床上时什么都不要想，心里反复默念："我笑我笑，我睡觉"，念几分钟就会安然入睡。失眠的生理原因，中医认为：由于心肾不交水火不济，使肝脏不能藏血而造成的。可以练习"水行笑"强化心肾功能进行调理。笑累了，这种快乐产生的疲劳有一种催眠的作用。笑笑入梦乡，就是这个道理。

　　为了梳理胆经，安然睡眠，我创编了五节"笑健操"。第三节"摇爱桨"。这节操动作非常简单，就是"小船水上漂，爱桨轻轻摇。鱼儿水下游，情侣船头笑"，随着优美的音乐反复做摇桨动作，把桨拉回来，再推出去。把桨拉回来，疏通任脉，头不要往后仰；将桨推出去，抻拉督脉，头不要下低。任督二脉贯通，心肾交泰，肝胆相照，人就能安然入睡。

　　佛家有句话：胆有多清，脑有多清。胆经通，睡眠沉。睡足子时觉，脑清精神好。人这一辈子，三分之一是在床上度过的，白天学习工作消耗，全凭夜间睡觉补益。这就叫跟着太阳走，活到九十九。身体壮如牛，健康又长寿。

　　提起失眠、睡不着觉，谁都有过这种经历，躺在床上愣是瞪着眼睛睡不着。失眠不是一种病，但却让许多患上失眠症状的人备受折磨，备受摧残，备受煎熬，与其说是失眠，不如说是想用清醒惩罚自己。

达·芬奇在 500 多年前创造了"达芬奇睡眠法"，规定每 4 小时就要小睡 15 分钟，这样一来，每天只需要睡一个半小时就够了，"节省"出大量的时间帮助他成为一名罕见的博学家。达·芬奇除了是首屈一指的画家，还是雕刻家、建筑师、音乐家、科学家、数学家、工程师、发明家、解剖学家、地质学家、植物学家和作家……

大音乐家莫扎特每晚睡觉总要戴上眼镜。有人问他："你为什么临睡还要戴眼镜呢？"他说："我常在梦中想起一些乐曲的旋律，如不戴眼镜，就什么音符都看不清，醒来自然就忘得一干二净。"

富兰克林有两张睡床，当一个床铺睡热时就换到另一张床上去睡。英国首相丘吉尔认为这个方法很好，他旅行时也必定租用两个床的房。

睡眠养生之一：顺天时而行，就是跟随太阳走，健康又长寿。睡眠养生之二：随四季而变。一天的睡觉养生，顺天时而行，该睡就睡，该起则起，不要跟太阳对着干。睡眠养生之三：应规律而存。一天养生"顺天时而行"，一年养生"随四季而变"，那么一辈子养生就是"应规律而存"了。

第八节 镇痛的"笑"

笑运动使大脑释放内啡肽，产生多巴胺快乐物质，让神经兴奋起来，就能起到镇痛的作用，也可以让疼痛减轻。现实生活中，有

下篇
◐ 笑道：笑的道法

人得了肩周炎，胳膊疼得抬不起来。有人患了关节炎，膝盖痛得蹲不下去。还有人腰椎间盘突出，腰都弯不下去。有人颈椎增生，压迫神经中枢，头昏眼花。也有人患类风湿强直性脊柱炎，总是佝偻着身子。我们身边的家人或朋友都有饱受这些风湿骨症折磨的人。这些患者犯病时，疼得实在不行了，就得去医院做理疗、按摩、针灸、艾灸、热疗、烤电、紫外线照射等，用一系列方法搞它一个疗程，疼痛减轻了，但过一阵子还是痛，反反复复没完没了。赶上刮风下雪天儿，就不敢出门了。

说起风湿痛，我也有特别感受。上小学时，我爱好运动，跳绳比赛，一分钟可以跳双环80次，全校冠军。记得一次冬季比赛，天特别冷，地面冻得裂大缝。我穿着背心裤头站在刺骨寒风中参加比赛。突然操场上扩音喇叭坏了，运动员在操场上整整冻了20分钟。从那天以后，我的左腿膝盖得了风湿性关节炎，只要往下一蹲，膝盖一酸，就会一屁股坐在地上，站不起来了。后来，我拜师学武术，练扫堂腿以左腿为轴，只要一蹲就会坐在地上。

师父得知我患有风湿性关节炎后，专门教我练习"鸳鸯脚"，每天苦练一小时，满腿全是冷汗。坚持练习三个月后，风湿性关节炎神奇地好了。到现在50多年没有复发。我把这篇文章发表在了《中老年保健》杂志上。

一名女教师经常感觉四肢酸痛沉重，运动起来很吃力。腰部扭伤有几年了，一直没有好转，腰痛干不了家务活。自从练习"笑健操"一个月后，四肢酸痛的感觉消失了，走起来自觉很轻松。她坚持练习两个月后，腰伤明显好转，基本做各种运动都不觉得痛了，干起家务活来也麻利多了。大家都说她身材苗条了，一称体重减了3公斤。

有位81岁的老干部在美国居住，患腰椎病2年，走遍了各大医院治疗，什么办法都用了，就是疗效甚微。参加我的笑减肥训练班后，做笑运动可认真了，不输年轻人。在我指导下，每个动作都能做到位。其中有三天没有参加训练，我打电话问他原因，他说腰部痛得厉害，走不了路。我说可能是中医的瞑眩反应，休息休息就好了。五天后，他来操场训练，半个月后，他兴奋地对我说，腰病好啦！前几天单位组织离休老干部去北京溶洞风景区旅游，整整一天时间，他爬上爬下玩了个够，腰部一点没有痛。他制定一个环球旅游计划，要玩遍世界！

有位退休女教师患肩周炎20多年，左肩膀抬不起来。她对记者说，晾衣服胳膊只能抬到头部，就举不上去了。肩膀好像被什么东西押着一样，笨笨的，一用劲就酸疼酸疼的，真没办法。病太重了，就去医院按摩理疗，缓解一下。后来，练习笑运动半个月，胳膊就能向上举起来了，高兴得她直跳高。受罪20多年后她终于从痛苦中解放了。

第九节 抗癌的"笑"

科学家研究发现，人在高兴时，心脏会分泌一种叫缩氨酸的荷尔蒙，这种荷尔蒙可以杀死95%以上的癌细胞。

据报道，国外有科学家研究发现三种由心脏分泌的荷尔蒙。以前一般认为，其中的两种荷尔蒙是对肾脏的活动产生影响，另一种

下篇
● 笑道：笑的道法

具有血管扩张作用。

但是这一次科学家将心脏分泌物中提取的荷尔蒙注射到实验室人体胰腺癌细胞中，发现癌细胞生长速度放慢了。同时发现作用于胰腺癌细胞，荷尔蒙单独使用效果更好。其中一种叫缩氨酸的荷尔蒙（也叫血管舒张因子）可以在 24 小时内杀死 95% 的胰腺癌细胞，残留的 5% 癌细胞，其 DNA 的合成速度也会受到影响，不会再扩散出新的癌细胞。激素，音译为荷尔蒙。希腊文原意为"奋起活动"，它对肌体的代谢、生长、发育和繁殖等起到重要的调节作用。

荷尔蒙可使每一个器官都重新生长，增强机体的免疫力，降低染病概率。胸腺是制造免疫系统最重要的免疫器官，胸腺的功能是产生及促进 T 淋巴细胞的成熟。荷尔蒙能使萎缩的胸腺增生恢复到原来的大小，使机体产生更多的 T 细胞，更多的抗体、红细胞、白细胞及自然杀伤细胞，来抵抗疾病，尤其是各种癌症。

来自一位抗癌者的自述——我今年 54 岁，是一个活不起的癌症病人，自从练上"快乐笑健操"，每天笑啊唱啊跳啊，活得有滋有味儿！吃得饱，睡得香，体重长了五公斤，精神着呢！你相信吗？其实连我自己都不相信啊！真像做梦一样。

三个月前，我做了卵巢癌手术，术后接受放化疗系统治疗，身体素质极度下降，白细胞降到 900，血小板降到 70，根本不想吃饭，没有一点食欲。老公、女儿、女婿专门为我做了好多营养餐，硬逼着我吃。我看着美味佳肴就是不想动筷子。女儿对我说：妈，我求你吃一点吧！人是铁，饭是钢，人不吃饭不行啊！她把着我的手拿起筷子夹上燕窝儿，硬是往我嘴里塞。我被家人感动了，只好硬往肚里咽，但口无甘味。一会儿又恶心，吐到厕所里去了。吃不下饭还不算，最难的是失眠，每天夜间一点钟我就睡不着，强撑着起床坐在沙发上，看着老公打着香酣、外孙女甜美的睡意，我只好偷偷地掉眼泪，有时想到死，真是有点活不起了。

一个周末的早晨，女儿硬拉我去北京紫竹院公园转一转，看到一群人又笑又唱又跳的，好开心哟！女儿说：妈，你也学学吧！我说我笨手笨脚地学不会。女儿说你肯定行，人家比你年龄大都成。我陪你练！不由分说便拉我走进"快乐笑健操"行列里。练完后，第一天我觉得很开心！第二天女儿又陪我去练，我虽然很快乐，但觉得吃了那么多好药，用了那么多偏方都没奏效，笑笑、唱唱、跳跳就能治病？女儿却说：我们不图治不治病，只要你开心快乐就行！

一晃十几天过去了，我天天去公园练操，确实很开心，但夜间还是睡不着觉。我有些灰心了，女儿鼓励我一定要坚持住。半个月后，奇迹出现了。一天，我吃完晚饭，困意突然袭来，接连着打了好几个哈欠，我高兴极了！大喊：闺女快扶我上床睡觉。结果晚上9点上床，一觉就睡到大天亮。第二天醒来，头脑好清楚，浑身轻松，也有食欲了。奇怪，打那以后，我现在每天晚9点准时睡觉，早晨6点起床，连梦都不做。

练操已经8个多月了。现在仍然吃嘛嘛香，总像吃不饱似的，胖了五公斤呢。现在吃饭时老公、女儿跟我抢筷子：你别吃了，看你胖得都该走不动了。我真像变了一个人，心气也上来了，像年轻了二十岁。每天练完操，我还要去唱歌跳舞，穿衣打扮自己。我还想去旅游呢！

另一位肺癌患者做了肺癌切除手术，接着进行放疗化疗，头发掉了，白细胞很低，身体特别虚弱。又受风寒右胳膊抬不起来。去年9月份，她去紫竹院公园转弯儿，看见一群人锻练，开心地笑啊、唱啊、跳啊，她也前去凑凑热闹，没想到一练就上瘾了，一天不练就像缺点什么似的。一个月后，右胳膊就能够举过头顶了。

练习两个月下来，身体强壮多了，气色也红润了。她每月放化疗后，休息几天就和老伴一起去公园练习"笑健操"，至今已坚持了8个月。老伴高血压也好多了，基本上不用吃药了。

癌症起始于一个细胞突变，而人体是由大量体细胞组成的。人的一生大约要进行1016次细胞分裂。可以推算出人的一生中每个基因会有1010突变概率。由此估计，一个突变细胞中应当有许多与细胞增殖有关的基因发生突变，失去了对细胞增殖的调控能力。然而事实上，人体癌症发病率并没有预想得那样高。

癌细胞可怕吗？可怕，它能吞噬一个人的生命，折磨得你体无完肤。

在癌症面前生命都是脆弱的，无论贫穷还是富贵，著名或是无名。我们常常看到名人因癌症去世的消息，也不乏抗癌成功的喜讯。高昂的情绪、愉悦的心情，都能对抗癌起到积极作用，那么压抑、焦虑、烦闷等负面情绪是不是同样会影响身体的健康，引发疾病的形成呢？

负面情绪形成"癌症性格"可致细胞癌变。压抑到潜意识的情绪如果没有释放掉，会累积在身体里形成紧绷、酸痛以及其他气道阻塞的现象，长久时间下来会造成内伤、疾病与细胞病变。说到这里，不知道大家有没有听过一种关于"癌症性格"的科学命名。"癌症性格"

的具体表现包括：

癌症来得总是很突然，令人措手不及，大部分癌友与癌症奋战的同时，会面临害怕死亡、漫长的治疗、体力衰退、复发阴影缠绕等负面情绪，这些都是癌友无时无刻的担忧。然而，要学习如何"与癌症共处"，这一直都不是简单的课题。根据癌症登记中心统计，所有癌症的五年相对存活率为54.5%，罹患癌症并不是世界末日，罹癌后更需要勇敢面对，用笑容与乐观来对抗病魔。

在微笑的时候，身体是放松的。身体放松时，全身的细胞是自在的。自在的细胞不但是圆圆润润的，而且可以依工作需要而拉长缩短。也就是说，细胞随时都在做瑜伽，在做伸展运动。人们笑的时候，身体便放松了，也可以缓解神经紧张，因而可以减少细胞承受的压力。身心俱疲时，想办法笑一笑，疲倦便能得到舒缓。因为笑的时候，情绪会兴奋起来，兴奋能够令体内的能量流动顺畅，不致淤滞，因此，疲倦的情形便得到改善。

2008年，我在北京紫竹院公园推广笑健操，有几个癌症患者参加。一位患子宫癌的病人，经过医院手术切除、放疗化疗等一系列治疗，落下严重后遗症，每天夜间睡不着觉，白天无精打采，吃不下饭，身体消瘦20多斤。后来，她在女儿陪同下，练习笑健操半个月，可以上床就睡，一觉到天亮，很快恢复了精神，产生抗癌自信心。还有一位患肺癌的妇女，因为手术切除半个肺，胳膊肌腱组织受限，抬不起来。心情非常抑郁，没有精神。我发现她有一周没有来训练。经询问得知，她每周都要去医院做化疗，经劝说后化疗结束立马来公园做笑运动。她说，练习笑运动，她很受益，现在心情不抑郁了，身体有力量了。

下篇
◀ 笑道：笑的道法

一天，我接到一个电话，是北京卫视养生堂栏目邀请我到电视台录制抗癌节目。一位中医抗癌专家写出一部书《癌症只是慢性病》，很受欢迎，养生堂为其做了一次专题节目。火爆了，要为他做五天连续报道，每天讲座一种癌症中医疗法。他对节目编导说，癌症病人大多数都有抑郁倾向，最好找一位笑星逗大家开心，效果更好。我欣然答应愿意配合做节目。每天参加节目录制，就教大家一种笑的方法，做一节笑的疗愈操。连续五天节目，正好五种笑的方法五节笑的操，效果非常好。北京电视台著名主持人悦悦笑着说，这些癌症病人来的时候，都是板着面孔、瞪着眼睛的样子。您这一笑，全部喜笑颜开，仿佛忘记自己是癌症病人了。笑疗愈方法真的很神奇。我都觉得特别开心。

有一次，我去上海给癌症病人会诊。一位来自无锡的肺癌晚期患者接受专家们会诊。湖南肿瘤医院院长给他做了特色针灸给药疗法，病人有些晕针，效果不太好。病人心情很颓废，觉得很绝望，早饭也不吃了。我对他进行笑疗愈，先进行心理疏导，打开了他的心门。

癌症是生命的一部分，它帮助我们看到自己心智中存在的深层次问题，给予我们再次开启生命大门的钥匙。外在的病症是我们内心世界的一面镜子，疾病的产生映照出了我们内在的心智状况——特别是我们内心深处排斥的东西，即我们所不想成为、不想经历、不想看到、不想做到、不想得到、不想承受的，以及一些深藏于内心的情绪"种子"。大多数人都不愿意再次面对它们，更不愿意被它们所影响。但它们就像"骨刺"一样，无论我们用什么方法去压抑、隐藏、遗忘，只要移动那个"关节"，便会隐隐作痛，成为内心深处挥之不去的阴影。

捧腹大笑，笑倒在床上打滚，那是很激烈的全身运动，整个身体的细胞都在颤动，就像全身的细胞都在跳舞的样子，甚至笑到眼泪也出来了，鼻涕也出来了。

即使只是开怀大笑，或者哈哈大笑，横膈膜也必定配合着上下颤动，收缩放松。这么一来，呼吸心跳会加快，可以吸进更多的氧气，可以增进血液循环。同时，也顺便推挤腹部的内脏细胞发生颤动，肝细胞动起来了、胰细胞动起来了，胃肠开始蠕动了，连膀胱的细胞都动了。笑着笑着，有人要去尿尿了，便秘的人也受益了。所以有人说，笑是内脏的运动，是内脏的细胞在做慢跑运动。

我研究笑疗愈几十年，创编了一些笑疗愈组合方贡献给大家。采用笑运动科学训练法，针对癌症患者学习训练抗击癌细胞。

每天坚持笑训练：

一、微笑训练五分钟，笑开心门，一天保持好心态。

二、欢笑训练五分钟，笑动气脉，一天都有精气神。

每天坚持唱笑笑歌，早晨一遍，晚上一遍。通过气血运动，荡击五脏六腑进行细胞分裂，代谢癌细胞，产生巨细胞，快乐自我笑疗愈。

每天坚持做笑健操，一套五节都要做，从第一节"梳秀发"到第五节"骏马跑"连续练，从头到脚，从上到下，从前到后，循经走穴，激活全身细胞，快乐运动起来，四肢百骸，全部参与运动，达到心情愉悦，精神放松，忘掉一切烦恼，笑除患癌恐惧，微笑面对生活。这套笑疗愈抗癌组方，适合一个人练，也可以一家人练，一群人一块练更好，产生更大的笑能量场，杀灭癌细胞效力更强。

第十章
笑论诸商道

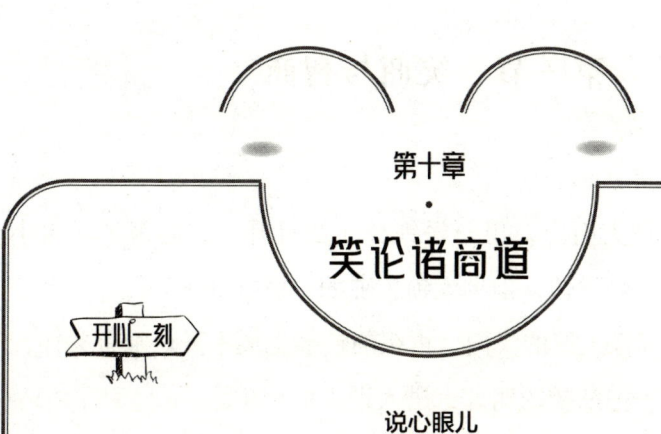

> 开心一刻

说心眼儿

虽然我已经60多岁了,到现在中央也没人来找我谈具体怎么接班,但我仍然坚持默默地潜伏在社会最底层。半个小时前,接到一个陌生电话。对方问我需不需要贷款?我说需要,对方很高兴,问要多少?

我说:"50个亿"。

他问:"有抵押物吗?"

我答:"有楼"。

对方:"哪里的楼?"

我答:"天安门城楼。"

对方问:"你是什么人?"

我回答:"共产主义接班人。"

> 悟道金句

笑商道开创一片前程似锦,串起一条生命珍珠的项链。

笑财商聚拢八方财源,拓展一片爱笑产业的蓝海市场。

第一节　笑商与智商

一把大锁挂在大门上,用一根铁杆无法打开。钥匙来了,瘦小身子钻进孔里,轻轻一转,但见大锁,啪的一声打开了。

每个人心,都像上锁的大门,再粗的铁棒也撬不开。唯有关怀,才能把自己变成一把细腻的钥匙,进入别人的心中。

常言道:一把钥匙开一把锁。智慧像一把万能钥匙,随时打开你思维的千把锁。

一般笑商指数高的人,身体健康指数就会高。因此思维比较敏捷,大脑灵光,智商指数就高。相反笑商比较低的人,大脑缺氧,思维迟钝,就不太灵光,相对智商指数就会低些。要想提高智商指数,首先提高笑商指数,可见笑与智商是相辅相成的。不笑心灵会死亡,不笑大脑不灵光,不笑缺氧无智商,不笑身体不健康。笑着成功是大智慧。做人学孔子,先修其心性,后行其事,再求其果成其业。做人的智慧是:修心,心存善念;修性,性柔如水;吃亏是福,无我为大。超凡脱俗,乃大智慧也。

智商即智力的商数。一般来说,智商比较高的人,学习能力比较强,但这两者之间不一定有正相关系。因为智商还包括社会适应能力,有些人学习能力强,但社会适应能力并不强。

一般智力测验,都是为了给自己的智力确定一个范围。智力测验有各种类型,如个人智力测验、团体智力测验以及学习能力测验等。心理学家强调测验的标准化,认为智力是对受测验者在某些工作中操作水平的描述性标记。智力测验多数以言语推理测验为主要内容,如对词汇、词的异同及类比等项目进行测量，另外还包括一些测量一般常识、数值推理、记忆以及感知技能与组织技能的项目。

阿基米德有句名言：给我一根杠杆，就能撬起地球。巧力是物理原理，即是智慧。如果让你抱起一头大象，现实吗？如果利用杠杆原理，将大象放在杠杆的一头，你从对面轻轻一撬，大象就被撬起来。练武的人说：以巧拨千斤，四两拨千斤。

智慧源于佛教。明白事相叫做"智"，了解事理叫做"慧"。"哲学"出自古希腊。它是由"爱"和"智慧"组成的，意思是爱智慧。

智商源于勤奋，成功来自志坚。智商是对事物能迅速灵活、正确地理解和解决。现在人们经常说，致富靠脖子以上发达，发家靠勤劳双手描画。智商就像一把万能钥匙，能打开无数把思考的锁。谁拥有大智商，谁就是强者；谁拥有大智商，谁就是富者；谁拥有大智商，谁就是王者。

第二节　笑商与情商

如果说笑商与智商是母女关系，那么笑商与情商就是父子关系。笑商为父，情商为子。父亲胸怀博大，格局高远，儿子就会子承父业，成就辉煌。情商，主要是指人在情绪、情感、意志、耐受挫折等方面的品质。笑商高，心态阳光，情绪就好。笑商高，情感丰富，能够轻松应对来自家庭和社会的各种关系，不会纠结郁闷。笑商高，意志力强，做什么事都能坚持到底，不会半途而废。笑商高，耐受力强，面对生活中的波折就能保持良好的情绪,笑面人生。

美国哈佛大学的教授丹尼尔·古尔曼表示:"情商是决定人生成功与否的关键。"由此可见情商对人的成长是多么的重要。情商是可以通过全面系统的课程培养提高并且改变的。提高笑商指数,对学龄前期形成的情感物质,对孩童以后的表现,无论是学业成绩或人际关系均有相当程度的影响。注重学龄前孩子的情商教育,是相当必要的。

美国心理学家认为:在人的成功因素里面,智商大约占20%,而情商则占80%左右。情商包括以下几个方面的内容:一是认识自身的情绪。因为只有认识自己,才能成为自己生活的主宰。二是能妥善管理自己的情绪。即能调控自己;三是自我激励,它能够使人走出生命中的低潮重新出发;四是认知他人的情绪。这是与他人正常交往,实现顺利沟通的基础;五是人际关系的管理。即领导和管理能力。笑商完全可以调控以上这五种能力,把控自我情绪,处理解决问题。

笑商决定情商,性格决定情商,情商决定命运。"情商"是心理学研究的一个重要课题,一言以蔽之,就是一个人自我情绪理解与管理的能力,以及察言观色别人的情绪、与别人沟通相处的能力,即理解自己、管理自己,这两大能力就构成一个人的情商能力。

在职场中,情商往往高于智商。有一个非常知名的国际性的咨询公司做了一个大规模的研究,结果发现,一个人的智商跟一个人的情商对他的工作上的贡献度,情商至少是智商的两倍。在情场上,情商决定婚姻能否天长地久。

◎ 经营婚姻:有些东西基本上是很难改了,叫核心价值观,比如说你对金钱的看法,对生命的看法与态度,还有对婚姻的蓝图,你觉得结婚之后什么是理想的婚姻?是伙伴的关系,一起挣钱一起花,还是说另外一种男主外女主内的方式?这个要先商量好,才能真正从恋人变成爱人。如果一方平常都很好,但是一旦出现一件不如意的事情,他的情绪就大坏,然后整个人的状态就大变的话,这个人真的很值得再考虑。因为心理学研究发现经营婚姻最重要的能力是冲突处理能力,吵架的时候怎么吵,用什么方式吵,会决定这段婚姻能不能天长地久。

化解家庭矛盾最好的办法,是笑商掌控情商,情商化解问题,夫妻双方和谐相处。

第三节　笑商与财商

笑商与情商宛若父子关系,笑商与财商则如同夫妻关系。笑商是夫,财商是妻。五行学说认为,丈夫为金,妻子为水。金生水,水生木,木生火。妻子属水,水生财。丈夫笑商高,阳刚之气超强,就能撑起事业的风帆,金碧辉煌。妻子笑商高,心路宽广,不计较,不唠叨,就能助力丈夫事业发展,水涨船高。由此可见,财商是笑商、智商、情商的综合素质。

一位犹太人花了100美金从一农夫处买了一头驴子,农夫答应第二天把驴子给他送过去,没想到,第二天驴死了,犹太人说没关系,你把那头死驴给我就好。

一个月后，犹太人又来了，农夫问他怎么处理那头死驴的，犹太人告诉他当奖品送出去了，还另外赚了1898美元。

农夫不解，有谁会要一头死驴？"你是怎么做到的？"他问犹太人。

"我举办了一场幸运抽奖，卖出了1000张票，一张卖2美元，就这样，我得到了2000美金，去掉向你买驴的100美金，我还有1900美金。"犹太人说。

农夫问："难道没有人发现并表示不满吗？"

犹太人说："只有那个中奖的人不高兴，所以我就把他的票钱退给他了。"

在现实生活中，犹太人拿诺贝尔奖的概率是其他民族的108倍，全世界最有钱的企业家中，犹太人占近一半以上，福布斯富豪榜中，前40名有18名是犹太人。

全世界各类领域的精英、富豪中都能看到犹太人的影子，比如爱因斯坦、洛克菲勒、谷歌创始人、毕加索、弗洛伊德、股神巴菲特等等。犹太人能够从没背景、没资源的状态下逐渐强大起来，他们的处世智慧起到了相当关键的作用。犹太人财商就是变富三部曲。任何的成功都不是偶然的，必定经过时间和精神的磨砺。

前期的积累。不论你现在是干什么工作，请你把每个月的工资拿出十分之一存起来。你会发现少花这十分之一的钱不会对你的生活造成什么影响，你的生活质量不会下降。但这点小钱经过你长时间地积累就会不断地变大，到时候你就会发现这笔钱对你赚大钱太

下篇
◐ 笑道：笑的道法

有帮助了。存钱这颗种子越早种下越好。到时间了这棵小树就会变成一棵巨大的金银大树，你便可以早早地享受其中的快乐了。

不要盲目自信。当你的钱攒得可以让你有机会去实现梦想时，如果你想投资，请不要盲目投资，一定要去请教这个行业中了解的人。如果你只凭感觉投资，那你必然为你的错误承担所有的风险，这只会让你的钱打水漂。如果你是投资房地产，你就必须向那些行业的老人请教。如果你是做的粮食生意，你就必须请教懂行情的人，不然只会让你赔得生无可恋。别不相信，我只能告诉你说这都是亲身经历。

当你有钱时，要学会让钱生钱。只有让你的钱能生出钱来，你才能赚到大钱。各行各业都是让钱生钱的好地方，只是不知道你是否能够看到其中的机会。

◎ 犹太人的财商：行动是成功的第一步。不管干什么事，说一千道一万，不行动就是空谈，空谈到老也是一场空。成功绝不会因为你的空谈让你成功，让你过上幸福地生活。相信是成功的关键，成功是从相信开始的。只有相信才会给你无穷的力量和精力，相信是所有力量的源泉。如果用另一种说法，人是有能量的，这个宇宙就是一个大的能量体，只要你坚信自己一定会成功，这个宇宙就会接收到你发出的信号，你就能吸引来成功。你的脑子里都是积极向上的念头，就一定能吸引来好的结果。你的脑子里都是消极的意见，你只能吸引来坏的结果。

圈子是成功的必经之路。跟着蜜蜂找花朵，跟着苍蝇找厕所。你要多向那些富人朋友请教。他们的成功绝不是偶然的。当你的身边都是这些富人，你就会慢慢地富有，稀里糊涂地就成功了。如果当你的圈子都是同村的人，你会成功吗？我敢说一定不会，他们不但不会去做，还会劝你不要去做。所以圈子一定要改变，你的圈子不变，我看不到你的未来。犹太人能够在经历千年的流离后，依然有此成就，足以证明他们的智慧值得学习。难道犹太人真的是"财富"的代名词？他们究竟是如何办到的？

大部分犹太人都不种田，所以他们只能在金融和商业上露脸。他们喜欢笑，永远保持良好的心态。热爱阅读，从小就在看一本名为《塔木德》的书。

《塔木德》被誉为犹太人的"生活伴侣""第二圣经"，《塔木德》等犹太经典，是犹太人非凡的智慧和犹太商人们的财富来源。

《塔木德》从犹太民族的修身、交友、为人处世、谋略等各个方面，以生动的故事和事例，使犹太人的处世智慧得到了充分的展现。

笑着发财，笑着享受，是最美好的人生状态。

第四节　笑商与福商

河边的苹果

一位老和尚，他身边聚拢着一帮虔诚的弟子。这一天，他嘱咐弟子每人去南山打一担柴回来。弟子们匆匆行至离山不远的河边，人人目瞪口呆。只见洪水从山上奔泻而下，无论如何也休想渡河打柴了。

无功而返，弟子们有些垂头丧气。唯独一个小和尚与师父坦然相对。师父问其故，小和尚从怀里掏出一个苹果，递给师父说，过不了河，打不了柴，见河边有棵苹果树，我就顺手把树上唯一的一个苹果摘来了。后来，这位小和尚成了老和尚的衣钵传人。

笑商与财商如同夫妻关系，那么，笑商与福商就是福寿关系。笑商与福商是成正比的。笑商高，福商也高。生活中往往爱笑的人都是福将，充满正能量。笑孝福寿，就是对幸福商数的最好诠释。

幸福的能力是家庭和谐、财富自由、健康养生和个人成长。秉承福泽天下的文化理念，倡导"有家又有爱，有钱又有闲，健康又快乐"的幸福生活模式，提升中国人幸福能力的文化传播。

古代最有福气的女人是西汉窦太后，她不但是中国历史上最有福气的女人，还是影响大汉王朝三代帝王的女人，而且陪伴王朝度过两场叛乱，巩固了大汉的政权，可谓有功于国。同时，她也是汉文帝的妻子，汉景帝的母亲，汉武帝的祖母。"好女旺三代"的俗语，在她的身上体现得淋漓尽致。

历史上最有福气的皇帝莫属乾隆了，他一生享尽荣华富贵，福禄寿喜全占。在位期间太平盛世，确实是有福气的皇帝。乾隆的出身和成长环境是非常优越的。作为宝亲王的他，不像历朝历代的开国皇帝那样大多数都经历了前朝末年的大动荡，也没有像历朝历代后期的皇帝那样，经历过王朝病入膏肓的时代。乾隆所成长的时代是国家处于稳步前进蒸蒸日上的时代，康熙雍正时期，正是国家的社会政治稳定，经济恢复发展的时候。乾隆作为储君，并没有像他父亲那样处于九子夺嫡明争暗斗。雍正儿子较少，且实行秘密立储，因此乾隆的即位环境可以说是非常平稳而顺利的。

乾隆即位接手的是雍正留下来的一个根基雄厚、强大富庶的帝国。乾隆在位时间长达60年，但实际掌权时间却长达63年。乾隆集五世同堂于一人，更是冠绝古今。74岁那年抱上了自己的玄孙，中国历史上能做高祖的仅此一人，而且做高祖长达14年，非常了不起，也是非常幸福的。

乾隆皇帝笑商很高，身边臣子纪晓岚更是笑商、智商、情商极高的人。他把自己的智慧贡献给乾隆帝，天天逗皇帝开心，化解郁闷，解决问题，使乾隆帝成为最幸福的帝王，为朝廷立下了汗马功劳。

第五节　笑商与健商

一个人爱笑不爱笑，心态阳光不阳光，身心健康不健康，直接可以测定健康的商数高低。健商，即是健康商数的缩写，代表一个人的健康智慧及其对健康的态度。健商，是指一个人已具备和应具备的健康意识、健康知识和健康能力。它不是对智商、情商的简单模仿，而是一个崭新的保健理念。健商即由此入手，通过提供全球医学的最新发展情况，使人们可以在可信的数据和可靠的事实基础上，转变对健康的看法，重新作出关于自我健康的鉴定。

健康是人生最大的财富，健康是1，事业、爱情、金钱、家庭、友谊、权力等等是1后面的零，若失去了健康1，后面的0再多对你也没有任何意义。正所谓：平安是福，身体是革命的本钱。幸福的基础是关爱、珍惜自己的生命，并努力地去创造、分享事业、爱情、财富、权力等人生价值。健商认为，一个人的情感、心理状态以及生存环境和生活方式，都可以对他的健康产生直接影响。因此，健商不仅仅把健康定义为没有患病，而是更广义地指一个人的良好状态。

从健商的意义上讲，健康状况涉及一个人存在的所有方面，包括生理的、心理的、情感的、精神的、环境的和社会的种种因素，还包括人的生活质量。健商强调身心合一的中国传统思想，认为身心之间的关系是完善的保健的基本组成部分。一个健康的心理，即一个人没有压力的比较平和安详的心态，本身就意味着一个完全健康的人。

表面上看，健商可能意味着你决定每天散一会儿步，改变你的饮食习惯，发现对付压力的新技巧，或者从事一项新的体育活动。实际上，它的意义还远不止于此。了解健商，提高健商，利用健商，可以帮助一个人通过简便易行的个人健商评估法，了解自己的健康状况，作出明智的健康决策，描绘自己的健康蓝图，制定一个适合自己的改善生活和健康的行动计划，从而大大提高生活质量。

健商包括五大要素。一是自我保健：不把自己的健康都交给医生，通过健康的生活方式、乐观的生活态度控制健康。二是健康知识：个人对健康知识掌握得越多，就越能对自己的健康作出明智的选择。三是生活方式：作息、饮食、价值观等生活习惯，对健康的作用举足轻重。四是精神健康：克服焦虑、愤怒和压抑，对健商至关重要。精神上感到满足的人，常能健康长寿。五是生活技能：通过重新评估环境，包括工作和人际关系，来改善生活，掌握健康的秘诀和方法。

拥有健康的身体，是每一个人更好地生活、工作和学习的基础，是做任何事情的首要前提。健康需要有乐观开朗的生活态度，同时健康也来自人们每一天良好的生活习惯。

第六节　笑商与政商

笑容,最能体现一个人的内心世界;笑容,最能说明一个家庭的幸福程度;笑容,最能证实一个国家的和谐象征。财富、小康、快乐、幸福,这些吸引大众眼球的名词,总是与人民的笑容连在一起。

创造财富、拥有财富、享受财富,这些挠人心窝的语汇,反复出现在《政府工作报告》中,成为民众"获得感"的首要诉求。财富不再是中国少数人独霸的字眼,而是民众拥有的笑容。随着改革开放的不断深入,越来越多的创业者戴上财富的桂冠,露出了自豪的笑容。积极参政议政的两会代表企业家,相继跻身于世界福布斯财富榜,成为耀眼的中国财富明星。

"小康不小康,关键看老乡"。习近平主席这句接地气的话语,平实的笑容,让多少国人温暖而激动,奋斗而富有。国家领导人深化改革,一手打贪腐,一手抓民生,势将财富的天平摆正,让人民呈现出欢欣的笑容。

国家的财富是否分布在国民收入上,从人民幸福的笑容里就会一览无余。每年岁末年初,官方都会公布一份《国民幸福指数调查报告》,用直观显性的数字来衡量民众对幸福的感受。幸福就是"让人们生活得舒心、安心、放心、对未来有信心"。"幸福"二字每一笔每一画都写在每年的政府工作报告里。笑逐颜开,是各族人民幸福的笑脸。"学有所教、劳有所得、病有所医、老有所养、居有定所",已摆上各级党委政府的重要议事日程,民生项目建设和百姓幸福指数已作为衡量领导干部执政能力的重要指标。

人民幸福的笑容,不同时期有不同的含义。新中国成立,幸福的笑容体现人民翻身解放当家作主了;改革开放时期,幸福的笑容表明人民的腰包鼓了;21世纪深化改革,幸福的笑容展示人民拥有财富了。当下"获得感"成为社会流行语。人民获得了什么?不只是物质的充裕,还包括精神的富足。

财富的笑容是金,金光耀眼,金碧辉煌,金子无价。人民的笑容是银,银色满目,银河星系,银海无边。幸福的笑容是玉,玉鼎宝物,玉光闪烁,玉器无瑕。财富的笑容,像真金给人一种厚重踏实感;人民的笑容,像白银给人一片欣喜凝重感;幸福的笑容,像美玉给人和谐享受感。笑容展示了人民的形象、国家的强盛。

第十一章

笑商管理道

开心一刻

不发脾气

有个小男孩特爱发脾气,为了帮助他改掉这个毛病,父亲给了他一个锤子,一袋钉子,让他每次发脾气时,就钉一颗钉子在后院围栏上,笑一声。小男孩按父亲说的做了,他发现自己钉钉子的次数在减少,可以控制自己不发脾气了。

父亲又告诉他,每次控制自己不发脾气时,就拔出一颗钉子,笑一次。时间长了,男孩变得有耐心不乱发脾气了。

有一天,他终于把钉在围栏上的钉子全部拔了出来,哈哈大笑起来。

悟道金句

笑风水管理企业顺风顺水,老板与员工快乐融合风调雨顺;
笑管理主宰情绪驾驭情绪,老板喜悦员工高兴提升软实力。

人最宝贵的是生命,主宰生命的是情绪,驾驭情绪的是智慧,生成智慧的是快乐,快乐的标志是笑容。如果把企业比作一个人,那么,情绪就是灵魂,企业家的情绪管理关乎着企业的命运。

笑管理之道:笑着经营人心。领导者的真髓:不是你来做五虎上将,是让你的武士成为五虎上将。不是让你来做诸葛亮,而是让你的智囊成为诸葛亮。在企业管理中,卓越的领导者需要做掌舵人。只有从权力中分身出来,把握企业发展的大方向,懂得运筹帷幄,才能决胜千里。

笑背后是管理之道:人心最柔软,人心最坚硬;人心最快乐,人心最痛苦;人心最善良,人心最恶毒。笑管理体现价值,制度化创造效益。美国沃尔玛超市有三米微笑原则,中国航空空姐有微笑上岗服务。笑有三项标准、五个维度、七种类型。笑奖励,有检查制度、评价制度、奖励制度。笑团队建设,有笑同心,凝聚团队的灵魂;笑同拍,激励团队的精神;笑同力,打造正能量的团队。

第一节 笑情绪管理

笑,是人们情绪的一种表现方式。一位领导者总是笑容可掬、笑口常开、笑面春风,正能量满满的样子,员工和下属一定也是快乐的团体。这就是笑情绪管理的特色。相反,老板总是愁眉不展、忧心忡忡、郁郁闷闷,甚至暴跳如雷,怒火中烧,他所管理的企业,一定是问题繁杂,漏洞百出,亏损倒闭。

领导拥有笑心理，调动员工的积极情绪；员工拥有笑心态，就会激发高涨情绪。企业拥有一流的笑管理班子，一流的笑营销团队，在市场竞争中必将会无往而不胜。成功案例：从世界旅店业巨子希尔顿旅店靠"一流设施 一流微笑"做火了全球市场到世界最大的快餐连锁店麦当劳按"微笑服务"定薪金，从全球零售业霸主沃尔玛超市"三米微笑原则"到美国迪尼斯乐园微笑服务，这些企业都是微笑管理行业的标杆。笑管理智慧，是服务行业的软黄金，市场竞争的核心力。由此可见，笑管理智慧，是企业走向成功的最佳捷径、做大做强的制胜法宝。

熬过痛苦的黑夜，天亮后你就是英雄。企业情绪，就是由企业家与全体员工共同熔铸的企业行为。快乐、健康、积极、高涨的企业情绪，能使企业顺风顺水，处于良性循环的运转状态。相反，郁闷、病态、消极、低落的企业情绪，无疑会使企业处于逆风逆水的恶性循环状态。因此，企业经营成也"情绪"，败也"情绪"。

"企业情绪"就像一匹野马，驾驭好了，能够拉着企业这驾大车驰骋千里，一往无前。驾驭不好，就会成为害群之马，伤人又伤己，会给企业带来不可估量的损失。一个企业家能够及时调整情绪变化，掌控情绪，驾驭情绪，每天带着快乐情绪去工作，并能把自己的"快乐情绪"与企业员工"群体情绪"熔铸起来，那不能不说是一种高级管理智慧。

聪明的企业家，善于恒定心态驾驭情绪，也就是从自身内在"风水"入手，然后去影响企业"大风水"发生变化，推波助澜，顺水行舟，使企业管理进入良性循环轨道，从而顺利实现企业的终极目标。笑沟通，就是"快乐情绪管理智慧"的重要元素，决定企业成败的关键所在。

　　老板的快乐情绪来自于"换位思考",视企业员工为上帝,保持人格平等,即对下属与企业员工人格的尊重,劳动价值的认可,应得利益的公平分配。快乐情绪来自老板的"自我信赖",领导力、执行力及人格魅力的出色表现,即对企业的战略决策、管理模式、营销策略、核心价值、文化愿景有足够的信心,心态平和的人就快乐。快乐情绪来自老板的"高级智慧",驾驭情绪变化,恒定心态使然。即用自己的微笑、平和的言语、愉悦的行为,影响企业团队拧成一股劲儿,释放出自身最大效能,朝着同一方向努力奋斗而快乐无比。

　　高管的快乐情绪来自于"准确定位",即对老板快乐情绪的接收转化,调动员工快乐情绪的释放,打通企业管理通道,起到承上启下、上通下达的枢纽作用。高管的快乐情绪来自于"化解功能",既能化解老板一时的不良情绪,又能消除员工积聚的消极情绪,用快乐情绪智慧管理调动团队的积极因素,从而营造出企业的快乐环境。高管的快乐情绪来自于"转化能量",对上把老板的快乐转化成员工的动力;对下把企业员工的快乐情绪转化成快乐工作的力量和效益。

　　员工的快乐情绪来自于"被人尊重",即管理者把自己当做人来看待,而不是机器。员工的快乐情绪来自于"自我价值",即付出的劳动应该得到相应的酬劳,达到心理平衡。员工的快乐情绪来自于"工作环境",即所处人际关系融合和工作条件的优越和舒适。

　　常言道:大道至理,大繁至简。人一简单就快乐,但快乐的人却寥寥无几;人一旦复杂就痛苦,可痛苦的人却熙熙攘攘。这反映出一个现实问题:对于大多数人来说,要活出"简单"来不容易,要想活出"复杂"来却很简单。

其实,这个世界很简单,只是人心很复杂。其实人心也很简单,只是利益分配很复杂。比如:桌上有一堆苹果,人们不在意桌上有多少,而很在意分配到自己手里有多少。比如:单位里有一摊子事,人们并在意这摊事有多少,而是在意自己多干了多少。人与人之间关系很简单,由于有利益分配很复杂,才有了勾心斗角,尔虞我诈。纷繁尘世其实很简单,由于人类情感很复杂,才有了书剑恩仇,离合聚散。

人小时候简单,长大了复杂;穷时简单,富时复杂;落魄时简单,得势时复杂。君子简单,小人复杂。看自己简单,看别人复杂。简单与复杂只隔着一层迷雾。顾城诗曰:我一会儿看你,一会儿看云。我看你时很远,看云时很近。

第二节 笑风水管理

人体有风水,身心健康就是顺风顺水;相反,身心不健康,就是逆风逆水。

企业也有风水,老板是风,员工是水。老板心态好,顺风顺水,企业就兴旺;老板心态不好,逆风逆水,企业就遭殃。

领导人爱笑,就是快乐的管理者。管理者快乐,拥有好心情就会产生正能量。

人体风水图包括人体图形、头、躯体四肢、五脏六腑、筋骨血脉。

下篇
◀ 笑道：笑的道法

人靠呼吸空气供给身体氧气而活着，所以，呼吸就是人体的"风"。人体的大脑、躯体四肢、五脏六腑、筋骨血脉，就是人体的"水"。简称"人体风水"。企业风水图即企业架构图、老板、高级管理层、员工构成表。老板是企业创建者，他就是企业的龙头，也就相当于企业风水的"风"。高级管理层、群体员工组成企业的集体，也就相当于企业风水的"水"。简称企业的"风水"。

那么掌控"企业风水"的是什么？显然是老板这个"风"，即老板的情绪。老板情绪好，快乐，就是顺风，顺风一定会带来企业员工（水）的良性循环，是好的"风水"。老板情绪糟，郁闷，就是逆风。逆风一定会带来企业员工（水）的恶性循环，是坏的"风水"。由此可见，老板要想改变企业的面貌，即企业的风水，必须先调整好自己的内在风水（情绪），然后才谈得上改变企业的大风水（群体情绪）。也就是先进行"内修"，然后再去"外求"。

笑与情绪，笑与管理，应该同日而语。如果领导人、管理者爱笑，是一位快乐的管理者，情绪中就会产生正能量；相反，管理者抑郁，就会产生负能量。要想将领导者风水与企业风水融合为一，就得做到换位、对位、到位六个字。

换位，即领导者的心理与情绪，学会与下属、与员工换位思考。一个单位领导者要从企业员工需求出发，解决他们的痛点，满足他们的心理需求。

对位，即员工的心理与情绪，要与老板心理需求连接，理解老板想要什么，他需要全体员工做什么，实现什么目标，创造什么效益。只要老板心里想着员工，员工心里想老板，变对立为互利，两好并一好就圆满了。

到位，即企业落地的管理体系。老板的想法和员工意愿不是口头说说而已，而是白纸黑字形成制度和规章，悬挂在墙上，落实在行动上，自觉形成规范。

第三节 笑文化管理

笑文化管理，是企业用笑文化理念去管理企业。内容包括笑文化知识传播、笑文化教育系统、笑文化制度建设等。

企业没有管理做不大，企业没有文化做不长。管理是企业发展的"根"，文化是企业生存的"魂"。每家企业都有自己的管理制度，都有自家的文化理念，都有自己的追求目标，都有自己的奋斗愿景。华为有科技创新的文化理念，吸引着全球顶尖级奇才；海尔有人才制胜的文化诉求，完善了内部循环的竞争机制；拼多多有拼团购物的文化奇招，团结一致购买便宜货。文化自信、文化符号、文化品牌、文化链条，尽显其能，各领风骚。

企业文化，不是想出来的模板样子，不是拼凑出来的口号理念，而是通过长期经营磨难，逐步总结经验教训，无数感人故事细节逐步凝聚起来的文化现象。

蒙牛集团总裁牛根生认为，经营人心是蒙牛的终极目标，而感恩之心是蒙牛文化的灵魂。蒙牛举办感恩活动的目的是：关注员工的健康，提高生活的质量；营造心灵之间的感动，实现蒙牛人的伟大使命。牛根生说，什么是中国人最深层的文化呢？那就是一颗真诚的感恩之心。蒙牛集团源自对员工的感恩;"提供绿色乳品,传播健康理念",源自对消费者的感恩;"市场在变,诚信永远不变",源自对客户的感恩;"财散人聚,财聚人散",源自对股东的感恩;"关注环保,回报社会",源于对社会的感恩。

2003年抗击"非典",蒙牛捐款捐奶总计1200万;捐助赤峰地震灾区,蒙牛将价值30万元的10000箱蒙牛纯牛奶直接送到灾民手中;温情教师节,蒙牛牛奶大派送,向全国17个省市的120多万名教职工赠送牛奶。蒙牛怀着一颗深厚的感恩之心,凭感恩的企业文化拥有了一流的生产工艺技术,这是蒙牛成功的本质和蒙牛可持续发展的源泉。

情感凝聚力量,团结孕育兴旺。感恩文化是增进企业凝聚力、增强员工归属感、提升团队战斗力的重要途径。一颗感恩的心,就是一粒爱的种子,承载着责任,承载着能力,承载着希望和发展。感恩和责任作为职业精神的源头,是现代企业和员工实现和谐多赢发展的核心动力。

第四节 笑制度管理

笑制度管理,是企业围绕笑文化元素而制定的规章管理制度。包括企业员工微笑训练、微笑传递、微笑服务、微笑经营等内容。笑制度管理可以凝聚人心,调动积极性,产生内驱力,释放外动力。这种笑文化统领企业内驱力和外动力的企业制度,使笑文化制度化、常规化，成为企业管理的核心内容。

一、笑企业管理五大要素

1. 科学管理与人文管理的互动；
2. 生命意识与管理思维的融合；
3. 内部关系与外部拓展的整体性；
4. 核心价值与企业文化的前瞻性；
5. 团队建设与品牌效益的统一性。

海尔的张瑞敏曾说：企业管理者要有"三只眼睛"。第一只眼，盯牢内部员工，看员工需要什么。第二只眼，盯牢外部市场，看消费者需要什么。第三只眼，看清国内外形势变化对企业的影响。

管理者七大素质：个人魅力、感召力、执行力、说服力、沟通能力、凝聚力、创新能力。管理者三大精神：敢为天下先的创新精神，敢冲锋陷阵的博弈精神，敢做领头雁的引领精神。

二、海尔企业之法即是海尔管理创新系统

1. 管理就是行动，人人都是人才。鼓励员工革新创造，该企业每年发明1500多项专利；
2. 市场链革命：打造无边界企业，拆掉"企业内外两堵墙"，每个人都像老板来经营。
3. 先谋势后牟利，得用户者得天下。

笑文化管理制度的建立，可以使企业提升软实力，创造硬效益。

第五节　笑人心管理

笑管理要素，是微笑的方法，将企业员工的心门打开，释放出强大的热能。笑是一种巨大的正能量，员工每天工作开心快乐，就会产生向心力、凝聚力、生产力。每天进行十分钟微笑传递，员工一起唱笑歌，做笑操，激活大脑细胞，产生多巴胺物质，干起工作来就不觉累。笑管理要素，就是人心绽放，人心凝聚，人心快乐。

企业是由人构成的，企业基本上有三种人。第一种是企业老板，第二种是高管，第三种是员工群体。人人有分工，个个有责任。老板做决策，确定企业发展方向。高管做执行，制定一系列管理制度，连接老板意志与员工利益。员工协同作战。企业犹如一盘象棋，牵一发而动全军。"车"行有路线，"马"跳有方位，"炮"轰有目标。一盘棋即是团队运作，绝不是"车"独行，"马"乱跳，"炮"瞎轰，想怎么来就怎么来，没有章法，没有协同，一群乌合之众乱哄哄。

企业发展的要素是什么？答曰：技术、设备、产品、市场。

管理企业的要素是什么？答曰：经营策略。大家的回答都对。只是有一个概念值得商榷，技术、设备、产品、市场，经营策略，是企业的元素还是要素？

企业的要素是人，是员工；管理企业的要素还是人，而这个人就是企业的管理者——老板。因为企业所有技术、设备、产品、市场都要靠人去操作，经营策略也要靠人去完成。人，就是企业最活跃的要素。人，这个最活跃要素能产生无限的创造力和巨大的动能。

而管理人这个最活跃要素靠什么？靠制度管理只是一个方面。因为制度是人定的，是死的，冷冰冰的；而人却是鲜活的，热乎乎的。现代化生产可以靠机械化流水线去完成，而管理人靠这些就不灵，就玩不转了。特别是在中国企业制度不规范、不完善的情况下，很难操作。如果企业人心向背，一盘散沙，就没有战斗力，不能产生好的绩效。

有位金融界的银行行长将笑元素植入企业管理中，针对员工完成拉存款业务不力的痛点，以及出勤率低，员工说不上班就不上班，保证不了出勤，效益不佳的情况下，行长每天安排笑运动十分钟，大家开心快乐，活跃了企业情绪，释放了心理压力，调动了员工积极性。员工爱上班了，保证了出勤率，自觉工作有意思了，而不是枯燥地拉存款，在工作中获得了精神享受，拉存款也成为一种工作乐趣。这位行长深有感触地说，笑文化是最廉价的软实力，不用多少投资，植入到管理制度就行了。

人心快乐管理，就是人的管理、权的运用、情的融通。

成功的最大敌人是缺乏对自己情绪的控制。愤怒时，不能制怒，使周围的合作者望而却步；消沉时，放纵自己的萎靡，把许多稍纵即逝的机会白白浪费。

名人论情绪——拿破仑：能控制好自己情绪的人，好比能拿下一座城池的将军。一个人如果能够控制自己的激情、欲望和恐惧，那他就胜过国王。真正的管理是去管理人的情绪。成功的秘诀，就在于懂得怎样控制痛苦与快乐这股力量，而不为这股力量所反制。如果你能做到这点，就能掌握住自己的人生，反之，你的人生就无法掌握。

世界如一面镜子：皱眉视之，它也皱眉看你；笑着对它，它也笑着看你。契诃夫说：愉快的笑声，是精神健康的可靠标志。爱因斯坦说：真正的快乐是对生活乐观，对工作愉快，对事业兴奋。

一、恒定心态训练法

1. 喜乐冥想训练；
2. 心意能量训练；
3. 环境刺激训练。

二、快乐情绪训练法

1. 魅力微笑训练；
2. 和谐语言训练；
3. 举止神态训练。

三、驾驭情绪训练法

1. 情绪激怒训练；
2. 语言刺激训练；
3. 人身攻击训练。

还有适度宣泄法、自我安慰法、交往调节法、情绪升华法等。

第六节　笑团队管理

提起企业的团队管理，笑文化是非常重要的元素。因为笑文化最能凝聚人心，笑沟通最能融合团队关系，笑赞美最能取得大家愉悦，笑运动最能提升团队精神。没有完美的个人，只有完美的团队。

一个企业要想成就一番大事业，不能缺少三个字：人、从、众。人，就是你自己，一撇一捺，顶天立地，信念坚定；从，就是有两个人跟随，左膀右臂，呼风唤雨，助阵助力；众，就是团队的力量，众人拾柴火焰高，众星捧月月儿朗。

企业如何建立笑的团队，创建开心愉悦的团队精神？笑团队建设，包括以下内容：规范笑标准，即三项标准、五个维度、七种类型。制定笑奖励制度，即检查制度、评价制度、奖励制度。打造笑的团队，达到笑同心、笑同拍、笑同力。

贵人，遇到某个人，他打破你的思维，改变你的习惯，成就你的未来。

团队，遇到一群人，点燃你的激情，唤醒你的自尊，支持你的全部。

成功，遇到一件事，唤醒你的责任，赋予你使命，成就你的梦想。

企业家谈管理之道：国内最好的团队是唐僧的团队，而刘备的团队是可遇不可求的团队。唐僧的使命感很好，目标是西天取经。他是个目标性很强的人，唐僧这样的领导不一定会说话，慈悲为怀，这样的领导很多企业都有。孙悟空呢？能力很强，品德很好，但是缺点也很明显，企业对这样的人是又爱又恨，这样的人才每个企业都有，而且有很多。猪八戒呢？好吃懒做，一个企业没有猪八戒是不正常的。沙僧呢？懦懦无能，挑担牵马，八小时工作制，这样的人企业更多。这是一个平凡的团队，这是严格创造的团队，然而就是因为这个平凡的团队，经过九九八十一难，才取到真经。要管理这个团队，对领导的要求是很高的。一个领导者要具备三样：眼光、胸怀、实力，一个企业家的眼光不好，永远成不了好的企业家。

　　三个臭皮匠赛过诸葛亮，相比之下，蜀汉之主刘备却深谙此道，将军中大事全权授予有智谋韬略的诸葛亮，又对能征善战的五虎上将适当授权，将权力下放，自己一身轻松。在企业中，诸葛亮就只能算是一个经理人，而刘备却是一个高明的领导者。所以，在企业管理中，一个卓越的领导者，首先要学会合理授权。那么，授权管理的目的是什么？我们可以从三个方面来概括。在不断发展的经济信息时代，一个成功的企业领导在管理中不需要事事亲为，而是通过适当的授权，减轻自己的工作量。让下属充分发挥积极性的同时，自己集中精力去做更重要的事，提高团队绩效，从而实现企业的目标。

第十二章

笑商营销道

开心一刻

有房一族

蜜蜂是蝴蝶最忠实的崇拜者和最执着的追求者。

但蝴蝶始终对他不屑一顾,而且还毫不犹豫地嫁给了蜗牛。

蜜蜂伤心绝望地质问蝴蝶:"蜗牛哪里比我好?"

蝴蝶回答说:"人家好歹有自己的房子,哪像你住在集体宿舍。"

悟道金句

市场是块大蛋糕,你不营销我营销。

笑营销,笑营销,笑着让客户情愿掏腰包。

下篇
◀ 笑道：笑的道法

2014年4月，北京某四星级涉外酒店，第一次邀请我为该企业高管部门经理做笑营销培训，微笑训练、笑歌比赛、笑营销实战在一片笑声中展开。公司部门经理在设置好的快乐情景里，有服务员，有顾客，有情境，有语态，有微笑，有交流。学员身处笑脸、笑声、笑态的包围中，不知不觉中吸引顾客情愿住进酒店里，宛若一场没有营销的营销，轻松而愉快。

笑心理营销，笑形象营销，笑智慧营销，笑实战营销，笑快乐营销，融入到企业文化里，成为最新的实效、廉价的快乐营销方法，推向市场窗口行业。

微笑这两个字很普通吧？这两个字如果给它拆开，微，微什么？微营销我自己。笑，是什么？笑着服务客户。所以连起来就是"微笑营销"。

一个完美的微笑，离不开这三个字：纯，美，真。看一看，纯，存在什么地方？纯在心。

第二点就是美在神。神采飞扬才美，我们笑的时候应该什么样的状态？挑挑眉梢，咧咧嘴角。这样你才有美的神气。

第三点就是真，这在眼神上可以看到。把你的真情含在眼里，流露出来是真心为他服务，真心为他好；把你最美的笑容送给他，把你最快乐的心情传递给他。我们能不能笑到对方的心窝里？能不能说在点子上？能不能做到需求处？这才我们真正营销的能力。

◎ 学员分享：培训之后，懂得了怎样去笑，非常真诚地笑，发自内心地笑。

第一节　笑智慧营销

经济社会是大营销时代，市场瞬息万变，企业各领风骚一两年。偌大中国，每天有上万家新企业诞生，同时也有上万家公司倒闭。市场供大于求，萝卜快了也洗泥，皇帝女儿也愁嫁，好货还得喊着卖。市场无情，优胜劣汰。笑营销，决定着企业的生存与命运。企业为了生存，营销形式五花八门，如广告营销、店铺营销、渠道营销、会议营销、网络营销、公益营销、博客营销、微信营销，笑营销也随市场营销大潮应运而生。培养出两个"笑营销"精英，赛过一群销售人员。

何为"笑营销"？简而言之，就是笑着营销，将笑元素注入整个营销过程中，让心灵笑开花，让产品会说话。让客户争落单，让商企早成家。

◎ 笑营销有三个步骤：先营销自己，再营销客户，后营销产品。

1. 笑开心门，营销自己，让客户接受你。
2. 开心微笑，营销别人，让客户信任你。
3. 大家同乐，营销产品，与客户恋爱联姻。

笑营销心理层次递进过程。先让别人接受你这个人，才能接受你的理念、你的产品。笑是打开心门的最好方法、疏通心灵渠道的唯一通路。

案例 1

希尔顿饭店在不到 90 年的时间里，从一家饭店扩展到目前的

210多家，遍布世界五大洲的各大城市，年利润高达数亿美元。资金则由起家时的5000美元发展到几百亿美元。老希尔顿撰写的《宾至如归》一书，被员工视为"圣经"。书中的核心理念就是他的经营哲学"一流设施，一流微笑"。

老希尔顿生前最快乐的事情，莫过于乘飞机到世界各国的希尔顿连锁饭店视察工作。他的名言是："你今天对客人微笑了没有？"

案例2

麦当劳规定：在服务的六个基本步骤上，微笑必须贯彻始终，坚持14小时的微笑，并用微笑检查和微笑比赛的方式来加以保证。自从进行微笑检查以后，服务的六个标准步骤实际上变成了七个步骤，因为在向顾客问好并说出"欢迎光临"之前，必须首先露出微笑，而且绝不因为顾客的反应而改变微笑的面孔。

当问到服务员为什么要微笑服务时，他们会异口同声地回答："我们有'微笑检查'。合格的服务员将获得一枚微笑胸章，在微笑比赛中获得优胜的餐厅才能把'微笑免费'的字样写在店堂的菜单上。"

麦当劳正是根据他们的"微笑"程度来决定调整工时薪金幅度的。这意味着操作的熟练程度仅仅是服务员的基础，而"微笑"才是决定他们工作报酬的基础。

案例3. 沃尔玛"三米微笑原则"

全球零售业霸主沃尔玛的服务秘诀之一，就是公司要求员工要做到当顾客走到距离你三米范围时,你要温和地看着顾客的眼睛向他打招呼,并询问是否需要帮助。他们认为,微笑是世界上最性感的表情。在微笑服务上,他们有一个"统一规格":店员对顾客微笑时必须要露出8颗牙齿。只有微笑时露出8颗牙齿才算"合格"。因此,店员必须要进行练习,一直到完全合格才能上岗。当微笑露到8颗牙齿时,人的微笑才表现到最为完美状态。

这个近乎苛刻的"微笑要求"让沃尔玛的服务一直在世界范围里领先同行,也取得了无法估算的经济效益,同时还引领了"8颗牙微笑服务"的潮流,我国航空公司等窗口行业都在效仿这一做法。从世界旅店业巨子希尔顿酒店"一流微笑营销",到世界最大的快餐连锁店麦当劳按"微笑服务"定薪金,再到全球零售业霸主沃尔玛的"三米微笑原则",他们能做到行业的老大、标杆和楷模,绝不是一时之功,也并非偶然。

案例 4

微笑为迪士尼乐园创造千万亿娱乐价值收入,成为世界上独一无二的"微笑产品"制造工厂,遍布五大洲中心城市,吸引无数游客不远万里前来掏腰包进行娱乐消费。

案例 5

世界没有什么符号像"笑脸"一样,成为完美的微笑图标。这一经过最深入科学研究的面部表情被归纳成一个黄色平面圆盘上的简笔画:两个竖立的椭圆下面加上一条曲线。

设计"笑脸"的艺术家是哈威·波尔氏。其设计的"笑脸"效果远远甚于蒙娜丽莎。在1963年由哈威·波尔氏创作诞生的"笑脸"如同细菌繁殖一般快速成长，只要是大量生产的商品都戴上"笑脸"的标记售往全国各地。美联社曾报道说，20世纪90年代美国全国卖出5000多万个笑脸纽扣，1999年美国邮政还发行了一款笑脸邮票。

第二节　笑心理营销

笑营销，其实就是心理营销，即让你的销售心理与客户的购买心理，通过笑的纽带连接在一起，达成一种完美的共识。这种完美共识就是融合、信任，让客户情愿掏钱买你东西，从而取得最佳经济效益。一句话，笑在脸上，赢在心里。

自信心，是笑营销的根本。当你笑开心门时，自我变小了，世界就大了。相反，当你心门封闭时，自我变大了，世界变小了。

笑容是心灵的花朵，笑得越灿烂，营销得越快。人为什么要买东西，因为有需求。你卖的就是客户的这种心理需求啊！抓住这一点，就等于抓住了"笑营销"的灵魂。生活中有这样一种现象：当女人推销产品时，看见男人，你就朝他微笑，他就会"动心"而买产品；当男人推销产品时，看见女人，你就笑着对她说好话，她就会"心动"而买东西。这是异性的吸引所造成的心理反应，也是营销的内在动力。微笑是人类最美丽的语言，微笑是世界最通用的动感语汇。微笑能在第一时间缩短人与人之间"心"的距离，迅速架起与客户沟通的桥梁。

微笑改变了命运。被世界称为笑营销大师的日本保险推销业的"全国之冠"原一平25岁当实习推销员时，身高只有1.45米，身材又小又瘦，横看竖看实在没有吸引力，可以说是先天不足。但他苦练笑容，从改变自己开始。没想到苦练一个月后，开始有人接受他的沟通了，也谈成了几份保单。他充分感受到，这不用多大投资的"魅力微笑"训练，不但改变了自己的形象和心态，还改变了别人对自己的看法，最终为他带来了可观的效益，并且获得成功，被日本人誉为"价值百万美金的笑"。

第三节　笑形象营销

　　微笑营销与微笑服务有什么区别？微笑营销，不就是微笑服务吗？来了旅客住店，微笑待客，态度热情一点，说话温情一点，服务周到一点，就这么简单。

　　微笑服务，是旅店对服务员最基本的要求，对所有客人都一样微笑，而"微笑营销"却是有营销内涵的高级服务。从字面上解释，微笑是服务员心态的多种反映；营销，即经营和销售。你的微笑，含金量仅仅是笑一笑吗？非也。你站在柜台前微笑，是在经营你的形象、智慧和价值。通过你具有综合价值的微笑，销售旅店综合服务的物质产品，从而使商家获利，你也有所收益。这就是没有营销的营销，是最高级的营销模式。

　　微笑服务，是窗口行业服务客户被动、机械、简单的工作要求。

微笑营销,却是主动、积极、有目的、有价值的完美营销行为。微笑营销,简而言之,是用微笑赚钱,是最廉价的营销。微笑本无价,但"微笑"有能量,"营销"有价值。如果把"微笑"与"营销"结合起来,那么"微笑营销"就是有能量、有价值、富有快乐元素的完美营销模式。

世界旅店业巨子希尔顿有句名言:旅店服务员甜美的"微笑",永远是顾客脸上灿烂的阳光。一句话道出旅店业"微笑营销"的秘诀。微笑是与人沟通的第一法宝,是每个人拥有的最廉价的秘密武器。通过微笑传递,能架起人与人之间心灵的桥梁,打开思想的沟通渠道,激活快乐细胞。

学习微笑营销有四个步骤:一是改变认知,首先改变观念,提升对微笑营销认知程度,真正打心里重视;二是找准定位,按不同岗位找准微笑营销的定位,弄明白怎么微笑、怎么营销最适合;三是科学训练,科学训练微笑营销技艺;四是完美营销,笑到客户心窝里。

第四节 "微"营销自己

微笑,"微"在心里,"笑"在脸上。"微"是你自己的,"笑"是给客户看的。"微"营销自己有三个层面:第一层面,营销形象。第二层面,营销心理。第三层面,营销智慧。

微笑,表面看起来是情绪表达方式,其实是人们复杂的心理活动。微笑是由"微"和"笑"两个字组成的词组,"微"是心理,"笑"

是神态。你心里快乐微微一动，笑容就会从脸上流露出来。所以说，在为客户服务时，"微"字很重要，假如你对陌生客户哈哈大笑，一定会把客户吓跑了，认为你精神不正常。"微笑营销"重在一个"微"字。微的真假，笑的质量高低，直接关系到营销的成败。

你每天站在柜台前或餐桌旁、或窗口下，微笑待客，微笑服务，表面上看起来是为企业、为公司、为社会而工作。其实，你在营销自己，营销人生。你的生命就在微笑中不断得到升华，体现出你自身的价值。客户消费的是金钱，满足的却是物质需求和心情愉悦。客户虽然消费在酒店，记住的却是你的"微笑营销"。你的形象应该是快乐的，客户见到你感到很开心；你的形象应该是友善的，客户见到你感到很温暖；你的形象应该是真诚的，客户见到你感到很信任。这就是"营销形象"。

微笑是心灵的窗口，是思维的天象。大家看我微笑时，面部表情眉宇间是舒展的，晴空万里；如果我紧皱起眉头来，晴转多云，就会变得阴沉郁闷。再看我眉梢往上挑，嘴角往上翘，是什么？是笑，笑得阳光灿烂；如果我把眼帘往下拽，嘴角也往下撇，是什么？是哭，哭得悲伤可怜。刚才我们讲笑容来自心情，心情好坏决定你的面部表情。而这种平时经过反复微笑训练产生的快乐能量，具有很强的穿透力，能将你八点二十的"阴沉脸"变成十点十分的"阳光脸"。恰恰是这种"阳光脸"，会产生无限魅力，打开人的心门与你共鸣。当我们练习"微笑服务"时，大脑放松，心情愉悦，也是快乐减压的过程。如果说"微笑"是与生俱来的表达方式，那么，微笑营销、就是经过特殊训练的，赋予微笑以特殊意义，使之成为社会交往为人处世的一种特殊功能。

第五节 "笑"营销客户

开心笑，向别人营销，让客户信赖你，愿意买单掏钱包。美国麦当劳快餐店老板认为"微笑是最有价值的商品之一"，世界旅店业巨子希尔顿说："我宁愿住进虽然只有残旧地毯，却能处处见到微笑的旅店，也不愿走进一家只有一流设备，却见不到微笑的宾馆！"美国一家百货卖场的人事经理也说，她宁愿雇佣一个没上完小学但却有愉快笑容的女孩子，也不愿雇佣一个神情忧郁的哲学博士。

微笑是人的宝贵财富。微笑是自信的标志，也是礼貌的象征。人们往往依据你的微笑来获取对你的印象，从而决定对你所要办的事情的态度。作为一名营销人员，不需要把聪明挂在脸上，但时刻不要忘记把微笑挂在脸上。与客户第一次接触时，脸上有灿烂的微笑，往往能够让客户放松戒备，没有什么人会拒绝笑脸相迎的人。

第六节 微笑标准

微笑是阳光、空气和水。微笑是心中的太阳，每天升腾在脸上，给身体输送温暖的热能，给生活带来快乐的希望。微笑是人们肺腑的氧气，每天充盈在我们胸中，为快乐鼓劲打气，为美好放飞绚丽的彩虹。微笑是我们快乐的涟漪，每天荡漾在我们心里，为家庭滋润健康的血液，为社会供给和谐的讯息。

微笑训练三字经：纯、真、美。

纯在心，心灵纯净，这样微笑才会"纯"。心无杂念，秋高无云；心无旁骛，没有忧愁。嫣然一笑出芙蓉，如古代第一美女西施，美在神，眉如弯月，神采飞扬，这样微笑才会"美"。神情专注，眼睛眯起；神气盎然，皓齿如玉。如粲然一笑百媚生的杨贵妃，能从此君王不早朝。

真在眼，眼睛直视，真情流露；这样微笑才会"真"。眼含真情，目不斜视；眼神凝注，神色怡人。

美在脸，美颜灿烂，美目传神，美好待人。心存善念，心诚美无邪。

微笑标准之女士微笑

要求：笑而不媚，美而不骄，含而不露，韵而不销。

◎ 解析：微笑风雅大度不媚俗，美丽动人不骄狂，含笑脉脉不外露，韵味引人不营销。

歌曰：眉梢上扬月弯腰，唇角上翘美如娇。
　　　纯净自然不做作，落落大方眼含笑。

微笑标准之男士微笑

要求：笑而不闹，魅而不躁，露而不烦，稳而不飘。

解析：微笑风度翩翩不胡闹，魅力十足不骄躁，阳光外露不烦人，沉稳大方不轻飘。

歌曰：眉飞色舞笑迎客，嘴角咧开真亲热。
　　　端庄健美帅小伙，阳光心态暖顾客。

第十三章

笑谈思维道

开心一刻

不要命了

有一个员外宴请家里的教书先生，搞得全是素菜，仅一盘豆腐好点，先生也只吃豆腐。员外问："你怎么不吃其他菜？"先生说："豆腐是我的命。"员外记在心。

没多久，员外又宴请先生，搞的全是大鱼大肉，仅一盘豆腐是素菜，放在先生面前。可先生只吃鱼和肉，就是不动豆腐一筷子。

员外问："先生，豆腐是你的命，你怎么不吃呢？"

先生答："今天见到大鱼大肉，我不要命了。"

悟道金句

笑能开脑窍，思维有门道，右脑开发灵动机巧。

笑能增智慧，灵性都释放，千难万险无可阻挡。

现代经济社会，挣钱和发财是每个人的本能愿望。富人与穷人的根本区别是，富人为创造财富而赚钱，穷人为生存去拼命挣钱。富人脑袋不长草。长什么？长钞票，让钱能生钱。他们把金钱当做种子，栽到肥沃土地，然后付出全部精力精心培育，使之逐步成为摇钱树。他们把服务看作一种投资，产生金钱的种子。一般来说，一个人的收入永远跟他服务的人数、品质、价值成正比的。高品质的服务就是高回报的收入。劳斯莱斯是最好的汽车，可服务人数少，所以不是最赚钱的汽车公司。而丰田、福特汽车却是最赚钱的汽车企业，因为他们服务人数多。苹果电脑公司创始人斯蒂劳·乔布斯说：我们做苹果电脑是因为真的把更高质量的计算机作为教育的工具，而不是因为想赚美元。

全球 80 亿人是由 20% 的富人和 80% 的穷人组成的，这是全世界公认的事实。可这 20% 的富人中犹太人占去三分之一，这不得不让人们愕然！难道犹太人天生都是富翁血统吗？否！我经过 20 多年研究发现世界 20% 的富人和犹太民族成为富翁的奥秘，最后的结论是，富翁完全是可以培养打造的。人的命运是可以自己主宰的。世上只有想不到，没有做不到的事情。人的行为能力基本相差不多，只是思维方式和机遇的差别而已。其实只要你学会一套科学方法指导自己的行为，捷足先登，少走弯路，就会迅速走进富人的行列。

第一节　富人思维

《鸡的故事》：有个靠养鸡发家的大财主，年岁大了，想找个儿子继承家业。于是他分别给两个儿子每人一只快要生蛋的老母鸡，试探一下谁是接班人。老大得到老母鸡后，如获至宝，精心饲养，让它生蛋，然后再孵小鸡，小鸡养大后再生蛋，然后再孵小鸡，就这样鸡生蛋，蛋生鸡，尝到养鸡的乐趣。一年后他成为"鸡司令"。而老二呢，二话没说，把老母鸡宰了美餐一顿，同时连母鸡肚子里的蛋也吃掉了。十年后，老大继承家业成为远近闻名的大富豪，而老二想吃鸡只好硬着头皮向哥哥要，仍然过着平常日子。

《割麦子的故事》：有两块麦田要收割了，哥儿俩比赛看谁割得快。性急的哥哥拿起镰刀就割起来，可弟弟却不急不慌地磨镰刀。等哥哥割到一半时，他抬头一看弟弟刚开始割，心里暗喜，你再快也撵不上我了。高兴之余，他觉得越割越费劲，胳膊酸痛，大汗直淌。而弟弟却刀削如泥，势不可挡，一路追来，很快就把哥哥甩在身后。哥哥挥着钝钝的镰刀望洋兴叹，只好眼看着弟弟超过自己赢了比赛。

第一个故事，说明富人思维是借鸡生蛋，穷人思维是杀鸡取卵。
第二个故事，说明富人思维是先难后易，穷人思维是先易后难。
由此可见，一切成功都是由思维决定的。有什么样思维，就会产生什么样行为。简而言之，想法，即是思维方式；做法，即是行为方式。同样一件事，不同思维就会有不同的行为，不同的行为就会出现不同的结果。举例说明，同样是互联网企业，马云最先把中小企业卖不去的产品放在网上，开起淘宝店，解决卖货难的痛点，淘到第一桶金。马化腾开创微信"聊天"，给人们提供网络沟通渠道，获众几亿人群，增加流量大数据。刘强东创建"京东商城"，为商业流通企业开辟一扇窗。美团送餐，解决了家庭吃饭问题，即点即到。滴滴打车，解决了人们出行方便问题，整合私家车闲置资源，合作共赢。拼多多，抓住人们贪便宜的心理，搞商品集体自由拼购，用团购模式拉低商品价格，为狂购者提供方便。

笑的心态与富人思维是完全统一的，笑商高，情商也高，思维方式宽广，致富的办法也多。富人思维能够把控自己情绪，保持头脑清醒，高瞻远瞩，开心前行，快乐致富。

笑财哭灾，一笑财就来。谁拥有财富，谁就会开心快乐。富人思维首先是快乐，快乐就得笑呵呵！创富者一个思维，一条大道；一个想法，一片市场。光有想法是不行的，重要的是有切实可行的落地模式。总结起来无外乎五步：思路、套路、门路、财路和大路。

第一是思路。思路即想法。也就是说这辈子你想干什么？干成多大的事，最终达到什么愿景？这个想法就是"思路"。第二是门路。要想把蓝图盖成可视可触的高楼，就得找到实现的渠道"门路"，选择能实现你想法的行业和人才。第三是套路。就是进一步把这个"思路"具体化，就会形成"套路"，也就是把你创业的想法描绘出一幅蓝图。有了这个"套路或蓝图"，你就会想办法去实现它。第四是通路。有了目标、有了项目、有了人才，相继而来的就是找到实现目标的"通路"。有了通路就可以投资更多、更好的项目，把事业做大。第五是大路。事业做成一定规模，就会给更多想创富的人提供机会和平台。正所谓：大路朝天，越走越宽。财源滚滚，金山银川。

付出不求回报，给予就是获取。这就是富翁的宽阔胸怀。付出你的时间，你的赞同，你的微笑，你的忠告，你的智慧，你的敬意，你的幽默，你的才华，你的关注，你的鼓励，你的爱！所有这一切都会大量地流回到你身边。精神境界能够扩大，会增加一切所给予东西的价值，让你的思想和结果成倍放大。

有人曾把金钱比作三种形态：固态（物质）、液态（头脑）和精神状态，当你从感激和富绰的高度付出金钱时，它就会把你从物质形态推到精神境界。金钱通过给予而膨胀、扩大、增值、翻番。相反你越是索取，把手中的钱攥得越紧，就会越紧缩。这就是穷人越穷越穷、富人越来越富的现实。朋友最多的人，就是为朋友付出最多、最值得信赖的人；获得爱最多的人，一定是对别人最具爱心的人。

富翁的胸怀，就是从小养成付出 10 美分的习惯，长大赚钱后再拿出收入 10% 给予社会。这种付出绝对是笔明智的投资，可以从根本上提升你的精神层面，会让你在个性、声誉、思想境界方面得到超乎想象的回报，让你付出的有限物质财富变成无限的精神享受。而这种精神享受就是强烈的成就感。富翁们都清楚，捐献是一种金钱放大器，不是减少而是膨胀、加倍、增值。当你按照这一法则生活时，你就会获得 30 倍、50 倍或者 100 倍的增值回报。

富人与穷人对比

观念上，富翁要方法，让钱生钱，能赚 100 万，就能赚千万亿万。穷人要钱，甚至得到 100 万不知道怎么花，花一万少一万。做法上，富翁先学会用枪，再去打仗。穷人茫然冲锋陷阵，牺牲后再重新开始。行为上，富翁借力而行，团队运作；穷人孤军奋战，自作聪明。生活上，富翁赚钱为了消费，享受高品质生活；穷人挣钱为了攒钱，买便宜货、花大钱治病。光阴上，富翁视时间为金钱，有限生命享受赚钱的快乐；穷人视时间为流水，悠闲中打发日子。

其实人这一辈子，无论富人穷人、贵人贱人、男人女人，无外乎两个字，这两个字就是"想"和"做"。"想"即思维方式，"做"即行为方式。想法决定做法，思维决定行为，行为导致结果，结果决定命运。同样一件事情，三个人同时去做，因为想法不同，做法各异，结果是不同的。从这个意义上说，人的命运是由思维方式决定的。

第二节　纵向思维

常言道：下棋看出五步是高手，走一步看一步是臭棋篓。

天天唱笑歌，就是纵向思维，笑面人生，勇往直前。走路靠什么？靠眼睛，只有看清前面路况是什么样，才能一路走好。视力好的人看得远，眼睛近视的人看得近。看得远的人遇到前面有障碍，他心里早有准备了，而看得近的人只好等到碰壁时再说了。

人生之路靠什么？靠肉眼能看清吗？当然看不清。能看多远？也看不多远。那靠什么呢？靠头脑，靠思维。每个人未来人生之路不是肉眼能看到的，而是大脑想到的。我们所说的眼光，不是肉眼看到的东西，而是大脑想到的光阴。富人纵向思维，无外乎就是超前眼光。他们靠智慧头脑，敏捷思维，能预见到未来可能发生的事情。这种超前眼光就是能看到社会大趋势。相反，穷人思维却是鼠目寸光，只看到眼前利益，一粒米一只鸡。富人眼光是"远视"，穷人眼光是"近视"。我们还用《鸡的故事》来说明，老大想到鸡生蛋、蛋生鸡，鸡再生蛋、蛋再生鸡，生态循环大趋势，因而顺应趋势，十年后成为富翁。而老二只看到母鸡是下酒好菜，吃完再说，而没有想到肚子吃饱还会饿，鸡只有一只，吃了就没有了的客观规律，结果一辈子只能靠讨要度日。

世界有句名言：成功永远属于那些有远见卓识的人。眼光需要胆识、胆量、见识。拿破仑说过，优秀指挥员的勇气和见识，好比三角形的两个等边，要平衡发展不可偏废。商人也是一样，当胆量大于见识时，会因轻举妄动而失败；当胆量小于见识时，也会因保守而贻误商机。眼光超前，就是发现他人还没有发现的机会，找到有利可图的合适位置，让自己的兴趣与事业吻合。

比尔·盖茨之所以能成为世界首富，就因为他超前看到电脑普及走进家庭的市场大趋势，毅然辍学创办微软公司，抓住了极佳创业机会。当别人还在追求学业时，他已经捷足先登创业成功了。他的名言是"太阳每天都是新的"，我们每天看太阳都是一样的，而他眼里的太阳每天都不一样，因为他的创造和财富每天都在呈万倍增长。

犹太人为什么富人多？也是源于他们的敏锐思维、超前眼光，善于抓住获得财富的机会。"先赚女人的钱"，是犹太人的经商经验。因为男人工作是赚钱，而女人嗜好是花钱，让女人心动你就会财源广进。世界最有名的百货公司"梅西"公司，就是犹太人施特劳斯创办的。他从小做童工，后来打工做店员时发现顾客多为女性，即便男人陪同，购买权也全在女性。

"嘴巴生意"，犹太人善于从嘴巴里掏钱。他们认为：嘴巴功能有二：一为说话，二为吃饭。"为吃赚钱"是他们的口头禅。吃是天下最大的生意。1 块钱的雪糕，5 块钱的炸鸡腿，数小时后将成为废物而排出。短时间内循环消费的商品，除了"嘴巴和吃"，还能有什么？例如 20 世纪 70 年代初，日本汉堡店与美国麦当劳快餐公司合作，提供物美价廉的汉堡包。日本商人不看好，认为日本人习惯吃大米，不可能有市场。而犹太商人经过研究指出：日本人身材矮小，很可能与偏爱吃大米有关。汉堡包在美国畅销，在日本也能走红。果不其然，开业第一天顾客盈门，利润大大超过犹太人的想象程度。这位犹太人做"嘴巴"生意，发了大财。

我国红顶商人胡雪岩曾为落魄的王有龄挪用钱庄 500 两白银，升官铺路，落了个自己被炒鱿鱼。待王有龄上任浙江知府后，他东山再起，一举成为晚清时期全国首富，不得不佩服他当初的眼光多么超前。

由此可见，眼光超前，是富翁思维的第一步，同时也是成功第一步。但它还只是是一幅未来的蓝图，还需要你用富翁行动、富翁方法去完成，使你的美好想法变成财富大厦。

每天笑三笑，笑容多美好。笑去烦，笑去恼，笑使生活乐陶陶。

第三节　横向思维

宰相肚里能行船，富翁心胸能纳海。

天天做笑操，全身都练到。一笑神就来，二笑魔就跑。笑运动就是横向思维。笑、唱、跳、美、飞、跑、拍、打、敲,健康快乐百病消。梳秀发,摆柳腰,摇爱桨,海燕飞,骏马跑,从头到脚全练到。横向思维像做笑健操,每个动作都练到。

富翁的纵向思维,眼光超前,看得准看得远。富翁的横向思维,心胸宽阔,能纳海能行船。眼光看得再远,也只是一种趋势,而心胸宽阔才是大优势。人是环境的产物,环境是什么?环境是你赖以生存的条件,涵盖家庭、社会、人群及精神物质各个方面。你光有眼光、有好想法还不够,同时还要有宽阔胸怀,才能实现你的愿望。常言道:心有多大,舞台就有多大。胸怀有多宽,道路就有多宽。宰相主理一国朝政,肚里能行船;富翁心胸能纳海,海纳百川才能财源滚滚而来。

你想拥有一块百分之百的金砖,还是想拥有一座金矿的1%股份?在博弈论中有个重要概念:零和游戏。游戏者有输有赢,参与各方得失总和为零。比如俩人打乒乓球,最终总会一个赢一个输。但整个游戏总成绩永远为零。习惯于按这种模式考虑问题,你就会认为对方"赢"就是自己"输"。对方"得",就是自己"失"。

自古以来,人们视赚钱为一个"你输我赢"的零和游戏,一种肮脏生意,靠占别人便宜而增加自己财富,所谓"无奸不商"就是这个道理。但在千万富翁眼里,他们相信一个人可以靠能力致富,不用去抢别人蛋糕来加大自己的蛋糕。这就是"双赢"的"你活我也活"、彼此合作共同致富的境界。这就需要你心胸宽阔。亚洲首富李嘉诚的成功秘诀就是与众合作,把事业蛋糕做大的。

真正衡量成功的标准是:不在于你赚了几百万,而在于你造就了几个千万富翁。这就是生意场上的"双赢"和"共赢"。

每个人一生都在不知不觉中铺设自己的人生道路,穷人只铺一条羊肠小道,自己走就行。而富人却铺设阳光大道,同大家一起走,一起分享快乐。分享财富,这就是富翁的宽阔胸怀。

"智者当借力而行"。富翁的成功,不单靠个人能力,通常得益于良好的人际关系。这种人际关系是一项很重要的资源和财富。他们懂得如何整合人力资源,营建自己的商业和社会关系网络。这个关系网由银行家、律师、顾问、会计师、分析师、投资人、记者等不同的类型的人组成,这些不同类型的人会给你带来不同刺激、不同创意,产生新点子,使你在市场占更大优势,成功的机会就会大幅度提升。

第四节　正向思维

千里之行始足下,财富大厦耸心中。

拍手笑运动,击掌通脉操,就是正向思维模式。拉弓射箭的动作是瞄准靶心,是睁开两眼看得准,还是闭上一只眼瞄得准呢?答案:肯定是闭上一只眼瞄得准。这就是"聚焦"。

把右手五指伸开,然后向自己左手掌击打,看有多大力量?然后把右手五指收拢握紧成拳头再击向左掌。比较一下哪个力量大?回答肯定是拳头力量大。因为拳头能将五指乃至全身的力量聚合在一起,冲击力是非常大的。这就叫"合力"。

谈恋爱时,追求美女帅哥,是瞄准一个穷追不舍容易成功呢?还

下篇
◀ 笑道：笑的道法

是见一个追一个，见两个追一双成功率高呢？肯定追一个成功率高，精诚所至，金石为开。这就叫"专一"。追一双弄不好会鸡飞蛋打，水中捞月一场空。其实这些大道理人们都知道，但就是做不到，而知道做不到就等于零。

千万富翁之所以成功，就是无论什么事情都会做到"聚焦""合力""专一"，这就是成功之秘诀。由此可以得出结论：设计人生蓝图，思路越宽越大越好；制定创富目标，目标越单越小越妙。这就是蓝图是盾，大而不空；目标是矛，小而聚焦。蓝图大，万丈高楼耸立心中；目标小，千里之行始于足下，很容易做到。

人们拥有超前眼光，纵向思维；宽阔胸怀，横向思维。这还不够，最重要的是要有定向思维，目标明确，目标聚焦，才能有努力的方向，拼搏的动力。日本的丰田次郎从小就爱上汽车，14岁出走去丰田汽车公司打工，后来实现理想成为丰田公司领军人物。他是真正的汽车人，一生发明一百多项专利。武打巨星成龙专注武打功夫片，一拍就是几十年，从来不改初衷。靠拼命三郎精神，一直打到美国好莱坞，成为国际武打功夫巨星，功成名就。

一个人无法骑两匹马，你骑上这匹就要丢掉那匹。谈恋爱不能脚踩两只船，踩两只船的结果不是船翻就是自己落水。俗话说：一心不可二用。一个人的精力和时间本来是很有限的，你只有专注地干一件事，聚焦在一个点上，才容易获得成功。无论做什么行业、什么事情，只要坚持10年就能成功。常言说十年磨一剑嘛。邓亚萍7岁打乒乓球，10年后成为世界冠军。这样例子不胜枚举。

坚持登一座山峰的人，一定会达到顶峰；一辈子坚持只做一件事的人，一定会成功，这是被无数成功者证实的真理。

第五节　逆向思维

有人落水，常规的思维模式是"救人离水"。而司马光面对紧急险情，运用了逆向思维，果断地用石头把缸砸破，"让水离人"，救了小伙伴性命。

你越觉得自己不快乐，就越要练习笑。想办法让自己快乐起来。当你越爱一个人，就越表现出不爱，这就是逆向思维，也称求异思维，它是对司空见惯的似乎已成定论的事物或观点反过来思考的一种思维方式。敢于反其道而思之，让思维向对立面的方向发展，从问题的相反面深入地进行探索，树立新思想，创立新形象。

当大家都朝着一个固定的思维方向思考问题时，而你却独自朝相反的方向思索，这样的思维方式就叫逆向思维。人们习惯于沿着事物发展的正方向去思考问题并寻求解决办法，其实，对于某些问题，尤其是一些特殊问题，从结论往回推，倒过来思考，从求解回到已知条件，反过去想或许会使问题简单化。

1820 年，丹麦哥本哈根大学物理教授奥斯特，通过多次实验发现存在电流的磁效应。这一发现传到欧洲大陆后，吸引了许多人参加电磁学的研究。英国物理学家法拉第怀着极大的兴趣重复了奥斯特的实验。果然，只要导线通上电流，导线附近的磁针立即会发生偏转，他深深地被这种奇异现象所吸引。当时，德国古典哲学中的辩证思想已传入英国，法拉第受其影响，认为电和磁之间必然存在联系并且能相互转化。他想既然电能产生磁场，那么磁场也能产生电。

法拉第十年不懈的努力并没有白费，1831年他提出了著名的电磁感应定律，并根据这一定律发明了世界上第一台发电装置。如今，他的定律正深刻地改变着人们的生活。法拉第成功地发现电磁感应定律，是运用逆向思维方法的一次重大胜利。与常规思维不同，逆向思维是反过来思考问题，是用绝大多数人没有想到的思维方式去思考问题。运用逆向思维去思考和处理问题，实际上就是以出奇达到制胜。因此，逆向思维的结果常常会令人大吃一惊，喜出望外，别有所得。

逆向思维可以使人年轻。每个人都要走向明年，明年会比今年大一岁，所以今年一定会比明年年轻一岁。对于老年人，这样的逆向思维可以让人越活越年轻；对于年轻人，则可以珍惜时间，更加努力。

一位母亲有两个儿子，大儿子开染布作坊，小儿子做雨伞生意。每天，这位老母亲都愁眉苦脸，天下雨了，怕大儿子染的布没法晒干。天晴了，又怕小儿子做的伞没有人买。一位邻居开导她，叫她反过来想：雨天，小儿子的伞生意做得红火；晴天，大儿子染的布很快就能晒干。逆向思维使这位老母亲眉开眼笑，活力再现。

第六节 形象思维

两马各拉一货车。一马走得快，一马慢吞吞。于是主人把后面的货全搬到前面。后面的马笑了:"切!越努力越遭折磨!"谁知主人后来想:既然一匹马就能拉车,干嘛养两匹?最后懒马被宰掉吃了。这就是经济学中的懒马效应。

如果让你的老板觉得你已经可有可无,那你已经站在即将离去的边缘。

野猪和马一起吃草,野猪时常使坏,不是践踏青草就是把水搅浑。马十分恼怒,一心想要报复,便去请猎人帮忙。猎人说除非马套上辔头让他骑。马报复心切,答应了猎人的要求。猎人骑上马打败了野猪,随后又把马牵回去,拴在马槽边,马失去了原先的自由。你不能容忍他人,就会给自己带来不幸。

微笑是形象思维的具象表现,微笑是人们愉悦时的心理状态,欢笑是人们看得见的具体形象。笑眉笑脸,笑姿笑态,笑声笑歌,通过这些形象而具体的动态表现,联想到笑者心里是愉悦开心的,这就是形象思维。

形象思维,指主要用直观形象和表象解决问题的思维,其特点是具体形象性。它是通过对事物形象的概括而产生的。从发展水平可区分出三种形态:第一种水平的形象思维是学龄前儿童的思维,它只能反映同类事物之中一般的东西,不是事物所有的本质特点;第二种水平的形象思维是一般成人在接触大量事物的基础上,对表象进行加工的思维;第三种水平的形象思维是艺术思维,它是在大量表象的基础上,进行高度的分析、综合、抽象、概括,形成典型性的形象过程。它是人类思维的一种高级和复杂的形式。

具体形象有以下两个特点：第一，具体形象性。第二，开始认识事物的属性。

三至六岁幼儿思维的主要形式。它主要是凭借事物的具体形象或表象来进行的，而不是凭借对事物的理解，即不是凭借概念、判断、推理来进行的。其特点：①具有具体形象性，即离开具体形象事物就不能进行思维活动。②开始认识事物的属性，即通过对物体的感知，逐步认识事物的属性，区别事物之间不同的特点。这种思维还不能真正揭示事物的本质特征。

形象思维，主要用直观形象和表象解决问题。用四根筷子，不许折断，能否搭出一个"田"字？同样需换一种思维，将筷子的端部（事先设定要用一头圆一头方的筷子）合成一个"田"字。形象这一概念，总是和感受、体验关联在一起，也就是哲学中所说的形象思维。另一个与形象思维相对应而存在的哲学概念——逻辑思维，指的是一般性的认识过程，其中更多理性的理解，而不多用感受或体验。

第七节　逻辑思维

爱笑的人，一定是快乐的。不爱笑的人，一定是不快乐的人。这是按照惯性思维逻辑来推理得出的结论。爱笑与不爱笑，与人的心理有关，与人的性格有关，与人的行为习惯有关，不能一概论之。如果按照逻辑思维模式看，爱笑的人，不一定乐观。不爱笑的人，也不一定悲观。这要按具体情况而定。

在房间里最显眼的地方，挂一个漂亮的鸟笼，过不了几天，主人一定会做出下面两个选择：一是把鸟笼扔掉，二是买只鸟回来放在鸟笼里。这就是鸟笼逻辑。

过程很简单，设想你是这房间的主人，只要有人走进房间看到鸟笼，就会忍不住问你："鸟呢？是不是死了？"当你回答："我从来都没有养过鸟。"人们会问："那么，你要一个鸟笼干吗？"最后你不得不在两个选择中二选一，因为这比无休止的解释要容易得多。鸟笼逻辑的原因很简单：人们绝大部分的时候是采取惯性思维。所以可见在生活和工作中培养逻辑思维是多么重要。

逻辑思维能力是指正确、合理思考的能力，即对事物进行观察、比较、分析、综合、抽象、概括、判断、推理的能力，采用科学的逻辑方法，准确而有条理地表达自己思维过程的能力。它与形象思维能力截然不同。逻辑思维能力不仅是学好数学必须具备的能力，也是学好其他学科，处理日常生活问题所必需的能力。数学是用数量关系反映客观世界的一门学科，逻辑性很强、很严密。

逻辑思维是以概念为思维材料，以语言为载体，每推进一步都有充分依据的思维，它以抽象性为主要特征，其基本形式是概念、判断与推理。因此，所谓逻辑思维能力，就是正确、合理地进行思考的能力。要使学生真正具备逻辑推理能力，提高解决问题的能力，在教育教学中就应注重逻辑思维能力的培养。

树形的逻辑思维方法，即结构化思维。知识就是树枝的连接点，而每一种逻辑形式则是树枝。树枝加上连接点，就形成一棵树形的逻辑思维结构。逻辑思维能力的锻炼，可以通过对各种事物不断地进行质疑的过程，来提高自己对事物内在关系不同侧面的了解，通过质疑的方式来提出更多不同角度的思考与辨别。大量开发大脑能对事物之间的关联性进行连接，使之更有效地开发逻辑思维。

笑与逻辑思维的联系是显而易见的，笑有微笑、欢笑、大笑，每一种笑的方法，表面看上去没有什么关联，但内在是有其逻辑性的。无论是微笑、欢笑还是大笑，人们心里都处于愉悦的状态，大脑都能产生多巴胺物质，神经、躯体、意识、情绪统一在细胞运动中。

第八节　发散思维

大笑的发散思维，非常有意思。一群人在广场上仰面大笑，引来一群人围观，围观的人也会情不自禁地跟着大笑起来，这就是大笑的传染效应，人们会产生发散性思维：

这群人为什么会大笑？

大笑能给他们带来什么？

大笑的状态像什么？

大笑多长时间为好？

大笑会不会笑得尿裤子？

美国的迪士尼曾一度从事美术设计，后来他失业了。原来他和妻子住在一间老鼠横行的公寓里。但失业后，因付不起房租，夫妇俩被迫搬出了公寓。一天，二人呆坐在公园的长椅上，突然从迪士尼的行李包中钻出一只小老鼠。望着老鼠机灵滑稽的面孔，夫妻俩感到非常有趣，心情一下子就变得愉快了，忘记了烦恼和苦闷。这时，迪士尼头脑中突然闪过一个念头。对妻子惊喜地大声说道："好了！我想到好主意了！世界上有很多人像我们一样穷困潦倒，他们肯定都很苦闷。我要把小老鼠可爱的面孔画成漫画，让千千万万的人从小老鼠的形象中得到安慰和愉快。"风行世界数十年之久的"米老鼠"就这样诞生了。

在失业前，迪士尼一直住在公寓里，每天从早到晚都同老鼠生活在一起，却并没有产生这样的设想。而在穷途末路、面临绝境的时候出现了这样的灵感，原因何在？其实，"米老鼠"就是触发了灵感的产物。他说："米老鼠带给我的最大礼物，并非金钱和名誉，而是启示我陷入穷途末路时的构想是多么伟大！还有，它告诉我倒霉到极点时，正是捕捉灵感的绝好机会。"

发散性思维，指在人解决问题的思维过程中，对某一问题的解决，要求产生多种可能的解决方法，而不是单一方法的思维方式。各行各业的人都必须要有发散思维的能力，并不是只在学习中需要它，其实每个人都拥有发散思维，只不过程度不同而已，使用的是否系统而已。发散性思维的好坏，标志着一个人智力水平的高低。因此，培养和锻炼自己的发散性思维的能力，就是提高自己智力的过程。

下面来说明发散性思维对一个人智力发挥的作用。

一片叶子，在孩子、男人、女人看来会有不同的认识，而在不同的孩子、不同的老人看来又会有不同，在不同的职业看来也会有不同，不同的阶层、不同的地域的人看来也会有不同。一片叶子，是绿色、是椭圆、是希望、是好心情；画家看来是一幅美丽的画；音乐家看来是清新的音符；植物、生物学家看来是细胞，是植物机理，是生态，是新物种；经济学家看来，也许是一种具有极大经济价值的新品种；幻想家看来会是任何东西，也许里面有一个新的世界。这就是一千个人看，会有一千种叶子，这就是"意见、认识"多样性的价值。

发散思维，就像一棵树干上生发出无数枝叶，茂密参天。树干仿佛人的大脑，树枝就像人的思维导图，编织着无数枝枝蔓蔓，相互攀援，相互连接，相互生发，相互独立。发散思维，就是创造思维。

怎样培养自己的发散性思维呢？就是要勤于实践，注意有意识地训练自己，使自己的思维异常活跃。每当遇到问题时都具有向多方位、多角度、多方法发散思维的良好品质。创新思维是数学思维能力的最高境界，而发散思维则是培养创新思维能力的重要途径。一个肯定的目光，一句激励的话语，一次赞美的微笑，都会为孩子的生命注入无穷的动力，甚至为他的一生奠基。

第九节　聚合思维

笑运动生命健康训练系统，包括笑训练、笑歌训练、笑操训练、笑舞训练、笑禅训练。三笑养生法，拍手笑运动，开心唱笑歌，快乐做笑操等训练方法，就是"聚合思维"的产物。聚合思维相比起其他思维方式，它是一种有目的、有方向、有逻辑、有条理、有探索意义的思维方式。运用这种思维方式，首先要收集掌握各种有关信息，其次要对收集掌握的信息进行分析清理和筛选，再者也就是最后一步，即客观、实事求是地得出科学结论。

相传有一年，鲁班接受了建筑一座巨大宫殿的任务。这座宫殿需要很多木料，他和徒弟们只好上山用斧头砍树，当时还没有锯子，效率非常低。一次上山的时候，他无意中抓了一把山上长的一种野草，一下子将手划破了。

他摘下了一片叶子来细心观察，发现叶子两边长着许多小细齿，用手轻轻一摸，这些小细齿非常锋利。他明白了。后来，鲁班又看到一条大蝗虫在一株草上啃吃叶子，两颗大板牙非常锋利，一开一合，很快就吃下一大片。这同样引起了鲁班的好奇心，他抓住一只蝗虫，仔细观察蝗虫牙齿的结构，发现蝗虫的两颗大板牙上同样排列着许多小细齿，蝗虫正是靠这些小细齿来咬断草叶的。这两件事给了鲁班很大启发。

于是，他就用大毛竹做成一条带有许多小锯齿的竹片，然后到小树上去做试验，结果果然不错，几下子就把树干划出一道深沟，鲁班非常高兴。但是由于竹片比较软，强度比较差，不能长久使用，拉了一会儿，小锯齿就有的断了，有的变钝了，需要更换竹片。鲁班想到了铁片，便请铁匠帮助制作了带有小锯齿的铁片。鲁班和徒弟各拉一端，在一棵树上拉了起来，只见他俩一来一往，不一会儿就把树锯断了，又快又省力，锯就这样发明了。

聚合思维，字面理解就是把分散的思维聚集到一起，即聚合思维是指从已知信息中产生逻辑结论，从现成资料中寻求正确答案的一种有方向聚合的思维法，也称求同思维，指的是把各种信息聚合起来思考，朝着同一个方向而得出一个正确答案的思维。求同是聚合思维的主要特点，即聚合思维是利用已有的知识经验或常用的方法来解决问题的某种有方向、有范围、有组织、条理性强的思维方式。

聚合思维是创造性思维的基本成分之一。聚合性思维有三个显著的特点：同一性，是一种求同性的思维过程，即要通过求同找到解决问题的方法；程序性，是指在解决问题的过程中，先做什么，后做什么，有一定的顺序，使解决问题有章法可循。比较性，就是指问题只有一个，解决的方法有许多，要在众多的方案中找出一个最佳方案。

文化创意中的聚合思维特点。北京奥运会和冬奥会的开幕式和闭幕式，张艺谋创作团队就是用聚合思维和发散思维，众采百家之长，吸收其他文化的优势特质，创意融合，结合优势的吸取，进行自身的分析再完善，并增添新的创意文化元素等表现形式，出色地完成任务，成为奥运史上的经典之作，受到世界奥组委首肯。

从思维学角度研究笑文化、笑运动、笑疗愈，更能形象地和盘托出一套完整的思维模式，即从爱笑的"富人思维"到畅笑的"纵向思维"，欢笑的"横向思维"；从大笑的"正向思维"到心笑的"逆向思维"；从微笑的"形象思维"到深笑的"逻辑思维"；从笑歌的"发散思维"到笑操的"聚合思维"，将笑的思维价值扩展延伸并推向全新的思维高度。

第十四章
笑派演讲道

开心一刻

演讲家

一位白人到黑人区发表竞选演说，为了赢得黑人选民的支持，他在演说中竟脱口而出："虽然我的皮肤是白的，但心却和你们一样黑。"

悟道金句

口吐莲花，舌卷风云，字字珠玑，段段精彩，博得一阵阵喝彩。一言兴邦，一语误国，人才不一定有口才，但有口才的必定是人才。

下篇
笑道：笑的道法

台下张口就来，台上一片空白。初次上台演讲，人们都会遇到同样的问题，心里敲起小鼓儿，怦怦跳个不停，自觉都快跳到嗓子眼儿了。本来在台下想好的词，到台上全忘了。脑子里一片空白，甚至丑态百出。为什么呢？因为心理紧张，不自信，"害怕"二字作祟。怕什么呢？归纳起来有三：

一是怕自己讲不好别人笑话，二是怕上台后忘词结结巴巴，三怕在台上脑子突然发生短路，自己尴尬下不了台。

这是所有初次登台演讲者共同的心理状态，也是需要解决的痛点。解决"三怕"的心理问题，一个切实可行的办法的就是练习微笑。

微笑是心里在脸上绽放的鲜花，微笑可以让你打开心门。

心情喜悦，释放脑内啡肽，激活快乐细胞，产生多巴胺物质，使大脑皮质放松，舒缓精神压力，使细胞活跃，神经兴奋，气脉畅通，思路清楚。

微笑是行为语言和能量的符号，微笑能传递丰富的思维信息，微笑是能使讲话者打开他人心门的力量，微笑是人类最美丽的动感语汇，"微笑艺术"是将微笑这种行为语言和能量符号发挥到极致。

微笑人体最直接的无声语言。虽说人类面部仅有13块笑肌来表情达意，却能组合出上千种不同语言信息的微笑，千变万化，丰富至极。

热情微笑，亲切微笑，真诚微笑，魅力微笑，呈现阳光心态，表现平民作风，表现自信象征，释放无限能量。

微笑有两种，一种是遇到开心的事，发出自然而然的微笑。一种是为了达到吸引人的目的，经过特殊训练的微笑，如空姐等一些窗口行业的微笑。微笑是形象艺术，无论做直播演讲、主持或者路演，都要做到先笑后说。

第一节　心通，微笑训练

笑，是心灵的沟通；说，是思想的沟通。笑能架起心与心的桥梁，说能连接思维与思维的纽带。在某种场合怎么微笑，笑到哪种程度，都是经过严格训练的。

上台先微笑，打开心通道，
直播有味道，演讲有门道。
敞开心灵天窗，增强自信能量，
眼前百千听众，心中唯我最棒！

训练步骤

脸面对着镜子，先拍一张训练前的照片。

心里想着开心事、高兴事，忘掉一切忧愁烦恼。

平和呼吸，凝神静气，脸部皮肤放松。

训练口令

挑挑眉梢，咧咧嘴角，眼神聚焦，神态美妙。

牵动眉宇间多块肌肉，反复挑动15次；两片嘴唇用力往腮颊两边咧开，反复咧开15次。眼珠不转动，盯住镜子里的自己看，盯

10秒钟。眉梢、嘴角、眼神同时动——微笑，笑出灵动感，神态美妙。

训练要求

开始挑眉梢、咧嘴角、聚眼神的单独训练，每次训练五分钟。然后再进行微笑动作合练，每一部动作达到和谐、无断停。

微笑训练四动

挑眉梢，灵动；咧嘴角，生动；聚眼神，意动；练微笑，神动。对照一下，看微笑训练前后，面部表情有什么不一样？

微笑训练步骤

◎ 第一步，挑眉梢。调动眉宇之间的笑肌，笑起来更加灿烂有神采。目的是打开脑门儿，有句成语叫"眉飞色舞"。眉飞就是眉梢上挑，色舞就是眉梢上挑带动的神气。要想笑得灿烂，必须让眉毛动起来。

◎ 第二步，咧嘴角。练习一下咧嘴角，开始时不是大，就是小。咧嘴角的标准是将嘴巴肌肉向两腮部拉抻，以露出八颗牙齿为标准，只有露出八颗牙齿，笑容才最灿烂。

咧嘴角是微笑训练的第二步。只是通过咧嘴角，打开心门。

◎ 第三步，眼笑。眼神要聚焦，眼神散落会没有神采。眼睛看着我，不要往旁边瞥。定住眼神，这一步最重要，是画龙点睛之笔。眼睛是心灵的窗口，眼神不能聚焦，说明你心不在焉。所以，微笑训练时眼神聚焦最重要。当我们接人待物对人微笑时，眼神一定要聚焦，决不能你脸对我微笑，眼睛却看着别人。这就是不懂得礼仪，对人不尊重的表现噢。眼睛聚焦，就是心在微笑。

微笑训练是心智模式的训练，通过微笑训练，可以提升你的亲和力，增强自信心，锻炼表现力。

第二节　脑通　思维训练

心通是微笑训练，通过微笑解决心里害怕的问题，坐在直播间或站在台上，敢说话。脑通是思维训练，解决"会说"的问题。敢不敢说，是心理问题。那么，会不会说，就是思维问题。按照常理，在非正式场合，你一句，我一句，说话唠嗑唠得很好。但为啥当坐在直播间，或站在讲台上，就不会说了呢？脑子里就断片了，不知说什么好呢？

这是思维问题。因为大脑思维的通路发生障碍，突然短路了。因为我们面对的场景发生变化，已不是想说什么就说什么的环境。比如我们坐在直播间做一次直播，比如我们站在舞台上讲话，聚光灯一照，摄像机一拍，再加上周围很多眼睛看着你，你一下子就蒙圈了。站也不是，坐也不是，手都不知道往哪放，眼睛也不知往哪瞧，大脑里一片空白，甚至大汗淋漓，一句话也说不出来。

开动脑部机器　编程美妙话语
加工智能产品　打造演讲奇迹

大脑具有记忆功能和训练功能,而且越用越神,越练越灵。练脑三部曲是:

思维要有条理性,思维要有层次感,思维注重逻辑性。

◎ 思维要有条理性,一板一眼,语言顺畅。不能随意胡说乱说,想到哪说到哪。海阔天空,不着边际。

◎ 思维要有层次感,最好做到三段式:凤头、猪肚、豹尾。即直播开头直奔主题;内容言之有物;结尾干净利落。

◎ 思维注重逻辑性:一、二、三,层次分明;四、五、六,条条入理。讲话不能东说一句,西扯一句,前言不搭后语,让听者如入云里雾中。

脑通是思维训练,通过打腹稿、切蛋糕、自我介绍三个步骤,解决直播演讲不会说的问题。

思维训练三个步骤:

1. 打腹稿;

2. 切蛋糕;

3. 自我介绍。

思维训练,从自我介绍开始。无论出席什么场合,人们来自四面八方,不曾相识,见面有个相互了解,缺不了自我介绍。公众场合,自我介绍非常重要。

自我介绍,一分钟内就把人物"三要素"说出来。

1. 姓氏名谁;

2. 做什么职业;

3. 有什么才艺。

开场就要受众打开心门，把你装进去，记住你，欣赏你，喜欢你。

记住：自我介绍，你是谁很重要。虽然是普通人，也要说得不普通。

要把你的名字与众所周知的名人典故连在一起，使人们想起那位名人，就会想起你。比如说，我叫许笑天，众人根本不知道我是谁。如果与众所周知的许仙连在一起，另外加上爱笑的许仙，大家一下子就记住我了，感到我很有趣，说话很幽默，心里的桥梁就接通了，亲近感增强了。

打好腹稿。无论是直播还是演讲，思维训练，打好腹稿很关键，直接关系到你说什么，会不会说。何为腹稿？就是讲话的步骤和内容的梗概。一二三先说什么，四五六再说什么，最后结尾说什么。这些步骤一定在脑子里事先形成了，然后才能做到。

分切蛋糕。就是在脑子里将要表述的内容，像蛋糕一样分切成三块。第一块是开头，第二块是中间，第三块是结尾。就像我们写文章一样，要求做到：开头要精练，中间要饱满，结尾要简短。

自我介绍一定要有创意、有新意、有奇意，才能让别人记住。自我介绍不能太直白、太一般、太平常，让人没有一点触动。

通过微笑训练，心通，增强自信心，让你敢说；

通过思维训练，脑通，强化思维力，让你会说。

通过说话训练，口通，锻炼表现力，让你能说。

第三节　神通　态势训练

心通，微笑训练，做到敢说，通过微笑训练解决害怕心理的问题。

脑通，思维训练，解决会说。敢不敢说，是心理问题。那么会不会说，就是思维问题。口通，演讲训练，做到能说。神通，态势训练，解决"助说"的问题。

敢不敢说，是心理问题；会不会说，是思维问题；能不能说，是口才问题；助说则是肢体语言问题。演讲的情态和肢体语言中，情态包括微笑和表情，肢体语言包括手势与形体动作。

美国心理学家艾伯特·梅拉比安提出一个公式：信息的全部表达=7%语言+38%声音+55%表情与动态举止。国外学者认为，手势和面部表情，在演讲中可以传递整个演讲信息的40%。演讲者手势自然，是用来补充说明演讲者的思想、情感与感受的，手势语本身就像文字一样地富有表现力。特别是在言语少于思想，三两句话中蕴藏着通篇哲理的时候。态势语言，不仅解释台词的含义，还能生动地表达台词里所没有的东西。可以说没有态势的演讲，不是真正的演讲。

态势也能暴露人的性格和心理，如：

1. 胸有成竹时，摸摸下巴；
2. 高兴时，拍拍大腿；
3. 后悔时，拍拍脑门；
4. 为难时，搓搓手；
5. 愤怒时，拍拍桌子；

6. 精神紧张时，双手会紧绞在一起；

7. 悲痛欲绝时，捶捶胸；

8. 竖大拇指表示赞许；

9. 竖小拇指表示蔑视等等。

难怪弗洛伊德认为"指尖会说话"。

演讲的态势是多种多样的，但是也有一定的规律可循。态势贯穿手势、贯穿形体、贯穿表情。演舞台话剧，特别讲究贯穿语态和贯穿动作。一位出色的话剧演员，语言情态（声音和节奏）与肢体形态（台步台风）都是从一而终的。

唱戏，讲究有"范儿"；演讲，讲究有"派儿"。笑派直播演讲的派，就是指笑派演讲者的气派、派头。

心中有"相"，即自信力；眼中有"神"，即吸引力；脸上有"笑"，即亲和力；身上有"韵"，即感染力。派头，包括演讲者的站姿与气势，直播的"坐姿"与演讲的"站姿"、表情与手势。常言道：坐有坐相，站有站姿。

一、坐姿训练

要求身体端坐在椅子前三分之一处，保持坐姿正直，挺胸、收腹、垂肩、放松。头正，不仰不低、平视前方，面带微笑。端坐稳如钟，身体微放松。头正目平视，面带美笑容。

二、站姿训练

要求站在台上，身体重心放在两腿之间，挺胸收腹，拔肩耸背，臀部收紧，腰胯放松。两臂自然下垂，双手五指并拢，颈部挺直，头部端坐，眼睛平视，面带微笑。身体挺拔似青松，站姿标准如大兵。内紧外松若长虹，面带笑容派头浓。

三、手势训练

要求两只手随着演讲情境而挥动，与身体语言统一。伸缩适度，不可过长，不可过短。挥动有力，不可过强，也不可过弱。手势两扇门，动感表语汇。助力说唱笑，生动抓眼球。

四、态势训练

1. 手托莲花式。双手在胸前展开，手掌朝上，位于眼前，五指伸开，力发自双肩，双肘下垂，双臂略宽于肩。就像双手托着一盆莲花，动作慢而稳健。这个手势一般出现在胸有成竹的演讲情境中。

2. 相邀明月式：单手向前方甩动，激情满怀，表现出真诚与期待，以及无限的遐想。

3. 大开大合式：这个态势最常用，也最实用。没有任何规定，完全随意发挥。无论直播或演讲，随着语言的情境态势，双手大开大合，上下左右任意挥动。发送张开，收拢闭合，语言态势，情境其中。

4. 单臂劈柴式：演讲者擅长用一只手由上往下用力挥动，犹如利器劈柴，有板有眼，掷地有声，充分表现出演讲者自信满满的态势。这种动作增加演讲语气的力度。演讲的态势语言无穷无尽，千变万化，丰富多彩，拥有上百种之多，常用的就有30多种。

直播或演讲，是坐姿或站姿、表情或手势及肢体语言的最佳配合。直播演讲光敢说、会说、能说还远远不够，还要说得有神采、有力度、有魅力。直播生动不生动，演讲抓人不抓人，主持控场不控场，路演落单不落单，全凭你的态势语言出彩不出彩。

第四节　口通　演讲训练

"心通 微笑训练"解决"敢说"的问题，"脑通 思维训练" 解决"会说"的问题，而"口通 演讲训练"解决"能说"的问题。

敢不敢说，是心理问题；会不会说，是思维问题；能不能说是口才问题，也就是你嘴皮子溜不溜，声音美不美，说话出彩不出彩。嘴皮子能说的人，到哪里都受欢迎。要想嘴皮子溜儿，除了个别人有天赋外，全靠刻苦训练成功的。有句谚语：台上一分钟，台下十年功。相声演员嘴皮子溜是训练出来的，全靠练习贯口和绕口令千遍而磨成的。

笑派直播演讲做到"口通"必须进行"笑贯口、诗朗诵、说评书，笑演讲"基本功训练。

笑贯口，就是笑着贯口：

下 篇
◉ 笑道：笑的道法

　　哈哈笑　嘻嘻笑　嘿嘿笑
　　开心笑　高兴笑　快乐笑
　　微笑欢笑大声笑　我笑你笑他也笑
　　笑古笑今笑人生　笑得笑失笑福报

　　笑贯口，主要把握节奏和速度，才能说得又快又溜。笑贯口，训练嘴皮子溜儿。诗朗诵训练，使声音抑扬顿挫有美感富有磁性。诗歌有诗歌的韵律，朗诵有朗诵的节奏。诗，因为语言精练，声音因有韵律才美；诵，因为有轻重缓急才动听。诗歌的语言是最美的语言，朗诵的语调是刻意修饰的语调。比如李白的诗：床前明月光，疑是地上霜。举杯邀明月，低头思故乡。如果用白话说很平常，没有一点色彩，如果朗诵这首诗，就大不一样了。

　　举杯邀明月，低头思故乡。"望"和"思"字是重音，"举头"和"低头"要慢读，"明月"与"故乡"吐字要清楚。李白的美诗，通过诵读生动形象地演绎出来了。如果配上音乐更是锦上添花了。笑贯口，练嘴皮子溜；诗朗诵，练习音律节奏，声音富有磁性；练说评书，说话绘声绘色。笑贯口，诗朗诵，还有练说评书，全活啊！

　　话说北京城里的店小二，为官不管民，日行千里不出门，白天腰缠万贯，晚上身无分文。要想当个好的店小二，必须具备猴子的脑袋、八哥的嘴儿、大象的肚量、兔子的腿儿。

　　看这段评书的描写栩栩如生，寥寥几个字，就把"店小二"和盘托出。再加上绘声绘色的声音，更是磁性有加。练习说评书就是讲故事，讲得绘声绘色，引人入胜，叫人爱听。说评书是真功夫。

笑派演讲，这是将笑贯口、诗朗诵、说评书三项基本功训练，融合在一起展示的训练。

笑派演讲，训练综合能力。

口通，演讲训练是直播的核心内容，也是训练的重点。笑贯口练嘴皮子，诗朗诵练声音节奏，说评书练习讲故事。综合训练，就是要把这四项训练科目系统训练，融会贯通，变成自己实在的能力。

第五节　全通　实战演练

微笑，是上天赐予人类最好的礼物；微笑，是世界上最美丽的语言。它架起人与人之间心灵的桥梁，传递爱和正能量。微笑像阳光、像鲜花、像春风、像雨露，天天伴随着我们。微笑里有快乐与真情，微笑里有期待与希望，微笑里有热忱与善良。面对激烈竞争的社会，我们每个人都需要放缓脚步，静观周围美好的事物，凝神谛听大自然的天籁。

让爱心传递，笑容绽放，笑行天下。

要想知道梨子的滋味，必须亲口尝一尝。实践出真知，训练长本事。在人生崎岖的山路上，没有捷径可走。偷奸取巧，只有自己骗自己。能力为王，训练成才。师傅领进门，修行在个人。要想人前显贵，必须背后下功夫。功夫不负有心人，直播演讲精气足，主持路演真出彩。

笑得好，说得妙，做得巧，直播演讲难不倒。微笑、思维、演讲、

下篇
◀ 笑道：笑的道法

态势综合训练，一环套一环；心、脑、手、神、艺、笑、派、说、演、练，一关又一关；环环练身手，关关闯风险。塑造一颗心，练就一身胆。经过实战演练，人人能过关，个个笑开颜。回家坚持天天练，熟能生巧做典范，演讲主持受欢迎。直播路演捷报传，微笑有派亮个相，美颜留影做纪念。

演讲词

笑演讲桥段

有位美国总统说，如果竞选让我演讲一天，可以口若悬河；如果让我演讲一小时，需要精心准备；如果演讲5分钟，我就要使出浑身解数。因为竞选这5分钟、300秒的演讲，决定我的政治生涯。

在现实生活中，官场只有5分钟耐心听你讲话，职场只有5分钟听你陈述，商场只有5分钟讨价还价，情场只有5分钟交谈决定你的情缘。经济社会竞争惨烈，时间就是金钱，5分钟展示你的魅力与智慧，5分钟传递你的思想与才华，5分钟呈现你的实力与价值，5分钟决定你的成功与命运。5分钟"笑"出你的魅力，"演"出你的活力，"讲"出你的震撼力，是你生命能量的凝聚。

每个人都有笑的能力，每个人都有演的天赋，每个人都有讲的潜能。我曾经性格内向，胆小怕事，公开场合不敢讲话。练习微笑打开了心门，性格逐渐开朗起来；"笑演讲训练"，使我才华充分展现，演讲能口吐莲花，舌卷风云，字字珠玑，博得阵阵喝彩。一言兴邦，一语误国。人才不一定有口才，笑演讲必定是人才。

赞美微笑

人类有一种超能力,这种能力不是驾飞船九天揽月,也不是开航母遨游瀚海,而是一种超越国界和种族的、能够给所有地球人带来快乐愉悦、友善和谐、健康长寿的人类与生俱来并伴随我们一生的"微笑"。

的确,每个人都需要放缓脚步,静观周围美好的事物,谛听大自然的天籁,让紧绷的脸庞舒缓,让紧皱的眉宇打开,让微笑在脸上绽放,融解我们彼此之间的冰霜和风寒。每年的5月8日,世界就变得温馨起来,在对别人的微笑中,你会看到世界对自己微笑。

微笑是人类最美的语言,微笑是世界通用的动感语汇,它超越国界和种族的千差万别,用统一表情、统一心情,将几十亿地球人的心花编织起来,呈现出一道最靓丽、最美好的风景线。

微笑同生活中的阳光、空气、水分一样重要。一项关于"和谐社会"的调查显示,八成以上民众认为"微笑"最能展示一个地方的和谐程度。

让我们把微笑写在脸上,把真诚与温暖带给他人。

笑做人,乐做事。快乐自己,愉悦大家。我擅长将笑演讲与笑艺术完美融合,营造快乐互动气氛,课堂上组场布阵,使学员身临其境,在体验中明理悟道,在快乐中掌握技能。我在人民大学党政干部班演讲"领队干部脱稿讲话艺术"深受大家欢迎,通过"笑派演讲"的技巧训练,让不敢脱稿讲话的领导们做到"心通、脑通、口通",笑开心门,打开脑门,敞开口门,洞开潜能,会演讲了。领导干部兴奋地说,我也有演讲天赋啊!也能做到"说的比唱得好听"。

让身边人笑起来,用笑传递爱。我将笑文化与笑讲座有机结合,

下篇
◐ 笑道：笑的道法

将传统文化的厚重与哲理思想的深邃贯通一气，以幽默风趣的语言艺术打动人心，创造情趣盎然的课堂效果。

我在北大中华传统文化公益学堂演讲"笑孝智慧"——幸福家庭从"笑"开始，提出"做人、持家、笑天下"的新理念。家道是力量之源，人和业旺，家和事兴。德行是美誉之尊，成功之本。厚德载物，行为正道。顺天时，应规律而行；合地利，融自然而生；众人和，呈万象彩虹。

一笑解千愁，二笑祛百病，三笑聚万福。把笑演讲与笑能量融为一体，善于调动课堂情绪的深层潜流，创造性地激发学员的心灵细胞与之活跃，产生巨大的快乐场效应，赢得奇迹般能量释放。我在对外经贸大学演讲"笑做人、乐做事"的社会责任，使大学生做遵守社会公德的典范。我在华北电力大学讲"笑团队建设"，将笑元素融入到企业管理之中，使大学生明白集体力量有多大，真正的成功是靠团队的正能量。我在央属企业讲"笑出精彩 快乐工作"，使员工们感受到笑着工作是多么快乐。

我在街道办事处演讲"笑运动健康养生",使社区居民学会笑的养生方法,受益匪浅。

我经常开办"笑派演说"训练班,培养笑派讲师,并组织笑讲师到大专院校、企事业单位、街道办事处和社区推广"笑文化",帮助年轻人健康励志,拥有良好心态,正确面对人生波折,战胜畏难情绪,调理抑郁倾向,收到奇妙效果。笑能化腐朽为神奇,想放弃人生追求的大学生听了"笑派演讲"重新振作起来,有了新的希望;笑能化悲伤为动力,想轻生的失意者听了"笑派演讲"后,又产生新的生活动力;笑能化干戈为玉帛,想离婚的夫妻听了"笑派演讲"后,化解了家庭矛盾,放弃了分手的想法。笑开心之门,绽放美之花,笑传正能量,健康快乐度人生。

俄国作家高尔基说:"只有爱笑的人,生活才能过得更美好。"笑是心灵绽开的花朵,它能架起心与心之间的桥梁,缩短人与人之间的距离。只要你对鲜花微笑,鲜花就会对你绽开;只要你对生活微笑,生活就会更加美好。几年来,我到大专院校、企事业单位、街道社区进行"笑派演讲",传播笑文化近百场,受众达到几十万人。

第六节 贯通 综合训练

有句成语叫融会贯通,出自《朱子全书·学三》。举一而反三、闻一而知十,乃学者用功之深。穷理之熟,然后能融会贯通。释义是:融会:融合领会;贯通:贯穿前后,把各方面的知识和道理融化汇合,得到全面透彻的理解。

先说"贯通",大家都会蒙圈,没有人知道要"贯"什么、"通"什么。常言道:花开两朵,各表一枝。我为什么将课程分切成六块蛋糕,分成六次来吃?就是把复杂的东西简单化,直截了当,直奔主题,且一步步来,先接受学会,然后再慢慢吸收。决不能一口吃个胖子,撑个半死。

贯通,就是用一根红线将心通、脑通、口通、神通。贯通,就是通过综合训练将微笑、思维、演讲、态势四颗珍珠串联起来,全部演练一遍,检验一下训练的结果。就像学习一套中国武术,每天学习几个动作,一周学完一套拳术,是否能一气将一套拳术演练出来就要求融会贯通。

微笑训练——心通——敢说

思维训练——脑通——会说

演讲训练——口通——能说

态势训练——神通——助说

综合训练——贯通——神说

歌诀

站在台上不心跳——心通

头脑清醒活细胞——脑通

口吐莲花真出彩——口通

神情手势都叫好——神通

直播，胸有成竹；演讲，口吐莲花。主持，神采飞扬；路演，出奇制胜。且身手不凡，信心满满。张口就来，挥手就走，融会贯通，运用自如。

第一步：心理贯通，心与微笑同频；

第二步：头脑贯通，想与说话同拍；

第三步：演讲贯通，演与语言同时；

第四步：态势贯通，手与肢体同步。

贯通训练，心通、脑通、口通、神通要达到贯而通之。站姿坐姿，微笑与状态要统一；自我介绍，眼神与心态要统一；演讲才艺，贯口与神态要统一；态势语言，手势与形态要统一。

第十五章

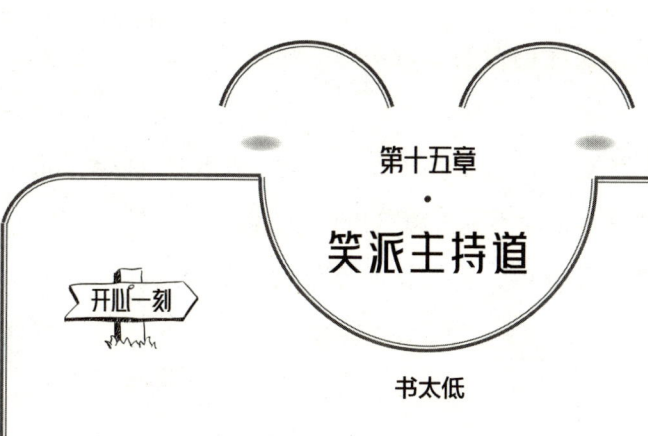

笑派主持道

> 开心一刻

书太低

书生租了一间僧房来读书。结果每天都出去游玩，一玩就是一整天。

终于有一天，书生喊书童："取书来！"书童去找僧人借了一本《昭明文选》。

书生看了看："太低太低！"

书童又拿来《汉书》。

书生："低！"

书童又拿来《史记》。

书生："还是低！"

僧人惊诧不已，前来问他："此三部书学问甚高，熟读其一，足称饱学。足下俱都嫌低，真乃大才啊！"

书生："你说啥呢？我要睡觉，取书作枕头。"

> 悟道金句

笑派主持人微笑有派头，笑的贯口嘴皮子真溜，艺压群芳抓眼球。

笑派主持人唱笑歌有节奏，笑的祝福吉祥如意，美好愿望送幸福。

董卿说，诗句是天才创造的，但是诗意却是属于每一个追求真善美的灵魂。

撒贝宁说，若你决定灿烂，山无拦，海无遮。热爱之所以有力量，就在于你坚守它就好，永远不要去想它会有什么结果。

王嘉宁说，作为传播者，我们就要走得远，贴得近，访得深，评得准。

第一节　笑主持之"笑"

笑派主持与一般主持的根本区别，就是面带着微笑主持，而不是板着面孔主持。主持人脸上的微笑不是装出来的，而是经过科学训练出来的。这种笑容是灵动的，不是呆板的；是充满活力的，不是没有生气的；是有发散式能量的，带动全场同主持人互动的。

微笑是热情地微笑，欢笑是开心地欢笑，大笑是调动全场人的大笑，笑派主持人完全用笑的情态，打开每位观众的心门，使之忘掉自己是谁，敞开心怀的笑，疏通与台上主持人之间的障碍，自觉地随着笑派主持人的节奏，融合一体。

主持人欢笑，他也会欢笑；主持人唱歌，他也唱歌。特别是笑派主持人微笑传递的环节。当笑派主持人说，在座诸位朋友，伸出你的左手或者右手，握住身边朋友的手，看着对方的眼睛笑着说，见到您很开心，很高兴！然后，伸出大拇哥赞美：您真酷！您真靓！常言道：投以微笑，报以微笑。对方接受您的赞美后，一定同样赞美您！整个会场就会成为笑的海洋。

笑派主持之笑，就是胆量，就是心力，就是自信，就是勇敢，就是绽放自己，就是超越自我。笑派主持之笑，笑得灿烂，笑得美好，就像一把万能钥匙，打开几百名与会者的心窍。

藏头诗曰：

笑派主持台上笑
派头十足乐逍遥
主持风格好轻松
持久鼓掌赞美妙

第二节　笑主持之"说"

笑派主持人开场独具风格，一出场就会脸上带着笑，脚下踏着风，手里握着麦，口中说着笑贯口：哈哈笑，嘻嘻笑，呵呵笑。就像相声演员报"菜名"，口吐莲花，舌卷风云，博得一阵阵喝彩。就像评书演员说段子，嘴里爆蹦豆。笑派主持这一笑一说，就把观众说蒙了，只顾鼓掌了。观众一阵掌声，笑派主持人释放脑内啡肽，兴奋不已，觉得自己主持很受欢迎，心里完全放松了，一点也不紧张了。

一般学院派主持人，在校时受到专业性训练，出场时就会很正统、很古板，照本宣科，无创意，无新奇，掀不起波澜。观众敬而远之，主动性互动差，容易造成开场气氛很沉闷。这就是笑派主持人比一般主持人更受欢迎的特色。

作为笑派主持人,首先要练习笑的基本功,微笑、欢笑、大笑。要求微笑,要笑到那种程度,眉毛怎么笑?眼神怎么笑?嘴角怎么笑?脸颊怎么笑?欢笑要求笑到哪种状态?笑声持续多长时间?大笑时身体前合后仰到哪种程度?常言道:一句话,百样说,看您会说不会说。笑派主持人嘴皮子溜不溜,很关键。

诗曰:

笑派贯口吐莲花

舌卷风云嘴唇功

调动全场赞美佳

百人开心真互动

第三节　笑主持之"派"

说相声,要有派儿。唱京戏,要有范儿。相声演员都是身穿大褂,脚踏布底鞋,手拿大长扇,晃头晃脑走上台,说、学、逗、唱,样样精通。甲乙对说,一个逗哏,一个捧哏,一个一个包袱往外抖,且派头十足。当年侯宝林、郭全宝二人黄金搭档,说遍全国。

唱京剧,更要讲究有范儿。唱、念、做、打,毫不含糊。生、旦、净、丑,老生、花脸穿袍披甲,头戴皇盔,手持长缨,一唱念,一做打,一拍一板,一个手势,一个台步,极其讲究。

笑派主持人站在台上，要有相声演员的"派儿"，还要有京剧演员的"范儿"。"派儿"，微笑有派儿；"范儿"，欢笑有范儿。站有站姿，坐有坐姿，行有行姿，笑有笑姿，而不是随随便便地笑，毫无章法地闹。微笑挂在脸上，主持词握在手中，时而笑声朗朗，时而笑容满面，时而笑意传情，时而笑语声声。举手投足，在观众眼前跳跃；仪态万方，在舞台中央主持。

第四节 笑主持之"演"

笑派主持人不但笑得好，说得妙，还要演得巧，要有多种才艺。笑起来如潮水般热烈，说起来似炒蹦豆一样畅快，演起来手舞足蹈，如行云流水般引人入胜。无论是唱笑歌、跳笑舞；还是做笑操，都能调动全场观众一起活跃起来，忘掉人在会场，心意早已飞向四方。笑派主持人就是表演大师，会笑会唱，会说会演。

拍手笑运动：笑哈哈，哈哈笑，笑笑哈哈哈哈笑。笑笑笑笑哈哈哈，哈哈哈哈哈哈笑。

演唱微笑歌：挑挑眉梢，咧咧嘴角，微微一笑，笑得美妙。笑开了心门，笑去了烦恼，笑得我心里乐陶陶。

第五节　笑主持之"词"

　　笑派主持人要撰写笑派主持词，还要亲自做主持手卡。笑派主持词与一般主持词是不同的，首先主持结构不同，笑派主持词，一定有笑派暖场环节，笑派主持人开场要笑、要唱、要跳、要演，要把会场气氛搞起来，把观众心门打开，调动快乐情绪产生互动。然后按照会议流程分切成三个或四个环节，保证会议进行的连续性和逻辑性。在每一个环节相连处，最好加上一段笑贯口或打油诗，作为承上启下的亮扣，吸引观众接着往下有情趣地观看。

　　比如说，老年春晚——笑到孝道，感恩知报。博父母开心一笑，就是最好的孝道。

　　比如说，国学论坛——为天地立心，为生民立命，为往圣继绝学，为万世开太平。

　　比如说，祝寿家宴——福如东海水，寿比南山松。笑祝父母欢，家和大团圆。

　　笑派主持词一定要简短精练，要有鲜活感，绝不能平平淡淡，软软绵绵。每一句话都是调动观众情绪的料儿，主持风格要诙谐幽默。

　　诗曰：

笑派主持很幽默，
句句开心逗人乐。
脱口段子现场秀，
观众鼓掌会场活。

第六节　笑主持之"控"

　　笑派主持人之笑、之说、之派、之演、之词，基本素质都与一般主持人有本质的不同。一般主持人主持时的笑，是陪衬的笑，没有占多大比例，所以在主持时功用不大。主持词也是按照会议方提供的程序化流程说，基本上平铺直叙，没有语言色彩，不能生动感人。表演性发挥不大，基本上站在台上念主持词。除了主持人表演能力外，最重要的是控场能力，遇到特殊情况时，能够镇得住场面不乱，使会议或活动能够持续下去。

　　一般会议或社会活动都是动态的，不是静止不变的。有可能完全不按照事先设定好的流程发展，会中出现一些想不到的变化，扰乱了会场秩序。如果主持人没有很好的控场能力，迅速调整好紊乱，会议就难以继续。一般难以掌控的环节，如会议签约、会议发奖、会议抽奖、书法现场展示等环节，会场容易发生乱象，观众容易离开自己座位来回走动，前往台前观看，挡住后面观众的视线。如果是有控场能力的主持人，就会提前把控会场秩序，将乱象消灭在萌芽之中。

　　换作笑派主持人就会说一段贯口，或唱一首笑歌，稳住观众注意力，让骚乱的会场秩序平息下来，迅速恢复常态。有一次，一位朋友约我参加知名人士60大寿，1000多人，宴会厅里密密麻麻摆了100多桌席，还邀请了央视二套两位著名主持人来主持。因为赴宴的人多，会议摆的桌餐，场面又大。两位著名主持人在大屏幕前主持，大家围桌互相问候，递名片，扫微信。尽管主持人在台上喊破嗓子，会场仍然安静不下来，气得主持人一点办法也没有。有人推荐我上台暖暖场，我使出笑派主持人的看家本领，带着大家笑起来、唱起来、跳起来，十分钟过后，会场一下就安静下来。两位著名金牌主持人随即上台开始主持，寿宴顺利进行。会后两位著名主持人认可笑派主持的能量，说这也是一套特殊的主持方法，很实用。

诗曰：

笑派主持有特色，
控场能力没得说。
带动观众一起笑，
场面热烈谱新歌。

第七节　笑派主持

"笑派主持"推出后，我经常受人相邀主持各种会议、经济论坛或公益活动，每每都收到意想不到的效果。2013年我应中国企业家联盟之邀，为中小企业策划并主持了多场快乐营销活动，深受企业家青睐。大家说，花费多年研发的专利产品终于找到客户了。非常感谢我主持精彩点评，吸引了客户的关注。

主持人是现代社会非常火的职业，也是容易出名的行业，因此年轻人非常追捧。央视老牌主持人除赵忠祥、倪萍、朱军、董卿之外，还有独具特色的崔永元、李咏、撒贝宁等。但他们都是专业院校培养出来的正统主持人，再加上个人气质而打造的主持风格，而"笑派主持"与其他主持不同，主持人要在主持过程中融入笑文化元素，展示笑歌舞，传递笑能量，激活笑细胞，达到愉悦身心、其乐融融的效果。

2015年我策划并主持了母亲节、父亲节、六一节、中秋节、重阳节等重大节日，使诸多参与者受到爱的教育和快乐享受。我将枯燥的家庭伦理教育注入笑的元素，把亲情、爱情、友情演绎得非常到位。我主持"母亲节"，要求儿媳为婆婆温柔按摩，微笑着将爱心融入到手法中；我主持"父亲节"，让儿子为爸爸洗脚，并穿上松口袜子，将孝道之心体现在细节之中。我主持"亲子六一节"，教给年轻父母快乐亲子的方法，使孩子在兴趣中接受父母的引导。我主持"中秋节"，把"家和万事兴"的快乐理念传递到千家万户。我主持"重阳节"，要求子女们带领父母亲登高望远，尽一份孝道。

2016年我策划主持中法戛纳文化艺术节新闻发布会，第一次将笑艺术、旗袍艺术与书画艺术融合，展现出中国的大美艺术和大爱情怀，同时为"残障儿"慈善拍卖，传播笑文化，弘扬正能量。

2017年我应邀为诸多家庭"笑派主持"亲子孝道活动，深得受益者称赞；为画家之子举办"成人礼"仪式；为新婚夫妇笑派主持快乐婚礼，笑动全场家属与亲朋好友；为《神州博览》社长"笑派主持"父亲72岁寿辰，为父母洗脚感动众人。为企业家朋友祝贺老母亲九十大寿，倡导"母亲高兴我快乐，妈妈长寿我享受"的孝道观。

2018年我应邀主持了世界许氏文化联谊会活动，受到许氏家人热烈追捧。"笑派主持"将传统的民间宗亲活动提升到另一个层面。许氏宗亲们点赞笑文化太好了，给人带来快乐健康与正能量，令人振奋蓬勃向上。有位宗亲深有感触地说，我参加过多次宗亲会，这次是收获最大的一次。一炮打响，各地许氏宗亲会纷纷要求我策划主持活动，我天南地北地飞来飞去，"笑派主持"许家人的活动。我策划并主持"广西北海宗亲联谊会"，让几百人会场笑得沸沸扬扬。

我策划并主持温州"江南许氏新思维经济研讨会"，传播笑文化，演绎笑艺术，展示出特有的主持风格。

下 篇
◀ 笑道：笑的道法

个个竖指是精英

　　我策划并主持"北京许氏家风文化研讨会"，亲自作词作曲创作《出彩许家人》歌曲，使许家人笑出精彩。我主持并策划"首家许氏民宿"奠基仪式，将欢声笑语留在福建大田999米高的九龙峰山顶上。

　　我微笑有派的主持风格，在祖国大江南北到处传播，用笑文化的独特魅力感染千万人，用笑慈善的大爱情怀传播正能量，用开心愉悦的大美艺术和谐社会民风。我将通过互联网和手机平台开办"笑派主持"直播和培训班，培训更多"笑派主持人"来主持社会各种活动，推广笑文化，传递正能量。

第十六章

笑派直播道

开心一刻

涨工资

有个员工买了个杯子，上面印着"我要涨工资"，每每开会都要把这几个字冲着老板。

终于有一天，老板也买了个杯子，上面写着"滚蛋"！

悟道金句

笑派直播 见面就笑开心就好，美女帅哥自带流量前来报到；

笑派直播 美女爱笑帅哥捧脚，不用带货优质产品不销自销。

下 篇
◎ 笑道：笑的道法

　　21世纪是中国全民直播时代，网络媒体发展迅速，网店经济如奔腾的野马遍布各个城市，人们的消费从"线下"搬到"线上"，节省了中间环节，网上下单，线下送货，当天就能消费，快捷便宜。新一波市场经济大潮来势汹涌，关乎每一个人的"钱"程。"网络直播"和"流量经济"应运而生。直播为王，流量为冠。

　　视频时代彰显个性，民众生活网络传播，"抖音"率先搭建网络舞台，自娱自乐，搞笑视频上传网络，吸引了大批流量，推出一大批百姓明星出人头地。拍上一条"大衣哥"的短视频放到网上，点击率就能收入几百上千。"快手"引领知识付费时代，招来大批讲师开设视频课程，吸引渴望知识的学员线上学习，流量倍增。微信视频号、小红书、今日头条相继开通平台，争夺流量，视频直播涌现在各大网络媒体。网红直播、明星直播、政府直播，就连贫困县长也站在直播间，为地方企业代言，直播带货，宣传地方特色经济。

第一节　笑派直播

　　"网红"直播带货，"明星"直播吸粉，"政府"直播宣传，"农民"直播买农副产品，"企业"直播推广营销，"讲师"直播卖课，"抖音"直播娱乐，"快手"直播吸客，全民直播红红火火。手机移动互联网，融媒体无所不能。一部手机，走遍天下，一张张嘴直播到家。买一个万能直播架，随时随地开播，无论什么场合场地。甚至坐在家里马桶上，也可以口若悬河。

笑派直播，巧妙地将笑文化、笑艺术、笑健康植入到直播视频之中，给人带来不一样的享受。笑文化丰富多彩，博大精深；笑艺术精致演绎，逗人发笑；笑健康技术独特，驱魔除邪，都是吸粉圈粉的猛料儿。

笑派直播明星的笑，哈哈笑，嘻嘻笑，嘿嘿笑，呵呵笑。媚笑，眼笑，嘴笑，微笑，欢笑，大笑。假笑，装笑，逗笑，醉笑。网红一张喜笑颜开的笑脸，笑开粉丝的心门，笑启粉丝的脑门儿，笑掏看众的财门儿。

笑派营销歌诀：笑营销，笑营销，笑着让客户情愿掏腰包。

笑派直播的网红的嘴，就像一架爆豆机，噼噼啪啪劲爆词儿。直播桥段连续出口：

1. 晚上想买零食吃，妈咪制止，问我："你不减肥了？"我说："嗨，反正我有男朋友，有人要了。"然后我妈看了我好久，说了句特励志的话："不想换了？"

2 "你一个有障碍的人，敢坐无障碍电梯？"保安一脚踢翻了他的轮椅。

3. "巾帼不让须眉！"小红拒绝在公交车上给王老汉让座。

笑派直播歌手的唱，宛若快乐的美旋律，每天笑三笑，笑容多美好。笑弯眉，笑弯腰，笑破肚皮不知道。笑的祝福，笑的祝福，祝您天天快乐幸福。笑的祝福，笑的祝福，祝您年年发财福禄。

笑派直播的微笑，是经过特殊训练的笑，这种笑是有能量的笑，网红或明星可以笑开粉丝的心门，使之产生快乐的购货行为。因为当人们心门敞开时，大脑变得特别感性，而非理性。只要主播稍一带动，就能出货。

笑派直播的说道，也是经过直播桥段反复训练的说道，就像相声的贯口，演员的台词，做到倒背如流，字字句句，条条段段，都能洞开粉丝的脑门儿，使之兴奋不已，产生多巴胺物质，快乐地做出购物决定。

笑派直播的唱腔，也是经过反复训练的唱腔，旋律欢快流畅，歌词朗朗上口，节奏易学易唱，就像合唱团的领唱，一人唱起，万众合拍。

笑派直播独领风骚，特色以笑、唱、演的快乐元素为传播手段，不是媚俗，不是恶搞，不是为了逗笑而笑，不是为了卖唱而唱，吸引粉丝博人眼球。而是为了传播爱笑文化，教授笑的健康方法，展示阳光心态，释放心理压力，祛除忧愁烦恼，树立身心健康的理念，创造全新的生活方式。

笑派直播，微笑有派的直播，爆笑有料的直播，不用带货自觉销售的直播。

第二节　笑派直播技巧

笑派主播技巧，主要是笑的技巧，笑派主播与其他主播的明显区别是，笑容永远是笑派主播的符号。视频直播没有特定要求，谁都可以播，谁都可以做。只要有一部手机，一个视频号，连接成功就能一键发送。但为什么有人直播间拥有亿万粉丝，热热闹闹红红火火，有人直播间却门庭冷落，没有人光顾呢？有人甚至直播间一直开着，一天也没有人来，白白耗费了大量人力、精力和财力。

笑派直播,可不是简单地对着手机镜头讲话、唱歌、表演就行了。还要吸粉倒流量,还要对主播进行适当的包装,提前进行宣传,预估直播时间和内容。好的直播需要一个完美配合的团队。笑派主播要学习直播技巧,增强抓眼球、挠心窝的魅力。

主播的坐姿、站姿、动姿都要进行刻苦的训练,达到一定的程度,才能随心所欲,一播就成。一般经过五个步骤:

1. 笑派主播丰富的表情动作:刚做直播的朋友可能会因为紧张或者其他原因而出现面部表情僵硬的问题,这也是新手主播人气上不去的主要原因之一。刚直播的时候不要怕丑,出来的表情夸张也会很吸引人气。

2. 有人刷礼物,多说感谢,要有礼貌:不建议有人进直播间就说欢迎,但是有人刷礼物特别是刷大礼物的时候。主播一定要表示感谢,提到粉丝的名字,表情中洋溢着快乐和感谢,如果你记得他就多说一些关于这个粉丝的细节。男粉丝一般都有很强的占有欲,每个人都希望自己是王者。抓住他们的虚荣心很重要!

3. 笑派主播会说段子是必需的:刚开始播的时候,可能人气很少,很少有互动,但一旦有互动,就一定要抓住,留住这些老粉丝。平时就要多积累段子和事实,和这些人聊一些彼此的兴趣爱好,建立感情。段子一定要熟记于心,应用得手。不要直播的时候照着念,那样显得生硬又枯燥!

4. 笑着谈一下自己的生活感受和经历:这是女主播相对于男主播的一大优势,平时特别是某些金主在的时候,可以和他们聊一些鸡毛蒜皮的事情,拉近与他们的距离。

5. 刚开始的时候,要学会自说自话:直播初期没有人气,没有死忠粉,没有弹幕可念,那么房间就不是可以用冷场来形容了,简直一阵冷风吹过。所以会自说自话很重要。一般内容有总结自己今天做了什么,有什么比较有趣的点,或者让你生气郁闷的事。然后今天发生了什么大新闻,如明星结婚、离婚、出轨,或者是名人去世及社会新闻,今天听了一首好歌,这些都可以聊,吊起粉丝的胃口。

第三节 笑派直播演练

笑派直播技巧是主播的笑的经验,何时微笑?何时欢笑?笑到哪种程度?把握什么分寸和火候?直播演练至关重要。直播是在特定时间、特定场合、特定环境下开始的,笑派主播要面对手机镜头说话或表演,一定要有镜头感,最好将人脸放在镜头中间,不要偏左或者偏右。不要太近,不要太远,更不要脱离镜头,让粉丝如入云里雾里。

第一,笑派主播的镜头感。平时主播要对着镜头反复练习"镜头感",就像演员在舞台上占位,舞台那么大,人物那么多,有舞台经验的好演员,总能找到在摄像机镜头里自己的位置。现在有很多主播开始还在镜头里,播着播着就找不到了。这就是缺乏"镜头感"的演练。

第二,笑派主播的亲和力。主播吸粉不吸粉,受不受欢迎,主要看主播有无亲和力。亲和力就是可亲、和蔼、有魅力,不完全是美女漂亮、帅哥炫酷。亲和力不是与生俱来的,而是可以经过训练的。亲和力最好的训练方法就是"微笑"。无论网红、明星还是领导，他们出现在公众场合时，总是面带微笑的。笑派主播的基本功就是"微笑"。微笑训练有多种方法，在这里不再赘述。

第三，笑派主播的感染力。主播说话时表情、语言、动作，一定要有感染力，主播笑，粉丝笑；主播唱，粉丝合；主播说，粉丝做。感染力是演员通过大段道白演练出来的。话剧舞台上，莎士比亚剧里哈姆雷特大段独白，就是训练话剧演员的桥段。电影、电视剧剧情里大段精彩道白，都是具备强大感染力的，能将剧情推向高潮，让观众为此而飙泪。

笑派主播演练桥段：《女人爱美》

爱美之心，人皆有之，美貌之容，人皆爱之。

女人爱美是天性，从小就扎红头绳儿，穿连衣裙，戴彩色丝巾。

真所谓紫心萝卜——心里美，真美假美不必言说。

美女美在哪里？无外乎漂亮的脸蛋，甜美的微笑，魔鬼的身材，优雅的步态，银铃般的声音。美女颜值超高，百分之百有回头率。

有人说"漂亮"为美，有人说"妩媚"为美，有人说"潇洒"为美，"笑"与"美"永远是一对孪生姐妹，美人都爱笑，爱笑人才美。

西施爱笑，嫣然一笑惹人醉。

王昭君爱笑，豁达一笑倾国城。

杨贵妃爱笑，回眸一笑百媚生。

貂蝉爱笑，娇艳一笑赛月宫。

笑是心灵之根，美丽之魂。

笑是美的内在灵魂，美是笑的外在表现。

美女都爱笑，爱笑人才美。

演练点评

看直播"坐姿"标准不标准，位置正不正。

身体直不直，头部平不平，眼睛有无神采。

口才溜不溜，声音美不美，播音语速有无节奏感。

态势语言强烈不强烈，面部表情如何，肢体手势怎么样？

第四节　笑派直播案例

2017年，我在"笑在直播"平台开设"女人爱笑"直播间，每周一次笑派直播视频，首期开播就吸引很多粉丝。看众对"女人爱笑"这个话题特感兴趣，美女感兴趣，帅哥更感兴趣。因为来到这个直播间，一定能看到诸多美女，帅哥可以充分释放荷尔蒙。

"见面就笑，开心就好"！希望大家笑着进来，乐着回家。

我一个人笑，只是自娱自乐，大家一起笑，才是其乐融融。

大家来个微笑传递，握住身边朋友的手，看着他的眼睛笑着说，见到你很开心！很高兴！然后伸出大拇指赞美他一下：你真帅！你真漂亮！你真棒！把你的笑、你的爱、你的热情传递给身边的朋友，让他与你一起快乐。

笑是上天赐予人类最好的礼物，笑是人类最美的语言，笑能超越国界架起人与人之间心中的桥梁，连接我和你快乐的缘分，传递正能量。笑具有会传染别人的力量。只要你笑，全世界人都会跟着你一起笑。

兴趣话题一：女士爱笑，还是男士爱笑？

答案一定是"女士爱笑"。"女人爱笑"没有理由，大家同意我的观点吗？但是世界万事万物，必然是有因就有果。我们先看看来自网络上的观点：

1. 女人爱笑，可以掩饰内心真正的想法；
2. 女人爱笑，是想勾引帅哥（用她们最可爱的一面，使帅哥折服）；
3. 女人爱笑，是性格天性；
4. 女人爱笑，有点神经质；
5. 女人爱笑，是上帝要求的，不然就嫁不出去（笑）；
6. 女人爱笑，甚至有的认为，看上去像笑，其实是哭。

根据一项医学研究发现，性别说会影响大脑对幽默的反应。证明女人比男人更多地使用大脑中的奖赏区域。研究的确显示女人比男人更易发笑。生活中亦是如此，"女人爱笑"是不争的事实。

乡下来到贾府不懂规矩的刘姥姥一句颇有性格的话，引来贾府爆笑的场面，揭开了"女人爱笑"的秘密。而且从每个女人不同的笑态，展示出她们的社会地位、性格特征和内心世界。可见作者曹雪芹观察女人笑态多么精细，笔下描写得惟妙惟肖，入木三分。

女人爱笑，我归纳出四条原因：从心理上，因为女人"感性"，

下篇
笑道：笑的道法

男人"理性"。感性，就是头脑简单，不想那么多，性格率真。所以，女性的表达方式是遇事高兴就笑，委屈就哭。这就是女人。我们观察一下家里自己的妈妈、奶奶和姥姥，是不是爱笑？

相反男人比较理性，遇事冷静，表达方式则是快乐就玩，委屈就忍。常言道：男儿有泪不轻弹，打碎门牙往肚里咽。这就是男人。我们从自己的爸爸、爷爷那里会得到答案。

从生理上，因为女人是"听觉"动物。男人是"视觉"动物。往往男人一句好听的美言，足以让女人心花怒放，甚至会以身相许。科学家研究发现，女人的语言中枢是与快乐中枢紧密相连的。所以女人爱笑，恋爱中的女人智商等于零，完全沉醉在男人的海誓山盟里。相反，男人是"视觉"动物。看见漂亮的美女，足以让他荷尔蒙激素释放，产生追求的冲动。看到漂亮的野花也要采回家，看到美丽的姑娘玩命追。所以，男人爱美。

从性格上、因为女人是水做的胴体，男人是泥捏的骨肉。男人、女人是来自金星与水星两个不同的星球物种。女人性柔如水，往往会随波逐流，润物无声，且水滴石穿，韧性无比，能量具足。生活中外柔内刚，平凡而伟大。男人性硬如钢，坚如磐石。宁可玉碎，绝不瓦全。往往男人外刚内柔，表面看起来身材伟岸，貌似刚强，往往内心却很脆弱，遇到强大压力时，竟然会不知所措，失去主张。

从养生上，女人爱笑，能够及时释放压力，排除毒素，激活细胞能量，抗击疾病的侵袭。男人常常身体已衰，还故作刚强，硬撑着不倒。因为君子不苟言笑，情绪不能及时释放，压力过大，能量耗损，容易夭折。北京市寿命调查表明：男性比女性平均少活 6 年半。

第十七章

许氏笑疗法

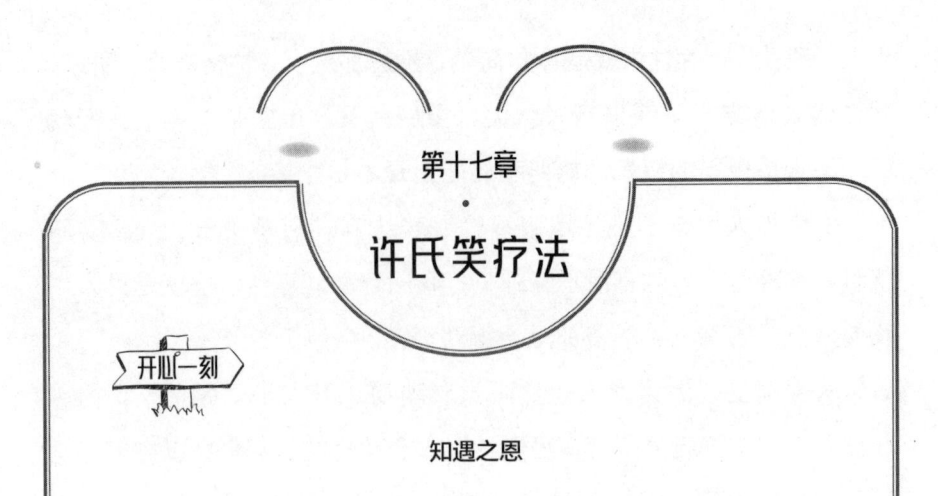

开心一刻

知遇之恩

春秋时期，俞伯牙擅长弹奏琴弦，钟子期擅长听音辨意。有一次，伯牙来到泰山（今武汉市汉阳龟山）北面游览时，突遇暴雨滞留岩下，寂寞之余，拿出古琴弹了起来。

也正在附近躲雨的樵夫钟子期听到后，忍不住叫道："好曲！真是好曲！"随后伯牙每奏一支琴曲，子期都能听出它的意旨和情趣，这使得伯牙惊喜异常。二人因此结为知音，并约好来年再相会论琴。

可第二年伯牙来会子期时，得知子期不久前已经因病去世。

伯牙痛惜伤感，摔破了古琴，从此不再抚弦弹奏，以谢平生难得的知音。

悟道金句

笑经历逃出生死魔咒，拯救生命危机修炼成大道。
笑文化创编笑疗方法，笑运动康复技术全国推广。

第十七章
许氏笑疗法

> 一笑"神"就来，
> 二笑"魔"就跑，
> 三笑"福"就到。

这个"笑"就是快乐的笑、唱、跳；这个"神"就是精、气、神；这个"魔"就是风、邪、毒；这个"福"就是健康福。我独创了一套科学有效的笑训练体系，内容包括三笑养生法、拍手笑运动、开心唱笑歌、笑健操、笑走操、笑八锦等全套训练方法。我通过几十年研究实践创编出"笑解抑郁症""笑降糖稳压""笑防心脏病""笑抗癌症""笑康风湿骨病"以及"笑运动家庭健康管理"等方法，总称"许氏笑运动康复法"，简称"许氏笑疗法"。

2021年4月，北京中西医慢病防治促进会组织国医大师、中国中医科学院主任医师及博士生导师对其进行遴选鉴定。专家组一致评价：这套笑运动康复技术，对情绪、对健康都有调节作用。像这样专业而且细化，将笑疗愈康复与中医传统技术结合得这么好的疗法，还是不多见的，值得全国推广普及。

许氏笑疗法，采用"笑"的方法，有目的地通过激发人类自身潜能，调理身心疾病，收到医药所不能奏效的特殊效果，简称为"笑疗法"。这套笑疗愈方法是补充西医中医的第三种健康疗法。这个"笑疗"的笑，并非高兴时自然产生的"笑"，而是通过科学训练出来的"笑"。自然笑是人类的"本能"，而训练出来的笑，却具有养生愈病的"功能"。

许氏笑疗法，是将"笑疗"融入中医经络学，将微笑心理学、气息运用学、歌曲旋律波、武术养生动作融为一体的不借助医疗手段的自主快乐健康的养生运动。特别适合中老年人及高血压、糖尿病、心脏病、风湿骨病、抑郁症、癌症等患者学习和训练。

许氏笑疗法，具有一定独创性，笑与中医、笑与歌舞、笑与武术、笑与操练相结合。具有科学性，按照人体生命节律训练，做到适时、适当、适度。具有普及性，简单易学，时间短，柔美和谐。大人孩子都能练习。

大笑放松心身，笑着做操沉醉在心身愉悦的状态，快乐开心。音乐旋律节奏将人带入一种美妙境界，刺激大脑细胞分外的活跃。仿生动作循经走穴舒展身体，抻拉筋骨运行气血强壮命脉。简单动作反复练习使大脑机能得到有序调整，使之趋于正常化。快乐有氧运动使细胞分裂加速新陈代谢，细胞饱满疾病自愈。

我从小就爱笑，很讨人喜欢。听妈妈说，小时候谁见到我都要抱一抱，只要亲亲小脸蛋儿，我就会咯咯笑个不停。后来长大了，一张天生的笑脸，嘴角永远是往上翘的。万没想到，1976年唐山大地震中，一夜之间，我失去了连我父母在内的11位亲人。重大的灾难打击，使我突然不爱笑了。

后来我到处求医问药，求助心理医生，辗转两年无济于事。后来，无意中在报纸上看到国外一条消息：练习微笑能治疗很多疾病。于是，下班后我开始猫在家里练习笑。开始看着镜子里自己木讷而毫无表情的那张脸，根本就笑不出来。练习半个月后，奇迹发生了，脸上重新绽放出笑容。我喜出望外。第一次发现，笑也是可以训练出来的。但高兴一阵子，发现镜子里自己的笑容很假，皮笑肉不笑，看上去很不舒服。笑起来的样子也不好看。直到练习一个月后，才笑得自然一些了，但仍然不是发自内心的笑。

第十七章
◀ 许氏笑疗法

怎么才能有发自内心的笑呢？我百思不得其解。直到看到佛家修炼喜乐秘法，突然顿悟，笑为心声，如果你心里不喜乐，再练笑也是假笑啊！于是，我开始不照镜子，坐在沙发里闭目修炼，天地人合一，忘掉一切悲伤痛苦，抛弃一切烦恼杂念，心中想高兴的事、开心的事、美事、好事、乐和事，尽量让自己心中喜乐起来。

练着练着，就觉得心静了下来，浑身放松了，头脑也清醒了。这回我再对着镜子练习笑，笑得真切多了，笑容也自然了。我终于明白了，只有心中喜乐，笑才是真笑。练"笑"先练"心"啊！

"笑疗"适用于疾病康复过程中，也是慢性疾病如冠心病、高血压、糖尿病等稳定期的一种辅助疗法。对于精神心理障碍患者，如焦虑、抑郁者来说，"笑疗"的作用更是药物不可完全替代的。据研究者对笑能治病机理的探讨，认为笑疗的关键在于调动患者的积极情绪，由此促进机体的代谢功能，增强机体活动和提高防病抗病能力，达到减轻疾病和促进康复之目的。

笑能使肌肉松弛，有利于消除疲劳；笑能通过神经反射，使大脑皮层活动增强，有助于消除紧张、抑郁等不良情绪，改善睡眠和精神状态；笑还能改善呼吸、循环、消化系统的功能状态，使其活动协调，可预防及减轻疾病的发生与发展。

总之，笑是一剂不必花钱的"良药"，是一种可行且有效的疗法，取之不尽，用之不竭。故无论是健康人还是病人，学会调整好自己的心态，都能从笑中获益。

学会用微笑来引发自己的愉快心情，运用这种微笑最直接的方式是，对着镜子先做微笑的动作，只要你笑了起来，就会笑下去，直到大笑一阵。每天定时地进行数次，每次10分钟左右。

多和快乐的人在一块。现代研究证实，人的情绪有一定的"传播性"，癌症患者常和快乐的人在一起，不仅会感受到欢乐的笑，也能睡个好觉。这也是快乐疗法的宗旨，祝愿癌症患者在快乐的生活中，把烦恼和苦闷抛到九霄云外，精神焕发，哈哈大笑，早日康复，愉快地迎接美好的未来。

在笑的时候，最放松的部位是眼部肌肉，眼睛消耗的能量是全身神经消耗能量的25%左右，可缓解脑疲劳。笑的时候，很轻松地眯起眼睛效果最好。从医学角度上看，一个人大笑时，肩膀会耸动，胸膛摇摆，膈肌震荡，甚至会令人抽搐，血压上升。血液含氧量在呼吸加速时增加，而更重要的是脑部释放出一种化学物质，令人感到心旷神怡，实在是最佳的自然药物。

人们在大笑的时候，可以让血管出现舒张，可以增强人体内脏血液的流动，有一点类似于有氧运动的效果，可以有效地预防心血管疾病。当人大笑的时候，可令心血管系统健康加强运行，其因是胸肌伸展，胸廓扩张，使肺活量增大。而随着笑的程度的加深，大脑在受此良性刺激中更分泌出一种叫苯磷二酚的激素，这是一种天然麻醉剂，具镇静和镇痛作用。现代医学家研究表明：笑是一项有益身心健康的运动。

人们每笑一次，面部、胸部、腹部及四肢都要参与运动。笑的过程能牵动膈肌上下振动与腹肌收缩运动，对内脏各器官形成了一个推压、按摩的作用，增强了毛细血管功能，促使静脉、淋巴液回流加快，促进了血液循环，从而减轻了心脏负担，改善了心脏的营养过程。

笑是采用深长的腹式呼吸，对提高呼吸肌功能，对改进胸廓活动

第十七章
许氏笑疗法

度、增加肺活量均有良好的促进作用。笑可刺激大脑产生一种儿茶酚胺类物质，这类物质能激发人体产生天然镇痛剂——内生吗啡肽。因此，大笑后，可使头痛、腰背痛和关节痛得到减轻或消除。笑还能使大脑皮层形成一个特殊的兴奋灶，使其他区域被抑制，从而使大脑得到更好的休息，进而有助于消除疲劳、驱散愁闷，使睡眠安稳。笑能减少心悸的频率和降低血压，有助于消除紧张情绪。所以说，笑能起到抗病健身、延年益寿的作用。

笑疗可以归纳为八个字：养心、健脑、化性、祛病。笑能够诊断出心理疾病：如果遇到开心事也不想开怀大笑，说明你身体能量低，有抑郁症的前兆；如果你大笑起来觉得气力不足，小心得了心脏病；如果你笑起来感到身体沉重，说明高血压、糖尿病、癌症侵入到了你的身体病灶。科学家研究发现，"笑"这个字是人体和心灵反映在脸上的全息信号。强调一下"全息信号"这四个字，这说明笑与科学养生同等重要。

笑开心，开心笑。因为人们开心才会笑，笑起来会更开心。笑能释放心理压力，解除身体疲劳。笑是一种巨大的"心的能量"，笑能除烦去恼，化悲疗伤。

"心病"无形，"身病"有形。"心病"就是心理压力。心理压力是逐渐在人体中累积、耗伤人体的"精气神"，是疾病的元凶，会造成脏腑机能的紊乱，是生命的隐形杀手。心理压力越大，身体能量越低。患有心理性疾病的人，心理的正能量很低。医治心理疾病最好的方法就是"笑"，笑是一种巨大的"心能量"，能除烦去脑，化悲疗伤，排瘀解郁，养生愈病。

人的大脑就像一栋房屋，容积总是有限的，压力太大就会崩塌。

人的心灵就像一架天平，平衡是有条件的，压力太大就会失衡。人的身体如同一辆汽车，超载过重，疲劳驾驶就有可能会出车祸。人的一生就是随着社会阅历的增加，在生活中不断磨砺承受压力、释放压力的过程。磨难越多，压力就会越大。压力越大，真元之气耗散就越快，寿命就会越短。

美国卡内基·梅隆大学的科恩博士主持了一项研究，他们调查了334名身体健康的志愿者，评估结果表明，情绪容易低落、沮丧、紧张或发怒的人，与那些充满活力、快乐、情绪轻松、常常微笑的人相比，前者得感冒和生病的可能性是后者的3倍。

2011年5月，北京电视台"科学实验室"栏目采访时，请来两位嘉宾，先用"测压仪"夹在他们耳朵上测试，结果显示是"红灯"，说明心理压力大。当两位嘉宾练完"笑健操"后再测试，"测压仪"显示变成"绿灯"，压力值均处于正常水平。这一事实完全证明，"笑健操"具有愉悦身心、减缓压力的效果。

同年9月，我在"心理减压馆"做过同样的试验，邀请来自社会各界的企业家和白领30多人听我讲"笑运动减压"。在讲座前，一位拥有30年经验的台湾心理专家，用压力测试仪器给每个人做测试指标，做好记录备用。然后听我讲座和训练一个小时后，再次测试做比较，结果发现指标有惊人的变化，压力值由非正常状态转入正常状态。台湾心理专家吃惊地说，笑训练一个小时，人的状态发生如此变化，真令人难以置信。她将自己的亲眼见证和图示比较撰写成文章分享到了网上。

生命在于运动，是亘古不变的真理。除了体育运动之外，笑运

第十七章
许氏笑疗法

动是特殊生命运动,也是一种快乐和谐的运动。微笑发自于人们心理对外界的刺激而产生的愉悦情绪,刺激大脑神经中枢兴奋发出指令调动气息运行,抽动人体诸多肌肉进行运动。

人的面部表情肌有44块,通过与血管、骨骼的配合能做出5000多个表情。每笑一次能牵动面部笑肌组合不同程度的运动,其中不同笑就有上百种。同时,笑就是呼吸系统、胸腔、腹部、肌肉、面部、四肢乃至五脏六腑器官的一次协调运动,使筋经骨肌肉组织健康,这就是"笑运动"的原动力。

这三种不同层次的"笑"训练,就能使训练者在快乐中收到"笑运动"的益处,身心会越来越健康。唐山大地震后,我就是每天坚持"笑"训练,才从悲观厌世的磨难中获得新生。

笑,是人们心中的快乐情绪;唱,是人们脑中的优美旋律;跳,是人们肢体和谐的物理运动。所谓"笑歌"训练,就是笑与音乐疗法的有机结合,通过笑、唱、跳的运动,使你在快乐中通达肺脉,吐纳纳新,驱除病魔,强壮体魄,延缓衰老。为此,我专门根据笑运动的需要,自己作词作曲谱写了十几首"笑笑歌",让人们一边笑一边唱,心情愉悦地进行快乐笑运动。

除了"笑"训练、"笑歌"训练,就是"笑操"训练。"笑健操"每节都配有一首朗朗上口的"笑歌",五节动作只需要10分钟,练完之后,习练者会觉得神清气爽,感觉俱佳,浑身轻松。我边做边唱,让听者不由自主地跟着笑起来,心情愉悦很想学。当我看到习练者每天坚持"笑运动",血糖、血压降下来了,心脏病不复发了,肩周炎、颈椎病不痛了,癌症患者心情快乐了,就特别有成就感,受到极大鼓舞。推广"笑运动",健康中国人,便是我今生的使命。

◎ 笑运动的养生机理是:笑运动能从根本上改变心理模式,增强机体细胞能量,开启人体自我疗愈机关,能够收到药物起不到的效果。可以说,"笑运动"是绿色环保、快乐廉价、没有副作用的健康养生方法。

第一节 三笑养生法

微笑释放内啡肽,欢笑产生荷尔蒙,大笑分泌缩氨酸。

微笑、欢笑、大笑,三种笑的层次和能量是不一样的。微笑属于"心笑",挑挑眉梢,咧咧嘴角,心理愉悦在脸上绽放的笑容。中医云:眉宇之间有个穴位叫"印堂穴",通过反复练习挑眉梢动作,可以使人们眉宇展开,愁云散去,心态放松。微笑虽没有笑声,但有笑意,是心的传递。

欢笑属于"脾笑",调动中气震动胸膈肌发出哈哈笑声,笑出震波,震荡胸膈肌进行运动,起到调理五脏六腑的作用。

大笑属于"肾笑",能调动全身能量运动,呈现前仰后合的状态,大脑处于一片忘我的程度。这三种状态不同的笑训练,统称"三笑"训练。每天坚持三笑训练,就能产生养生愈病的神奇效果。

因为这三种笑训练发力点不一样,微笑发力于心,开脑门;欢笑发力于脾,开心门;大笑发力于肾,开命门。

第十七章
许氏笑疗法

但无论哪一种笑训练方法，都能起到细胞的快乐运动——贯通气脉的作用。

微笑　欢笑　大笑

三笑养生法，是通过微笑、欢笑、大笑三种科学训练方法，达到自我快乐，养心、练气、健身的目的，是最快乐的自我养生运动。

◎ 口诀：微笑开脑门，欢笑开心门，大笑开命门，三门打开，百脉贯通。

日常生活中，我观察发现人们高兴时，有微笑、欢笑、大笑三种形式。微笑，一般动作集中在面部表情上，挑挑眉梢，咧咧嘴角，有笑容没有笑声，大多是礼节性地表示友好。欢笑是从心窝儿发出来，所以称之为开心欢笑，又有笑容又有笑声，不仅面部有表情，身体还有动作。大笑一般是声音洪亮，动作幅度非常大，达到前仰后合、下蹲打滚的程度。这三种不同笑法，不仅是一种情绪释放的形式，还对人体健康有养生作用。

我从小练习武术时，师傅说，人体有上、中、下三个丹田：眉宇之间"印堂穴"为上丹田，胸乳之间"膻中穴"为中丹田，脐腹之下"关元穴"为下丹田，这三个丹田为人体真气凝聚之所在。练功时守住这三个丹田，人就会力大无穷长功夫。我突然顿悟：人在微笑、欢笑、大笑时，力气都是从这三个丹田处发出来的，如果每天有规律地练习这三种笑，就是最好的快乐养生运动，既能够愉悦自己的心情，同时又锻炼了身体。训练方法如下：

◎ 微笑训练要领：对着镜子练习，心里想开心逗乐的事，喜乐起来。然后挑眉梢，咧嘴角，练习面部表情，尽量使笑容灿烂一点。微笑开脑门。

◎ 好处：练"微笑"养心，使心态保持喜乐状态，增强亲和力，提高社交能力，改变人际关系，和谐家庭生活。

◎ 欢笑训练要领：身体放松，猛吸一口气，再张口哈哈笑出声音来。开始练习只是喉咙用力，笑起来没有底气儿。练习时，要双手摸着心口窝儿，运足一口气，使之振动100多块笑肌发出笑声，就像开闸放水，一泻千里。因为欢笑的力量是从心窝儿里发出来的。欢笑开心门儿。

◎ 好处：练"欢笑"可以练气，气足可以打开心结，胃口大开。当心情郁闷、吃不进饭时，练练"欢笑"就有奇效。练"欢笑"是自闭症、抑郁症、癌症患者最好的良药。

◎ 大笑训练要领：练大笑时，要先憋足一口气，再猛地释放出来。大笑从精神到身体集中在一个兴奋点上，是剧烈而协调的健身运动。要笑得前仰后合，最好能流出眼泪来。大笑的力量是从腰部发出来的，爆发力很强，上达胸膈、手臂、喉咙及头部，下通大胯、膝腿、足跟，几乎全身每个部位都在运动。

◎ 好处：通全身气脉，使腰腿有劲儿。声音洪亮了，身体各部位得到协调运动，强肾健脾，健美腰腹，增强骨骼力量，肌腱韧性，减肥效果好。

◎ 注意事项：练微笑时，心情要平和，切忌心猿意马。练欢笑时，心门要打开，切忌气运不通畅。练大笑时，动作要适度，切忌过力伤身体。建议老年人最好先练微笑、欢笑，再练大笑。

第二节　拍手笑运动

拍手笑运动，是笑与运动完美的融合。因为双手鼓掌可以击打位于手掌心的"劳宫穴"，这个劳宫穴属于心包经，通过击打"劳宫穴"给心脏做按摩，击打一次按摩一次，从而释放心理压力。

当你展开大臂鼓掌时，又能调动肾部肌肉运动，起到强化肾功能的作用；一边鼓掌一边晃动腰腿，还能打开带脉，使气机上下通达。练习鼓掌的同时，嘴里念着"笑哈哈，哈哈笑"的顺口溜，节奏欢快，动作诙谐，最后展臂哈哈大笑。习练者口说"顺口溜"练习脑反应，预防老年痴呆症。

这套"拍手笑运动"可以一个人练，也可以一家子练，还可以一群人集体练习。我经常在讲座、主持时带动上百人快乐互动，调动现场气氛，实用而快乐，立马见效果。

古人云："击掌治百病。"击掌能刺激手上五脏六腑的反射区，而使身体得到相应调理，再加上爽朗的笑贯口及大笑的环节，更加让人愉

悦快乐。击掌笑运动养生法，就是巧妙地将击掌与"笑贯口"及大笑运动融会贯通，形成一套打通全身气脉、激活细胞能量的快乐养生法。

第三节　开心唱笑歌

每天笑三笑，笑容多美好。笑去烦，笑去恼，笑得生活乐陶陶

笑运动与唱歌相结合，疏通心脉，和谐脏腑。笑，是心灵在脸上绽放的花朵；唱，是脑中荡漾的优美旋律；操，是身体自发的和谐的物理运动。笑着唱歌，笑着做操，达到心、身、灵俱调。笑调心，操调身，歌调气。

笑运动是人体 60 兆亿细胞的快乐运动，细胞是通过笑的声波震

荡产生的运动。细胞通过笑、唱、跳快乐元素刺激，代谢坏死的病细胞，产生新的健康细胞，使身心疾病自愈。唱笑歌，是笑运动的热身操，细胞的温泉澡，点燃活力的快乐药。

唱笑歌，做笑操，快乐健康百病消。"笑笑歌"旋律欢快，节奏分明，歌词朗朗上口，易记易背，张口就唱，随嘴而出，个人集体都可以演唱。

第四节　快乐笑健操

梳秀发，摆柳腰，摇爱桨，海燕飞，骏马跑，
从头到脚全练到，每天坚持六百秒，健康快乐百病消。

笑健操，就是笑的健身操，是"笑"与肢体运动的完美融合。我自幼习练传统武术，自愈胃病、鼻炎和关节炎多种疾病。历经多年实践，我按照人体经络运行规律、肢体关键部位，精心设计出五节"开心笑健操"。

每节操由多种快乐元素组合，将太极的轻盈、武术的劲道、瑜伽的柔韧、舞蹈的优美、歌曲的旋律集于一身。编排科学合理，每节动作都是经过反复实践，其笑的频率、歌的长度及运动强度完全符合人体生命节律。不仅使呼吸、肌肉、骨骼得到锻炼，还通过运动调整心理及经络运行，达到养生祛病的目的。

"开心笑健操"是按照中医经络学说设计的肢体仿生运动，每节动作经过循环往复运动的"数学频率"而产生"物理动能"，从而使人体细胞发生"化学裂变"，达到阴阳平衡、养生愈病、健康长寿的目的。

◎ "开心笑健操"适应人群：长期心理压力得不到释放的人，脏腑机能失调身体肥胖的人，亚健康状态有慢性疾病的人，性格孤

僻有抑郁症倾向的人，享受生活质量、身心健康的人。

"开心笑健操"具有独创性，笑与中医、笑与歌舞、笑与武术相结合；具有科学性，按照人体生命节律训练，做到适时、适当、适度。具有普及性，简单易学，大人孩子都能练习。五节操十分钟全身都能练到，其运动量相当于习练五套武术拳法。

◎ 练习要领：每一种笑，口型要准确，笑声要到位，气力要运足，动作要自然。我们大脑是有记忆的，熟能生巧，习惯成自然。练习笑能激活大脑快乐基因，使细胞兴奋起来祛除疾病。

其次，练"操"要到位。练"笑"目的是调整心态，练"操"目的是调理身体。"开心笑健操"是一种快乐愉悦的养生运动，每节操都是按照人体容易患病的关键部位而精心设计的。练习时一定要动作协调到位，才能起到养生愈病的效果。

一、"开心笑健操"动作要领

1. 第一节"梳秀发"

操诀：先抖手，后梳头，左右循环上下走。

面带微笑心里乐，秀发飘飘美悠悠。

"梳秀发"，就是笑着梳头。用手臂按照经脉走向梳头发，反复练习就能起到循经走穴、养生愈病的效果。人体经脉都在头部交汇，每天反复做梳头动作，就可以调理经脉、活化气血，对头部疾病、颈椎、肩肘都有调理作用。

2. 第二节"摆柳腰"

操诀：膝带胯，胯带肘，左扭右扭摆柳腰。
面带微笑心里美，快快乐乐减肥膘。

"摆柳腰"，就是"笑"着扭腰。中老年筋骨老化了，腰板硬了，步伐僵了，通过反复摆动臂膀扭动腰肢，就能打通经脉，调通气血。腰部活了，肾气足了，腿脚利落了，精气神就上来了。同时还有减肥瘦身的效果。

3. 第三节"爱桨摇"

操诀：往后拉，往前推，前推后拉活脊椎。
　　　面带微笑通二脉，心肾交泰安然睡。

"爱桨摇"，就是"笑"着摇桨。通过前推后拉腰腹运动反复练习，打通任督二脉、大小周天，使心肾交泰安然减肥，去掉"将军肚"，还有助于安然入睡。

4. 第四节"海燕飞"

  操诀：单臂飞，双臂飞，扶摇直上云天外。
  面带微笑中气足，凌空翩翩美姿态。

  "海燕飞"，就是笑着做飞翔动作。通过双臂模仿燕子飞翔动作，反复练习，使中气充盈，下垂内脏自然归位，达到多种疾病自愈的效果。同时，还可以通过翻身探头动作挤压肩膀部肌肉，调整颈椎。

5. 第五节 "骏马跑"

操 诀：拽缰绳，勒马头，前跑后跑骑自己儿。
　　　　面带微笑任驰骋，来来回回遛马腿儿。

"骏马跑"，"笑"着做骑马动作。通过模仿骑马动作使气机下行，前腿带后腿来回奔跑运动，锻炼下肢肌肉，祛风散寒，强筋壮骨，强化脏腑功能。这节操对风湿病、关节炎、腰腿疼、减肥瘦身有一定疗效。

"开心笑健操"简单易学，随时随地可练，适应所有精神正常的人。学生可以练，上班族可以练，中老年人更适合练。既可以全

套练习，也可以根据自我需要单节练习。既可以到户外公园集体练习，也可以在室内全家练习；既可以每天练一遍，也可以每天练习两三遍。练习"笑健操"，要"笑"不离口，"操"不离身，养成一种良好的生活习惯。

第一节"梳秀发"记住一个"美"字。两个手腕有节奏地甩动，抖开手三阴六条经脉，然后循行下丹田、中丹田、上丹田三盘经头顶六条经脉回转，反复练习。心里笑得美滋滋的，双脚随着旋律打着节拍，身体上下气血贯通。

第二节"摆柳腰"记住一个"柔"字。动作要求：一定要以膝带胯，以胯带腰，以腰带臂，以臂带肘，以肘带腕，柔美至极，宛若风吹柳枝随意如絮。

第三节"摇爱浆"记住一个"摇"字。动作要领：手臂前推后拉，腰腹前弯又折，头不能往后仰，身体如舟行水，随波逐流，心境美不胜收。

第四节"海燕飞"记住一个"飞"字。动作要领：单飞、双飞都要以肘为轴，撑成翅膀状，上带大臂为膀，下送手腕为翅，左上右下，右下左上，环环相连，翱翔云天。颈子翻身头要仰，燕子飞头不要低。

第五节"骏马跑"记住一个"跑"字。动作要领：身体下蹲成骑马状，前蹄带后蹄，来回溜马腿儿。一走，二跑，三奔，最后一鼓作气冲刺。

二、注意事项

练"笑"是调整心态，做"操"是调理身体。练习"笑健操"时要动作协调到位，才能起到养生愈病的效果。注意以下几点：

1. 做操时，身体要放松，心里处之泰然，笑容满面。
2. 做操动作不要过猛，要轻缓柔美，避免伤及筋骨。
3. 不要过饥或过饱，最好饭前饭后半小时练习为佳。
4. 训练会有身体"排酸"现象，感觉不适时休息两天再练。
5. 练习一段时间感觉身体强壮时，要适当加大动作强度。
6. 定时定量，不要三天打鱼两天晒网，或练三天歇两天。
7. 不能休息三天苦练一天，再歇两天再苦练三天。
8. 更不能今天早晨练，明天中午练，后天晚上练。
9. 循序渐进的长期训练，会产生养生愈病的神奇效果。

自从2008年奥运会，我在北京紫竹院公园、人民大学等推广"笑健操"，至今已有数万人受益。中国国际广播电台、中央人民广播电台、《北京卫视》"养生堂"栏目、《北京电视台》"科学实验室"专题节目、《健康时报》《北京晚报》《法制晚报》等媒体都进行了报道。

第五节　微笑健走操

人老先老腿，坚持练习走路成为人们常见的锻炼方式。笑着走，走着笑，笑出好心情，走出好身体。笑与走路运动达到和谐统一，天天练习笑走操，笑容美，心里美，减肥疗病，健美身腰，青春永葆。

"健走操"是我通过多年研究实践，在传统武术基本功弓步、马步、虚步、滑步、跨步等五种步伐的基础上演化创编出来的，动作设计符合中医阴阳五行经络运行养生规律。习练者通过"面部微笑、点穴握拳、摆臂扭腰、健步行走"，反复循环训练，调整气血运行和五脏六腑功能，达到手脚协调、心身和谐的最佳境界。

这套操五节动作，十分钟做完。简便易学，随时随地可练，适应不同年龄层次的人。特别是对高血压、心脏病、糖尿病、抑郁症、肥胖症、癌症患者均有调理效果，对风湿性关节炎、颈椎腰病、减肥减压也有奇效。每天只要笑走30分钟，相当于散步两小时，计8000步。

一、健走操　动作演示

预备式：身体直立，双手下垂，双目平视前方，忘掉一切杂念。心想喜事，微微一笑。双手往里攥拳，大拇指点住劳宫穴。

1. 第一节　微笑弓步走

这节动作是由"弓箭步"演化而来。动作要求：迈步向前，双腿以裆为轴，前腿弓，后腿绷，身体拉开一张弓。双臂以腰为轴拉开一张弓，手、眼、身、法、步合一，从而带动脾气运行，消耗热能，生肌长肉，达到胖者瘦、瘦者胖的双向调整效果。

2. 第二节　微笑马步走

这节由武术"骑马蹲裆式"演化而来。动作要求：双腿下蹲屈膝行走，双臂上下拉弓调动肺经运行气化，全身重量沉于双腿之上，反复行走锻炼肺活量。大拇指夹在食指与中指中间握拳，刺激心肺经脉运行，从而达到提肛收臀、疏通气机、壮肺强身的效果。

3. 第三节　微笑虚步走

这节主要由武术"虚步"演化而来。动作要求：前腿屈膝脚尖轻点地，后腿屈膝下蹲，收腹坐胯，将全身重量集中后腿之上，从而使腰肾部着力刺激大腿肌肉收缩，强化肾脏功能。特别是往后退走，

对后脑颈椎形成刺激振动，调动膀胱经脉全面运行，达到调理心肝功能的作用。

4. 第四节 微笑滑步走

这节动作是从武术"滑冰步"演化而来。动作要求：双腿屈膝下蹲，脚面左右横向擦地而行，犹如冰上滑动。身体由腰部带动，刺激"带脉"运行，气血上下通达。双腿一腿前行，另一条腿紧跟，拉动大腿内肝经肾经运行气血，强化肝脏功能。

5. 第五节 微笑跨步走

这节动作由武术"跨步"演化而来。动作要求：前腿猛力向前跨一大步，后腿随之用力蹬，助力使身体腾空，犹如跨栏动作。前腿屈膝落地，后腿接着向前跨出，另一条腿蹬，助力使身体腾空。反复练习，身体如火苗窜动。然后往后退蹦，一只腿屈膝上抬起，另一腿用力蹬地弹跳，左右反复练习。通过抬腿屈膝，前后跨越，强化心脏功能。这节适合所有慢性病人练习。

二、注意事项

1. 练习"健走操"动作要求：慢、稳、健。切记不要猛、冲、狠，以免损伤筋骨，拉伤肌腱。

2. 形体要求：笑、摆、走，达到心神身合一，才能有疗效。切忌心猿意马，想烦心事练习。

3. 练习"健走操"，坚持每天练习，不能三天打鱼两天晒网，练练停停。要养成锻炼的习惯，坚持不懈必有益处。

第六节　五行笑诊术

中医讲，人有五官、五脏、五行。金、木、水、火、土，与肺、肝、肾、心、脾脏相对应。心开窍于舌，肾开窍于耳，肺开窍于鼻，肝开窍于目，脾开窍于唇。由于身体状态不同，性格差异，从而形成金、木、水、火、土五种特性的人。我想，既然人有五种类型，那么，笑会不会也有五种类型呢？

我通过认真观察，细心体会，发现微笑是心灵的反应，心理有病的人就不爱笑，甚至不会笑。心，五行中属火，火生土。笑是血液的流动，呈现在脸上就是笑容。如果心脏有问题，活力不足，怎么能笑得出来呢？通过反复练习微笑，就能增强心脏的活力，刺激人们开心快乐。"火行笑"诊法就这样诞生了。

你瞧！普普通通一个笑，琢磨起来还有这么多学问哩！研究起来真的挺有意思的。"五行笑"有了，我想如果随着练习"笑"，再配上形体动作，不就是"五行笑操"嘛。

一、五行笑诊之一：从"火行笑"看心脏

◎ 笑诊：心，五行属火。火旺则心力强。心主血脉，主神明，主喜乐。中医讲：心在志为喜，心声为笑。"笑"为释放之象。人高兴就会发出朗朗的笑声，释放出最快乐的情绪。如果人心气特别实，就会嬉笑不止。心气虚，就会悲伤。

◎ 机理："火行笑"通心经，心主神明。据我体会，微笑是用心笑出来的。如果心里敞亮没有障碍的人，笑起来是热情的，美好的。如果精神压抑心里憋闷的人，笑起来是有气无力的，甚至是笑不出来的。从这种状态看，你就可以诊断其心脏有疾病。

◎ 训练：微笑时双手掌心相对，像舞台上行注目礼的样子。笑起来很绅士，意念在心，可以增强心脏功能。每次练习1～3分钟。

◎ 注意：练微笑先练心。先闭目练心里笑，想开心的事、高兴的事、快乐的事，心门敞开，不要有障碍。然后再睁开眼睛对着镜子练，用心意微微一笑，不要出声，心里快乐就好。

◎ 顺口溜：心脏不好"火行笑"，微微一笑乐逍遥。

二、五行笑诊之二：从"土行笑"看脾胃

当人们哈哈开心欢笑时，气力是从心窝儿里发出来的，所以特别开心，笑过之后，胃口大开，吃饭特别香甜。脾，五行中属土，土生金。脾主运化，如果力量不足，胃进食就难以消化，胸膈胀满，就会老觉得心口堵得慌，"哈哈"笑起来不痛快。经常练习哈哈开心笑，就能调动脾气运行，促进肠胃蠕动加快，心脏供血充盈，从

而产生饥饿感，吃饭就香甜。这就是"土行笑"。

◎ 笑诊：脾，五行属土。脾主运化，主血肉。脾声为歌，歌是爆发之相。脾的正气是唱歌嘹亮，邪气是"登高而歌"，就像精神病人发疯一样。力大无穷，登高越墙，俗称"疯劲无敌"。因为身体阳邪盛所致。脾脏生病的人经常打嗝，声音比较低沉。胃生病的人呵欠连天，说明胃气虚、胃寒，通过打呵欠来舒展胃气。

◎ 机理：据我体会，哈哈开心笑，气力是从心脾间发出来的。当哈哈笑时，你把双手放在心口窝儿，就会感到剧烈地震动。据科学家发现，人在欢笑时，两胁胸膈处竟有上百块肌肉运动，所以才发出如此的笑声。如果欢笑时声音发闷，且时断时续，就说明脾气虚弱，动力不足。这种状态可以诊断为脾胃有毛病。

◎ 训练方法："土行笑"行脾经，脾主运化。练习哈哈笑时，双手从心门自然展开，呈现手托莲花的样子。笑起来很开心很舒畅，意念在脾胃部位，这样才能通过笑波震动激活脾胃功能。

◎ 注意事项：哈哈笑时，尽量畅快淋漓，不要放不开，最好闭上眼睛。

◎ 顺口溜：脾力不足"土行笑"，哈哈一笑百病消。

三、五行笑诊之三：从"金行笑"看肺

星期天，我和一群朋友去郊游，一路上大家嘻嘻哈哈笑个不停，我发现嘻嘻笑时一位女士断断续续笑得很吃力，便问：你肺部不太好吧？她回答：有气管炎哮喘。然后她诧异地问：你怎么知道？我告诉她原因，她笑着点头说有道理。

当人们发出"嘻嘻"笑声时,我体会气息是从肺部发出来的。嘻嘻笑,是肺金摩擦的声音,呈现在脸上,是咧开嘴角笑。如果肺气不足,这种摩擦音就会短而断,怎能笑得好呢?肺,五行中属金,金生水,这就是"金行笑"。

◎ 笑诊机理:肺,五行属金,司呼吸,主皮毛。肺声为哭,哭是悲伤之相。如果一个人总是哭哭啼啼的,声音里老带着悲气,就是肺部有毛病。如果一个人老是咳嗽,咳声特别响亮是实症;咳声特别弱,气也下不去,总在上面虚咳,就是虚症。如果有鼻炎,说话"嚷嚷"的声音很好听,其实是肺气上郁。肺气充盈,笑声似银铃;肺气虚弱,笑不出声音。只见咧嘴笑,不闻其声调。这种状态可以诊断其肺部有疾病。"金行笑"通肺经,肺主呼吸。

◎ 训练方法:嘻嘻笑时,两臂随之往上耸起,像鸟儿展翅的样子。笑起来不但样子好看,同时还可以通畅肺气。通过反复练习就能增强肺活量,强化肺脏功能。

◎ 注意事项:嘴角向两边咧开,嘻声尽量长,大拇指动作配合好。

◎ 顺口溜:肺气不畅"金行笑",嘻嘻一笑通五窍。

四、五行笑诊之四:从"水行笑"看肾

当"呵呵"痛痛快快大笑时,我发现一位朋友肢体几乎没有多大动作。我说他肾脏不好。他说是的,不能大笑,腰腹部没有劲儿。

◎ 笑诊:当人们呵呵仰面大笑时,力量是从腰腹部爆发出来的,所以身体前仰后合,酣畅淋漓,大有排山倒海之势。肾,五行中属水,水生木。如果肾气足,大笑起来,声音像洪钟般响亮,动作幅度大而狂。

如果肾气亏的人，一般不会大笑不止，因为气量不足。这就是"水行笑"。

◎ 机理："水行笑"走肾经，肾主水液。肾，五行属水。肾主髓，主脑，主水谷之液，统辖着全身命脉，可谓是人体的原动力。肾声为呻，呻为叹息之相。如果一个人老是哼哼唧唧、唉声叹气，肯定肾脏不好。中医讲，如果肾气肾精亏虚，人就会萎靡不振，腰膝酸软，无精打采。肾气虚亏的人，几乎不愿意放声大笑。即使勉强笑起来，也会是声音发闷，有气无力的。这种状态可以诊断其肾脏有亏虚。

◎ 训练方法：每天下午5～7点肾经开穴时，双手按住后腰，腹部用力发出"呵呵"笑声，随之双膝下蹲，反复练习就能心肾交泰，活化气血，从而达到养生愈病之目的。

◎ 注意事项：每天坚持练习大笑，但必须做到由小到大，由慢到快，由弱到强，循序渐进，逐步调动肾气运行，启动脏腑机能发挥作用。

◎ 顺口溜：肾水不旺"水行笑"，呵呵一笑美人娇。

五、五行笑诊之五：从"木行笑"看肝

当人们发出"嘿嘿"笑声时，我体会声音是通过两肋间肝区发出来的。这就是"木行笑"。

◎ 笑诊：肝，五行属木。肝主生发，主疏泄。肝声为呼，呼为舒解之相。如果你被压抑了，总想找个地方狂呼乱喊发泄一通，以舒解抑郁之气。如果不能及时发泄出去，就会郁积在体内而形成病灶。嘿嘿咧嘴笑，气力是从肝区发出来的。不信当我们嘿嘿发笑时，你把右手捂在肝区部，就会感到那里在用力。如果肝气畅通的人，

嘿嘿笑起来声音洪亮，舒畅快乐；如果肝气郁积的人，笑起来断断续续很不畅快。从这种状况看，就可以诊断为其肝脏有问题。

◎ 机理：肝，五行中属木，木生火。当人暴躁时，肝火就会上升，嘿嘿笑就笑不好。如果经常练习"嘿嘿笑"，就能释放肝火，舒解抑郁，通达脏腑功能。

◎ 训练方法："木行笑"舒肝经，肝主筋骨。练笑时，双手攥拳举过头顶，然后用力往下拉，像球场上助威的样子，同时嘴里发出"嘿嘿"的笑声。笑起来节奏分明，意识想到肝区部位，反复练习能够强化肝脏功能。

◎ 注意事项：肝主筋，筋主力。双手攥拳要用力，向下拉要用力。双膝下蹲要用力，呵呵笑声要发力。发力用力要自然，不能过猛。

◎ 顺口溜：肝火难平"木行笑"，嘿嘿笑笑气即消。

第七节　击掌笑通脉

"击掌笑通脉"是我经过几十年研究实践，将武术的拍打功、气功循经走穴化繁为简，深入浅出创编而成。通过双掌击打，按照从头到脚的经络走向，打开百会、印堂、膻中、命门、涌泉五个主要穴道，即"开五门"，巧妙地将气功的"静"改为"动"，变内在的以意领气为外在的击掌循经走穴。这样既能贯通经脉，同时又可避免出偏。

这套操共分为10节动作，概括为6个字：击、打、搓、摩、敲、

第十七章
许氏笑疗法

拍。既简单易学，又能起到通经调络，梳理气脉，运行气血，强身祛病的作用。

◎ 预备式：双腿叉开，与肩同宽。双手上举，略宽于肩，掌心相对。下巴微收，意念头顶"百会穴"打开，天人合一，击掌循经走穴。

第一节"开天门"，双手在"百会穴"上方击掌15次。

第二节"开脑门"，双手在"印堂穴"前击掌15次。

第三节"开心门"，双手在"膻中穴"前击掌15次。

第四节"开命门"，双手在"命门穴"处击掌15次。

第五节"开地门"，双手在"涌泉穴"处击掌15次。

五门打开，气脉皆通。道家认为：脑部为上丹田，是精髓聚集处；心为中丹田，是神能聚集处；小腹为下丹田，是精气聚集处。三个丹田是生发精、气、神的地方。精生于下丹田，气生于中丹田，神生于上丹田，而中丹田是精、气、神三个能量转换之所。通过反复击掌循经走穴，以动致静，打通经脉。

第六节"按摩头面及耳轮"，双掌按顺序从下巴往上按摩脸面、额头，然后经过头顶从耳根绕回，反复做9次。

第七节"搓颈椎、搓腰肾"，一手在上，一手在下，同时进行。

第八节"拍胸敲肋"，一手拍胸，一手敲打肋骨。

第九节"击腹撞腰"，一手在前面击打"丹田"，一手在后面撞击"命门"。

第十节"拍大腿和脚背"，双手由上往下拍打腿部和脚背各15次，晃腰7次，使任督二脉贯通。然后收式。

◎ 注意事项：练习时，要面带微笑，精神放松，可闭目内观，也可睁眼。双手击掌要有节奏，按上下顺序循经走穴。浴头、浴耳，要做到位。做"拍胸敲肋""击腹撞腰"时,手掌轻拍不能重击。收式要面带微笑,轻松自然,神清气爽。

第八节　减肥笑三式

减"肥"不伤体,减"重"又塑身。我自幼习练武术,至今已有45载,身材不臃肿,不肥胖,保持年轻状态。秘诀是我筛选了三个武术动作,编成"部位减肥"三绝招。数十年来,每天坚持练习30分钟至60分钟,收到显著效果。现贡献给读者,供大家练习。

一、第一式　马步冲拳减肥腰

歌　诀：马步冲拳稳如山,左右开弓似射箭。
　　　　每天练习三百遍,身材健美壮罗汉。

◎ 动作要领：双腿叉开与肩同宽,双膝下蹲成"骑马式",含胸拔背,收腹提肛。双手握拳置于胯上。笑面前方,双手向前左冲拳,同时右拳抽回,左腰胯随左手扭动；右冲拳,左拳同时沿右臂上方抽回至腰胯部,呈拉弓状。每天马步冲拳300次,可以减掉腰腹部及臀部赘肉。

◎ 注意事项：拳要攥平,身架要实。身体不前倾不后仰,冲拳要有力度有节奏,由慢到快,不要用力过猛,次数要循序渐进。

二、第二式　金鸡独立去臀膘

歌　诀：金鸡独立手擎天，傲视群雄肩上担。

一唱高歌天下白，美腿英姿人称赞。

◎ 动作要领：右脚为重心，五脚趾抓地，膝盖绷直，收腹提肛；左膝向上抬起，左手抱膝置于胸前，右手扳住左脚腕部，呈金鸡独立状，笑面前方站立1分钟。然后右腿屈膝下蹲，向上撑起。下蹲，撑起，反复做10次。然后换另一条腿，动作同上。

◎ 反复练习金鸡独立，可以消除腹部，特别是臀部赘肉。

◎ 注意事项：小腿要绷直，脚跟不能离地。上腿膝盖尽量往上提。腿下蹲要慢，直起要快，尽量做到身体稳当不晃，循序渐进地练习。

三、第三式　马蹬后蹄健腿肚

歌　诀：身体前倾脚蹬地，双膝下蹲猛用力。

马蹬后蹄跑得快，大腿健壮小腿细。

◎ 动作要领：身体前倾，笑面前方，握拳摆臂，双膝下蹲，脚掌蹬地。一腿在前，一腿在后，像马奔跑勇往直前。当左脚往前迈出时，带动大腿前跨，右脚掌同时猛力蹬地送出。然后右脚往前迈出时，带动大腿前跨，左脚掌同时猛力蹬地送出。这一跨一蹬，使双腿奔跑起来。跑十步回转，每天坚持跑100步。这个动作通过脚掌足腱运动，使小腿肚子强壮起来，化脂肪为肌腱，达到减肥美腿之效果。这一招特别适合女性,为夏季穿裙子创造条件。

◎ 注意事项:练习时,双腿弯曲不能伸直,身体往前倾,手臂左右摆动助跑。奔跑迅速由慢到快,双腿脚掌用力蹬地,使小腿肚子绷紧,减肥效果更好。

第九节 笑八锦运动

笑八锦运动,是我创编的笑与养生运动相结合的快乐锻炼方法。因为这套运动方法有八种笑法与八个姿势,笑容灿烂如彩霞,姿势优美似锦缎,所以称为"笑八锦"。每一种笑,与之配合的运动姿势都是对应人体五脏六腑,四肢百骸,奇经八脉,具有养生作用的有氧运动,统称为"笑八锦养生运动"。

一、一笑:舒胸展臂仰面笑,吐故纳新浊气消

◎ 动作图解:舒胸展臂。双腿屈膝下蹲,双手由身体两侧在腹前交叉,右手在上,左手在下。手掌上翻从腰部上提至胸前,双肘交合。深吸一口气,准备展臂大笑。

◎ 仰面大笑。双臂上举至头部,然后向外向上翻转,双膝自然伸直,头部向上仰望天,双手掌交叉向上至两臂向两侧打开,随之展臂扩胸,仰面哈哈大笑,将肺部浊气呼出体外,吐故纳新。此动作连续反复做八次,配合呼吸,同时八次仰面大笑。

◎ 动作要领：屈膝下蹲，身体重心放在双腿上，双手交叉要浑圆，不能分散。向上展臂时要仰头挺胸，背部向上拔起，腹部深呼吸，随之双臂向两侧打开，仰面哈哈大笑，吐故纳新，将内脏浊气排掉。笑声时间随气息而定，持续时间越长效果越好。

二、二笑：气沉丹田微微笑，揉腹通脉容颜俏

◎ 动作图解：气沉丹田。身体直立，面带微笑，目视前方。挺胸收腹，双手向两侧展开，由外向里搂气抱球，慢慢合掌于腹部丹田处，左掌在内，右掌在外。意在丹田。

揉腹通脉。手掌用力揉搓腹部，揉腹时要面带微笑。微笑时意在丹田，美在心头，笑在容颜。随着呼吸节奏右转八圈左转八圈。揉搓四个循环。然后慢慢起身，双手向两侧展开，由外向里搂气抱球，慢慢合掌于腹部丹田处右掌在内，左掌在外，用力揉搓腹部。

◎ 动作要领：上身直立挺拔，不要佝偻腰。下蹲膝盖微弯，不要超过脚尖，以免损坏髌骨。揉腹时，手掌按住丹田处，用力要均匀。不能上下左右滑动。微笑要发自内心，笑容要灿烂。

◎ 养生机理：通过第一笑"舒胸展臂仰面笑，吐故纳新浊气消"的有氧训练，解决老年人因气机不通达，循环功能差，浊气不能排出体外的问题。通过第二笑"气沉丹田微微笑，揉腹通脉容颜俏"的静动训练，强化老年人因气血亏虚，双腿乏力，走路头重脚轻的健康状态。老年人经常练习第一笑和第二笑养生运动，动静结合，心中喜乐，气脉贯通，达到健康长寿的目的。

◎ 注意事项：练习舒胸展臂仰面笑，注意身体不要突然向后大

仰，以免摔倒。开始练习大笑时间不要过长，以免损失真元之气。练习揉腹微笑时，不能假笑，皮笑肉不笑。老年人练习要量力而行，循序渐进。

三、三笑：握拳拉筋"嘿嘿"笑，疏肝理气脾胃好

◎ 动作图解：双腿屈膝下蹲，双手攥拳由身体两侧上举至头上，拇指握在掌心里面，握紧拳头，由上向下用力拉至两耳际，喉咙里发出"嘿嘿嘿"的笑声（第一次）。然后双拳往上举过头顶，由上向下用力拉至头上，喉咙里再发出"嘿嘿嘿"的笑声（第二次）。最后双拳继续往上举过头顶，将头仰面朝天，双拳由上向下用力往下拉至头顶上，喉咙里再发出"嘿嘿嘿"的笑声（第三次）。此动作分为上中下三节，每节笑一声，一遍三节笑三声，连续反复做八遍，共笑二十四声。

◎ 动作要领：屈膝下蹲，身体重心放在双腿上，膝盖不能超过脚尖，以免损伤髌骨。双手握拳要紧，向下拉动时要用力。全程分成三步，每步要向上拔起。仰头挺胸，背部向上拔起，腹部深呼吸，随之"嘿嘿"大笑，意识想着肝区部位。吐故纳新，疏肝理气。笑与身体动作同时，浑然一体。笑声时间随气息而定，持续时间越长效果越好。

四、四笑：屈膝下蹲"呵呵"笑，能量十足壮身腰

◎ 动作图解：身体直立，面带微笑，目视前方。挺胸收腹，双手向前伸出，左腿向前迈出一步屈膝成弓箭步，做到前腿弓后腿绷。

双掌由前上方向后下方按划至双胯两侧，同时头向前伸，胸脯往前上方挺。气沉丹田，通过胸腔、喉咙、后脑发出"呵呵"的笑声。此动作向前方走一步，笑一声，共走八步、笑八声。

向前笑八声之后，身体开始向后退，双腿屈膝成半马步状，身体重心放在双腿上，稳如泰山。同时双手由前向下向后划按至两胯两侧，目视前方。气沉丹田，运气发笑。通过胸腔、喉咙、后脑发出"呵呵"的笑声。此动作向后方退一步，笑一声，共退八步、笑八声。

◎ 动作要领：上身直立挺拔，不要佝偻腰。向前迈步不要过大，做弓箭步后腿膝盖不能弯曲，后脚跟不能离开地面。上身不要向前倾倒，要挺胸收腹，目视前方。"呵呵"大笑时，声音要洪亮，笑声要缓要长。笑时意识要想着腰部肾区部位。

◎ 养生机理："嘿嘿"笑走肝经，肝在五行主木，木主生发向上；肝在五脏主筋，筋主血脉力道。老年人通过第三笑"嘿嘿"笑的有氧训练，达到"握拳拉筋、疏肝理气"的养生效果。"呵呵"笑走肾经，肾在五行主水，水主下沉流溢。水旺则原动力强。肾在五脏主骨，骨壮则身体康健。老年人通过第四笑"呵呵"笑训练，达到"屈膝下蹲、能量壮身腰"的强身效果。

◎ 注意事项：练习第三笑"嘿嘿"笑时，意念要放在肝区部位；第四笑"呵呵"笑，意念放在肾区部位。动作开始不要过大，以免身体不协调。开始练习大笑不要过长，以免损失真元之气。要量力而行，循序渐进。

五、五笑：鸡行漫步嘻嘻笑　闲庭信步乐逍遥

◎ 动作图解：左腿旁开，与肩同宽，屈膝下蹲，双手攥拳由身体两侧上举至胸上，大拇指直立。两个大拇指相对，第一节上下拨动，发出嘻嘻笑声，反复做四次。

右腿屈膝下蹲，左腿向前迈出半步，脚跟着地，身体重心放在右腿上，膝盖微弯。随之右手大拇指直竖，手臂向前伸出至于胸前高度，左手拇指向后拉至腰际间，做雄鸡漫步状。目视前方，面带微笑。嘴里发出嘻嘻笑声。然后身体重心前移，脚掌着地，将身体重心放在左腿上。右腿蹬地向前迈出半步，脚跟着地，身体重心放在左腿上。手臂动作同前。此动作前行后退反复做八次。

◎ 动作要领：鸡行要悠然，脚步要稳健，重心要平衡，拇指竖直。左右手要协调，左右腿要微弯。嘻嘻笑声要连贯。

六、六笑：雄鹰展翅翱翔笑　志飞高远心开窍

◎ 动作图解：身体直立，面带微笑，目视前方。双臂由下往上慢慢向上抬起，做展翅飞翔动作。同时左脚用力蹬地离开地面，膝盖往上抬起，挺胸收腹，右脚掌用力蹬地脱离地面，双臂振翅做翱翔状。目视前方，嘴里发出咯咯笑声。然后右脚落地，屈膝下蹲，左脚随之落地，顺着惯力右膝向上抬起，左脚掌用力蹬地脱离地面，双臂振翅做翱翔状。目视前方，嘴里发出咯咯笑声。此动作翱翔四次，笑声随之。

◎ 动作要领：展翅要平衡，蹬地要有力，腾空要快速，翱翔要

平稳。落地要屈膝，身体要轻盈。左右起落要借助惯力，气息上升要满下落要空。身体落地要稳，不能左摇右晃。笑声要自然响亮。

◎ 养生机理：嘻嘻笑走肺经，肺在五行主金，肺主表主呼吸。老年人通过"第五锦嘻嘻笑"的有氧训练，达到吐故纳新、增强肺活量的养生效果。咯咯笑走脾经，脾在五行属土，主运化，生血生肉。脾强健，百病不侵。老年人通过"第六锦展翅咯咯笑"训练，达到"壮脾气，强运化，增能量"的健身效果。

◎ 注意事项：练习第五笑"鸡行嘻嘻笑"时，意念在肺，声音不能断续，越长越好；第六笑"展翅咯咯笑"，意念在脾。动作开始不要过高，以免落地不稳，扭伤筋骨。大笑也不要过长，量力而行，循序渐进。

七、七笑：扬鞭策马踏踏笑　身接地气心不飘

◎ 动作图解：向前踏步。左腿向前半步，双膝下蹲，身体重心放在右腿上。左手握拳如拉缰绳，左臂屈肘悬于左胸前。右手握空拳高扬过头，扬鞭策马，哈哈大笑。身体重心向前移动，右腿向左前方迈出半步，脚掌点地，重心移至右腿，左脚抬起一秒后落地。右腿往后退回半步，重心移至右腿上。此动作连续做六个来回，大笑六次。

往后叉步。左腿向右前方迈出半步，左脚掌落地，随之右腿向左腿后面插入，右脚掌戳地，身体向右边倾斜，重心放在双腿上。然后，右腿迅速撤回到原处，左腿随之跟回，保持原有姿势，哈哈大笑。此动作连续做六个来回，大笑六次。

◎ 动作要领：双膝尽量往下蹲，双脚重心要平衡。进脚和退步要稳健，上身双臂保持协调，左进右退交叉进行，不要乱了脚法。

八、八笑：摸鱼摇身开心笑　　上下通达强筋骨

◎ 动作图解：俯身摸鱼。身体直立，面带微笑。右臂向后伸直，左臂微弯，目视前下方。身体向前俯下，双手向前方由右往左做摸鱼动作。然后，双臂由右向左做摸鱼动作。此动作反复做六次。

提鱼篓开心笑。左腿在前，右腿在后。屈膝下蹲，双手做抓鱼篓状，同时双腿用力往下踩，双手用力往上提，开心笑呵呵。此动作反复做六次。

◎ 动作要领：摸鱼动作身体要往前倾，双臂要伸直，腰板要下塌。双腿要站稳，保持身体不趴下。双膝不能弯曲。提鱼篓动作要手脚协调，脚踩手提用力均匀。

◎ 养生机理：人老先老腿，体虚先虚肺。血弱腿沉，气虚身重。老年人通过笑七锦"扬鞭策马踏踏笑"的奔跑运动，达到强筋壮骨盈气生血的养生效果。肾亏腰板硬，肝虚筋膜短。老年人通过笑八锦"摸鱼摇身开心笑"的训练，达到"抻筋、壮腰、舒肝、健脾"的疗愈效果。

◎ 注意事项：练习第七笑"扬鞭策马踏踏笑"时，脚步要稳健，注意不要闪腰，笑与跑要分开进行，以免伤气。练习第八笑"摸鱼摇身开心笑"时，俯腰摸鱼要量力而行，循序渐进。

第十八章

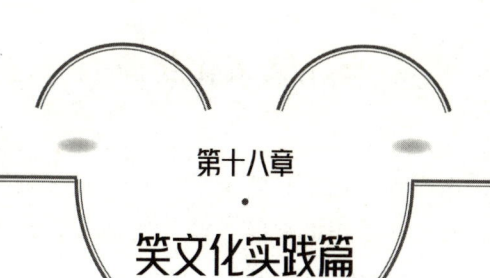

笑文化实践篇

> **开心一刻**

爱过很多人

婚礼上,新郎对新娘表白:其实我在爱上你后,还爱过很多人。台下哗然,新娘也惊呆了。

看到这情景,新郎继续说:很多人,包括你的父母,你家人,你的朋友……

台下掌声雷动。

新娘顿了顿,问:也包括我的闺密吗?

> **悟道金句**

笑容绽放心灵,笑容带来幸福。

微笑传递爱心,微笑送去温馨。

一、笑文化学堂

笑容绽放心灵,孝道和谐家庭。微笑传递爱,握手送温馨。笑文化幸福课堂以"传播正能量,笑做人,乐做事。快乐自己,愉悦他人"为宗旨,以"健康人生,幸福家庭,和谐社会"为目标,旨在传播普及笑文化,提高国人快乐指数和幸福指数。几年来,举办了上百场的笑文化公益讲座,志愿行动上千小时,受益群众达几十万人。这是我——笑文化传播大使许笑天,创办"笑文化幸福课堂"带来的社会效应。

我曾在1976年唐山大地震中失去父母等11位亲人,心灵遭受重大创伤,一度失去"笑"的能力。后来,我经历从不会"笑"到练会"笑"的艰难过程,发现了笑的秘密,并与笑结下不解之缘。经过几十年深入研究实践,创编"笑文化健康体系",成为一位笑专家。我把传播"笑文化"当作自己终身使命,创办"笑文化幸福

第十八章
◀ 笑文化实践篇

课堂",开设了"笑孝幸福道""笑爱夫妻道""笑美亲子道""笑康健身道"四大板块的课程。推广笑文化知识,普及笑运动方法,成立"笑爱会"公益组织,编辑出版"笑文化"书籍。

我认为,微笑、欢笑、大笑,不仅是人们情绪释放的一种方式,而且其涵盖心理学、行为学、养生学、社交学、经济学、美学诸多学科。可以说,笑文化是传播笑元素的"开心文化"、倡导笑理念的"快乐文化"、社会交往的"礼仪文化"、推广笑运动的"养生文化"、弘扬笑慈善的"道德文化"。总而言之,笑文化是传播社会正能量的健康文化。为此,推广普及笑文化是提高国民素质,使国民在开心快乐中享受获得感和幸福感,和谐社会民风,实现美丽中国梦的重要内容。大力推广笑文化,符合习近平主席提出的新时期社会主义核心价值观,是传播正知、正念、正能量的科学体系。

微笑是一种社会文明的礼仪文化。古人云:"投以微笑,报以微笑。""不会微笑莫开店""客户不骂笑脸人"。人们见面时往往先相互微笑,然后再去说道。父辈与父辈之间结下冤仇互相敌对,

后辈结下情缘又有"一笑泯恩仇"的佳话。笑,是快乐的象征,正能量的标志。

推广笑文化,说来容易,做起来很难。中国虽然有"笑一笑,十年少"的美誉,但也有"君子不苟言笑""女人笑不露齿"的古训,因而使国民性格变得内向而矜持,公开场合不爱笑,甚至不敢大笑,怕被人笑话,说你有"精神病"。开始,我在公园里带领"笑运动"时,经常被路人笑话,认为练"笑"的人神经有问题,给推广笑文化带来一定难度。为此也受了很多委屈,遭受讥讽和打击。但我坚信"推广笑文化,弘扬正能量"是正确的。

我怀着"让身边人笑起来,用笑传递爱,用爱播撒幸福"的笑的梦想,十年来,走进北京大学、清华大学、人民大学、华北电力大学、首都经贸大学等高等学府,走进国有企业、上市公司、民企,走进机关、社区,创办"笑文化学堂",宣传笑文化,传授笑方法,倡导笑运动,收到了意想不到的效果。大家亲切地称呼我为"笑老师"。我说要

第十八章
笑文化实践篇

在网络上开设"笑文化幸福课堂",以便对更多人普及笑文化知识。

儿女孝,老人笑,一笑尽百孝。我倡导"笑孝幸福观",即夫妻笑恩爱,对父母笑尽孝,对儿女笑家教,家庭生活乐陶陶,提出"笑到孝道,感恩知报。博父母开心一笑,就是最好的孝道"口号。笑容的"笑"是发心,孝道的"孝"是行动。推广"笑孝文化"要从身边做起,身体力行。我把自己的工资收入大部分用在笑文化普及上,用自觉的志愿行动为大众造福而不计回报。我带领志愿者到学校、企业、社区、敬老院做公益活动,受益群众达到几十万人。

学员们走进"笑文化学堂"系统地学习笑文化知识,掌握笑运动技能和方法,改变不良的生活习惯,步入快乐、健康、幸福、成功的生存轨道。身心不健康的人学习笑文化后,心理压力减轻了,性格变得爽朗了；不善交往的人，走进笑文化学堂，学会微笑面世了；夫妻闹离婚的，矛盾化解变得恩爱了；不知道孝敬父母的，学习后知道感恩孝顺爸妈了；强迫孩子超负荷学习的家长，懂得快乐亲子美育了。笑文化学堂，已经成为人们学习、交往、开心、健康的乐园。

二、传播笑文化

  我应河北省沧州市党校之邀，为100多名党政干部进行一场别开生面情趣盎然的讲座，受到热烈欢迎。许笑天老师流利的"笑派脱口秀"演讲，博得一阵阵掌声。新颖独到的"笑孝文化"的阐述，笑做人、乐做事，快乐自己，愉悦他人的生活理念及笑孝幸福观，得到党政干部的首肯。

  我在讲座中谈到"笑孝文化"的核心价值：一是快乐观：体现在一个"笑"字；二是道德观：体现在一个"孝"字；三是价值观：体现在一个"爱"字。只有让身边人笑起来，用笑传递爱，用爱播撒幸福。才能达到快乐自己，愉悦他人的高尚境界。

  我说，"笑孝文化"的核心内容，是"笑"与"孝"两个字，第一个"笑"字，体现快乐的人生观，不论为官还是经商，必须保持良好的心态，笑容可掬，笑面春风，笑减压力，才能保证身心健康，创造出自身价值。通过自己40年的切身经历创编出一套"笑运动"的养生方法，推几年来已有数万人受益。我强调说，笑运动具有健脑、养心、强身、化性、提升正能量的功能，经常坚持笑运动，就能保持充沛旺盛的精力。领导干部们先后跟着许教授体验了他自己创编的"拍手笑哈哈""三笑养生法""笑笑歌""笑健操"等切实可行的笑运动。短短几分钟,大家顿觉开心快乐,身心舒畅,头清目明,压力和烦恼一扫而光。

第二个"孝"字,体现传统的道德观。领导干部是否具备感恩之心与孝道之心,是衡量一个人的德行标准。古人云:"百善孝为先"。你做了一百件善事,如果对父母不孝就是假善。今人道:"百孝笑为魂"。你对父母尽了一百个孝,如果父母不开心快乐,说明没有尽到的孝道。笑容的"笑"与孝道的"孝"虽然同音不同义,表面看起来并没有什么。但细想却有紧密的内在联系。笑容的"笑"是人们愉悦心情的外在表现,而孝道的"孝"却是儿女对待老人的报恩行为。

我把"笑"与"孝"两个字连起来,形成"笑孝文化"并非文字游戏。而是想儿女微笑对老人尽孝,老人一定很快乐。儿女看到老人笑了,也很开心。儿女笑,老人笑,一笑尽百孝。由此可见,笑容的"笑"是孝道的灵魂所在。如果儿女为父母尽孝道,反叫老人不开心不快乐,那就不是真心孝道。笑到孝道,感恩知报。博父母开心一笑,才是最好的孝道。

我带领大家朗诵:

笑孝诗

笑孝不是一时一刻,而是分分秒秒;
笑孝不是一朝一夕,而是朝朝暮暮;

笑孝不是轰轰烈烈，而是平平常常；
笑孝不是藏在心里，而是立即行动。
一个微笑就是孝，一个问候也是孝；
一个电话就是孝，一个信息更是孝；
笑孝乃是平常事，看你做到做不到。

学员们深有感悟地说：第一次听到"笑孝文化"这样富有情趣和弘扬正能量接地气的课程，受益匪浅。纷纷表示，要把"笑孝文化"理念和方法带到工作单位去，带领同事们学会快乐的人生与"笑孝智慧"，提升正能量，永远保持快乐健康的身心而有所作为。

三、笑派主持国学论坛

百年华诞庆经典，百年辉煌唱凯旋。
百年风云铸党魂，百年丰碑诗百篇。

2021年7月1日上午九点钟，随着《义勇军进行曲》《没有共产党，就没有新中国》雄壮的歌声，我应邀主持由中国书院联盟，华夏龙凤国学文化院、中国红色文化书院、广西四川商会、全球大健康联盟、中国管理科学研究院国际老年知青健康管理委员会联合主办"庆祝中国共产党建党百年华诞——暨中华优秀传统文化高峰论坛"。论坛在北京四川会馆黄龙庭举行，规模200余人。我亲自

主笔撰写论坛主持词,带领主持人团队,用情真意切满怀激情的诗句诵读,对中国共产党建党百年庆典表示热烈祝贺,博得与会者雷鸣般掌声。国学经典,智慧传承。华夏龙凤,合一时空。传统文化,人类觉醒。天地人和,世界大同。这是一次建党百年的盛大庆祝,一次国学传统文化、红色文化人的聚会经典,一次国学大家团聚,国医大师云集,国艺名流亮相的高峰论坛。

论坛主题:庆祝建党一百周年、中华优秀传统文化、红色文化东方新商业文明、国医大健康及低碳生态文明。部级领导、国医大师、国艺大师、国学大家围绕新三国论道:国学、国医、国艺;国学新时代"儒释道"大智慧与国医大健康;华夏坤德~凤舞九天;红色文化之"东方新商业文明"论题高屋建瓴,高谈宏论,使与会眼界大开,脑洞洞开,启动智慧,探索中国中华传统文化与企业发展无缝连接的有效途径，探索中国企业使命、道路和方法，如何走一条正确的中国企业道路，践行中国企业方案，同志们积极献言，广开言路，获益良多。

为天地立心，为生民立命，为往圣继绝学，为万世开太平。我看到各路大家、大师、大鳄们头脑风暴，围绕论坛主题各抒己见，高谈阔论，慷慨激昂，说到关键处，甚至站起身来，振臂高呼，激情澎湃，表现出国学文化精英们对国家发展及未来的高度关切与参与。

我演唱自己作词作曲的"微笑歌"欢快优美的旋律，带动全场微笑传递，互动起来，掀起一片高潮。挑挑眉梢，咧咧嘴角，朋友们，今天微笑了吗？笑了笑了，欢笑声此起彼伏，一浪高过一浪，会场瞬间变成一片快乐的海洋，

我主持这样高层次、高规格、高大上的庆典与论坛感到很荣幸！不但抒发对党的真情，还受到国学传统文化、红色文化的熏陶，提升自己认知水平，跃升思想高度，彰显人生价值。

四、笑派主持老年春晚

世界有一种爱，叫父爱如山；人间有一种情，叫母子相连；生活有一种福，叫福如东海；中国有一句话叫孝行天下。笑、孝、福、寿，满满的正能量！笑 微笑的笑，孝 尽孝的孝，福 幸福的福，寿 长寿的寿。

我宣布：第四届全国老年"幸福中国 孝行天下"春节联欢晚会

第十八章
◀ 笑文化实践篇

现在开幕。

    第一乐章 笑——幸福中国
    第二乐章 孝——孝行天下
    第三乐章 福——福星高照
    第四乐章 寿——寿高祥瑞

  笑祝全国老人福乐安康老有所乐，孝敬全国父母健康长寿老有所依，福如东海福乐齐天福寿安康老有所安，寿比南山松鹤延年寿高祥瑞老有所为，笑口常开笑容可掬笑出生命的精彩！

五、千人笑唱诵

关关雎鸠，在河之洲。窈窕淑女，君子好逑。
蒹葭苍苍，白露为霜。所谓伊人，在水一方。

一簇簇绽放的鲜花，一张张洋溢的笑脸，一阵阵雷鸣般掌声。踏着春天的脚步，吟诵诗经的韵律。2021年阳春三月，我与中国生命关怀协会"生命教育基金会"主任许新悦和礼仪训练导师孟溪应邀来到鸡泽"诗经学校"传授笑运动"快乐减压法"。会议室里，1200名面临中考的全体师生身穿印着"诗经学校"字样的校服，看上去端庄整洁，拥有传统素养的礼仪修为。当我身着红色中式礼服站在台上吟诵诗经：关关雎鸠，在河之洲。就听到台下同学们一阵阵唱和之声：窈窕淑女，君子好逑……犹如穿越到2000多年历史，再现古人辛勤劳作爱情美好的生活场景。

第十八章
笑文化实践篇

"诗经学校"坐落在邯郸市鸡泽县境内诗经大道，是一所全日制民办学校，拥有1万多名师生，从生活学习全程实现现代化智能化管理。走进总控制台可以观测到学校全貌，偌大的教学楼上万名师生，现代化教学方式与古典式氛围相融合，打造栋梁人才，实现传统文化复兴的梦想。

我演唱原创歌曲"微笑歌"带动起全场快乐气氛，微笑传递互动，使同学们小手握着小手，笑脸对着笑脸，传递心中的美好。人人竖起大拇指赞美对方酷！靓！棒！顿时使全场变成欢乐的海洋。同学们身心的压力，紧张和疲劳一下子消失得无影无踪。

师生们一边拍手，嘴里念着笑的顺口溜，晃着腰胯摆动着身体，发出一阵阵天真无邪的笑声，完全沉浸在天清气朗春光明媚之中，浑身气脉贯通，心情愉悦，轻松快乐。紧接着，我又带领万名师生集体大笑，前仰后合，笑态百出。我带领全体师生诵读：一笑解千愁，二笑祛百病，三笑聚万福啊！

千名师生唱诵《诗经》名句，使师生们精神百倍，轻松学习，快乐生活，成为新时代栋梁之材。"诗经学校"张校长介绍说，五年来鸡泽学校在狠抓教学质量保证升学率的同时，校董会制定加强培养德、智、体、美、礼高素质的人才战略。面对学生中考的学习压力，运用笑运动快乐减压疏导方式，保证学生们身心灵健康成长，成为拥有古人智慧和现代思维的学生。张口能吟诗，挥笔会写字。微笑懂礼仪，学习争第一。用创造性思维，打造诗经学校独具特色的教育品牌。

"诗"的优美境界，"歌"的欢快旋律，"笑"的涌动波浪，"爱"的滚滚暖流，"礼"的传统文化交融汇合，溢光流彩，像一道五彩缤纷绚丽多姿的彩虹，横跨在诗经学校的上空。

六、笑美文德园

开场鼓，敲响十周年庆典的喜悦，"文德园"绽放花开四方的灿烂，

第十八章
◐ 笑文化实践篇

幼儿们展示出天真烂漫的表演,家长们露出开心愉悦的笑颜。文德幼儿园喜庆十周岁生日,圆梦幼教的爱恋。那天,我应邀参加文德园十周年庆典,幽默的自我介绍,流畅的笑贯口:"笑到孝道,感恩知报,博父母开心一笑,就是最好的孝道。"笑动千人庆典的现场,点燃老师、家长和幼儿们的激情,博得一阵阵热烈的掌声。

我现场即兴就庆典大会主题语"爱 感恩 传承 圆梦"做了一首藏头诗:

爱心倾注文德园,感恩十年美祝愿。
传承经典育幼儿,圆梦教育在今天。

我身穿一套得体的白色改良西装,足蹬一双白色皮鞋,内着暗红色T恤衫,胸前系着金黄色印花领带,笑容满面,操着富有魅力和磁性的声音,俨然一副笑派主持人风度,为十周年庆典平添一道

亮丽氛围。台下沸腾了，掌声一片。我带领会场上千人一起朗诵这首诗，每一句犹如大海的波浪，此起彼伏，拨动着每一个人的心境，回想文德幼儿园十周年走过的岁月。

许新悦园长坐在主席台上，眼睛里闪着泪花。脑海里叠印出一组组追求、奋斗、拼搏、坚持的画面。因为爱，才圆梦幼教事业，创造出"文德园"幼教品牌。

七、笑攀岩登峰

2020年8月29日上午，凤凰岭悬崖峭壁上，几位身穿"中国梦 登山队"运动服的小朋友，在教练和家长护卫下，勇敢地攀岩到山顶。面对奇峰峭壁，大山怪石，将"中国梦 登山队"旗帜插上顶峰，实现自己人生第一次攀岩的梦想。

第一位攀岩登峰的是位小学三年级孩子，今年八岁。他从来没有接受过攀岩训练，第一次挑战自己的极限，从恐惧到勇敢，从勇敢到自信，从自信到成功，完成了一次人生的跨越。他感悟地说，这种攀岩体验是课本里永远学不到的。

人生真的很精彩，就看你敢不敢大胆去尝试。作为家长一定要学会"放手"，放飞孩子的心灵，勇敢去参加社会实践，激发孩子的潜能。有位家长分享，参加这次攀岩行动，开始报名我有些犹豫，担心孩子没有经过专业训练，会不会发生危险。结果由于孩子的坚持，打消了我的顾虑。今年由于新冠疫情影响，孩子在家里憋闷半年多了，

第十八章
◀ 笑文化实践篇

应该让他闯一闯。孩子登顶的成功，给我上了生动的一课。家长不能成为孩子茁壮成长中的障碍，要为孩子创造更多社会实践的机会，当做好垫脚石。

凤凰岭奇峰秀丽，群山峰峦叠嶂，来自四面八方十几个家庭组成的临时登山队，在我带领下进行微笑传递，充满正能量，以良好的心态，微笑徒步行走三公里，浩浩荡荡来到攀岩指定地点。活动组织者李仕敏召唤各队长交代攀岩注意事项后，登山队钻进树林丛中，向着凤凰岭顶峰进发。

领队在前方带路，拨开树丛野草，沿着一条狭窄的小径，猫腰攀援而上。孩子们不怕蚊虫叮咬，冲在家长前面，不时召唤着："妈，跟上我"。"爸，别害怕！我敢上"。家长们紧随其后，为孩子们壮胆打气。

登峰攀岩开始了，教练先腰缠绳索，脚蹬岩壁，手指紧紧抠住石缝，轻松麻利地攀上了崖顶。孩子们先攀，家长们断后。教练将绳索护带系在小小攀登者胸腰部，护送他向上攀登。开始时坡不算陡，孩子蹬着还算顺利。等接近峰顶部分，崖壁陡峭起来，犹如一面大墙。向上望去，有90%的陡坡，有孩子一下蹬空，鞋子甩掉了。他尖叫一声，身体悬挂在半空，好在有绳索护佑，虚惊一场。教练把孩子重新按在岩壁上，鼓励他加油，再坚持坚持，胜利就在眼前。

勇敢，自信，拼搏，坚持是所有成功者的优良品质。第一位孩子成功登顶，孩子们增强了信心，家长们也放下担心。十几个家庭登山队员陆续攀登到山顶。虽然每个人汗流浃背，皮肤划伤，但心情是愉快的。大家站在山顶上，鸟瞰群峰，豪情万丈。在科学的道路上没有平坦的大道，只有不畏艰险沿着陡峭山路向上攀登的人，

才有希望达到光辉的顶点。

小小攀登者，勇敢大智慧。微笑面对世界，人生敢探索。

世界首富比尔·盖茨有句名言：太阳每天都是新的。太阳每天早晨从东方升起来，到晚上西边落下去。天天如此没有什么新奇。可比尔看太阳的视角跟常人是不同的，因为他每天为人类创造的财富是与日俱增的，所以说，太阳对他来说每天都是鲜活的。反过来再说孩子的教育，也是如此，孩子们学习的动力，永远来自好奇心，求知欲。同样一门学问，一定要变化不同角度和方式去吸引孩子产生浓厚的兴趣，才能持之以恒，学有所成。"快乐美育"正是基于这一点，而科学设计的训练课程，采用"肢体操练"和"智力游戏"的形式，通过玩、学、练、赛的不同阶段，逐步使学生们在快乐中成为一种生活的习惯。

八、笑赞巾帼英雄

我带领上海优秀退休教师们拍手笑：笑哈哈，哈哈笑，笑笑哈哈哈哈笑。笑赞全国巾帼标兵、杭州市人大代表、党代表身兼多种社会职务的许建茹实干兴业，靠勤劳双手开出一片天地。投资几千万元开发荒山资源，人工科学养殖"铁皮石斛"，致富不忘众乡亲，带动一方百姓创出六个第一，成为农民科学致富的代表人物。

2013年九仙石斛园第一个被全国妇联、科技部、农业农村部评为全国巾帼现代农业科技示范基地。千岛湖边，九仙山下，生长着被称为"九大仙草"之首的野生石斛。但产量低不能产业化经营。许建茹与浙江大学合作研究开发，并用十年时间成功种植"铁皮石斛"圣兰8号，并创办了九仙石斛百亩规模养殖示范基地，开创"农旅"结合新模式，吸引全国各地人士前来观光旅游，乐享纯天然有机健康产品，带动一方农民科学致富。至今为止还是唯一的一家。

2014年，许建茹成为第一个投资物联网智能科学养殖铁皮石斛有机产品的示范用户。"铁皮石斛"种植养殖对温度和湿度要求都很高，她采用最先进物联网智能监控系统，坐在办公室和家里或者到外地出差，都能及时监控到养殖基地铁皮石斛的生长情况。湿度差了，打开自动喷雾器淋洒；温度低了，开启阳光灯照耀光芒。保证铁皮石斛在恒温环境中茁壮成长。互联网的应用，既能保证科学养殖，又能节省大量人工成本。

2014年许建茹被评为浙江省巾帼建功标兵，也是铁皮石斛产业唯一的女性代表人物。2015年在中国石斛产业联盟中是第一个荣获

"创新企业奖""创新企业家奖""创新产品奖"三个奖项的代表人物。2016年10月许建茹被评为事迹特别感人的百姓学习之星,也是铁皮石斛产业代表的唯一。2018年许建茹被中国女企业家协会评为全国杰出创业女性,也是铁皮石斛产业唯一女性。

许建茹连续创造六个第一,但她并没有被荣誉冲昏头脑,在各种荣誉称号面前始终保持清醒的思维,努力学习国家关于"振兴农业"的论述,争做"农旅结合"带头人。许建茹始终认为自己是杭州建德市莲花镇齐平村一个"新型农民",永远保持朴素的农民本色。她要将铁皮石斛种植与生态旅游紧密结合,形成产业化规模经营,力求创造更多个第一,将我国"铁皮石斛"健康产业做大做强,带动更多农民脱贫致富。

九、笑动母亲节

2015年5月10日国际母亲节,几十位孝道家庭的孝子们陪同母亲来到风景秀美的北京埆荟沅欢聚一堂,参加由海淀区教委国学教育基地举办的"父母欢笑,子女孝道、笑动母亲节"活动。有位孝子推着105岁老母亲来到活动现场,与大家一起度过一个快乐感动、美轮美奂、独具特色的母亲节。

活动主题是在继承"百善孝为先"传统孝道文化的同时,倡导"百孝笑为魂"。笑到孝道,感恩知报,博父母开心一笑,就是最好的孝道。将"笑"文化与"孝"文化融为一体,提高国人的快乐指数和幸福指数。

活动中,我阐述了"百孝笑为魂"的内涵,带领大家拍手尽孝道,感受"笑孝文化"的快乐魅力,传播正能量;孝道家庭代表讲述了如何孝道母亲的感人故事;85岁高龄的著名艺术家曹灿现场朗诵了"赞美母亲"情感至深的诗作;笑孝志愿者和红领巾表演了"按摩谣""笑孝歌"精彩的节目。著名唢呐演奏艺术家演奏《金蛇狂舞》。歌手演唱《最美的歌献给妈妈》。

书法家现场挥毫泼墨书写"笑""孝""福""寿"及诗作。参加活动的几十户家庭共同为105岁老母亲祈福祝寿,送上105朵康乃馨鲜花,魏悦童声演唱"感恩的心"、笑孝红领巾和志愿者手语表演,将"笑动母亲节"活动推向高潮。主办方北京埆荟沅董事长魏文友及嘉宾为参加活动的几十户家庭颁发了"笑孝家庭"荣誉证书。

十、笑派执导中医春晚

我应邀担纲第二届中医春晚节目总策划、总撰稿、总导演，将诸多快乐元素融入中医春晚，把高雅艺术与中医文化巧妙结合，使春晚节目既有中医特色，又好看好玩。整个晚会充满正能量，体现出"中医春天、健康中国"的主题，并于 2017 年 1 月 21 日在首都北京金博国都大剧院录播成功。

我执导第二届中医春晚力求创新，达到抓眼球，挠心窝，入梦境的艺术效果。特色之一：穿越历史，链接古今。特色之二：中医文化，辉煌璀璨。特色之三，中医达人，技艺精湛。

第一环节：中医辉煌 致敬祖先

当黄帝携着《黄帝内经》从远古走来，当医圣张仲景捧着《伤寒杂病论》从东汉走来，当药王孙思邈抱着《千金药方》从深山走来当医祖扁鹊望、闻、问、切从宫廷走向民间。中医典籍，国粹瑰宝，凝聚着祖先智慧的结晶。随着主持人浑厚凝重的主持词，95 岁高龄的祝总骧老中医专家上台致敬！他是中医经络见证人、中医事业重大贡献者、312 经络拍打操发明人。老中医乐观健康的讲话佐证中医是能使人健康长寿的国粹瑰宝。

诸多中医专家、中医世家、中医达人、中医后人代表纷纷走上台前向伟大祖国致敬！感恩祖国护佑中医事业传承千秋万代。我通过晚会第一环节，以艺术形式将中医文化展示得淋漓尽致。

第二环节 大医精诚 大道自然。

我认为，中医是华夏人民五千年来源于自然回归自然的自然疗法。中医文化源远流长博大精深，自然医学源于自然奥妙神奇。大医精诚大道自然法于天地，医有医道法有法术德有德行。弘扬中医文化，推广自然疗法。

一部由我原创的情景剧《五行串烧》并由自然医学专家团队演艺的节目，将笑疗、歌疗、诗疗、灸疗、食疗五行自然疗愈法，以艺术形式展示祖国中医技术的丰富多彩。晚会还表演《笑健操》《瑶医走秀》、阮 独奏《禅乐》、《武当三势太极拳》、诗剧《观音洒圣水》等节目都从不同角度展示出中医神奇。

我带领黄太医食疗团队快乐笑运动，增添了晚会喜庆氛围。

第三环节 国医国学 绝活奇葩

晚会现场展示中医类别五花八门异彩纷呈，中医家族世代传承技艺精深，中医达人身怀绝技拍案叫绝，中医专家望闻问切四诊八纲，走进中医，赞美中医，宣传中医，中国人定会健康长寿快乐无比。当主持人请出那些常年为患者以中医手法免费治病的公益人以及被善医救助的心脏病、糖尿病、抑郁症、癌症等康复患者上台感恩中医救命时，全场响起雷鸣般掌声。组委会为这些中医英雄颁发了"为祖国中医事业做出贡献的中医人"荣誉证书并赠送锦旗。

第四环节　善医行道　福惠全球

我设计集体演唱《感恩的心》将第二届中医春晚推向高潮，以情动人，以歌传播，以笑送暖。感恩中医养生护佑中华民族健康传承人，感恩中医神术妙手回春，拯救无数临危病人。感恩中医典籍藏宝纳金，弘扬民族中医文化。感恩中医药方集纳百草，汤汤水水化癌安心。感恩中医！感动中国！感恩英雄！感天动地！

我感慨地说，第二届中医春晚在"感恩祖先，感动中国，感恩中医，感慨时代"一片祈福声中结束。伴随习近平主席"没有全面健康，就没有全面小康"发展中国医学事业的重要讲话，并代表中国向世界卫生组织赠送"经络铜像"以及《中医药法》的颁布，昭示着中医走向世界的春天来临。

后 记

笑 行 天 下

21世纪多灾多难,新冠病毒全球流行,夺走了一个个鲜活的生命。战争频仍,天灾人祸,接连不断,人心惶惶,经济萧条。

我的这本书稿,就是在全球疾病天灾人祸频发的时空点上完成的。笑赢天下,我仰天伸展一下腰臂,长舒一口气,高呼着书的名字,一身重负一卸而空。这本虽然耗尽我半生心血,具有特殊的历史意义。从前言"笑赢天下"到后记"笑行天下",仅有一字之差,我却用了12年时间。这是一本有关"笑学和笑道"的专著,是凝聚我大半生对笑文化的学习、实践、探索的研究成果,也是人类对自身笑文化的深入研究与探讨,具有划时代意义及社会价值。

看着眼前厚厚的一摞书稿,第一感恩的当属夫人庄蕙儿,她是这本书的第一读者,也是这本书的第二作者。12年来她一直陪伴在我身边,支持笑文化传播事业。从我每一个创意想法到实施落地,她都付出劳动和心血。比如讲座课件、策划方案、活动实施,都离不开她的倾心帮助。连续一百多期的"笑传正能量"公众号的申办、撰稿与编发，夫人付出很多，毫无怨言。还有连续九年《中老年杂志》的《自我保健》专栏的供稿，以及融媒体报道都由她承担，每次都能出色地完成任务。还有从视频拍摄制作到宣传发布，离不开她的密切配合。对于夫人我只能说"感恩"，而不仅是"感谢"。庄蕙儿，我爱你！这样最能表达我的心情。

值得感谢的还有几位为"笑赢天下"写评作序的专家们，他们都是我的老师和挚友，也是笑文化传播事业的助推者。他们用自己渊博的学识和思想的认同，撰写出丰富多彩的文章，为我这本书写评作序。

感谢中国爱笑事业倡导者张立新总笑长的大力推荐和支持，相伴而行十年，南北笑星联手推动中国爱笑事业，笑动中国人。

感谢中国传统文化促进会荣誉会长李土生，从文字、文化、文明的高度，阐述"笑赢天下"，如何笑，如何赢，字字珠玑，段段精彩。

感谢中国决策学博士、大救星集团总裁赵春林先生的推荐，从决策学高度见证"笑赢天下"的巨大能量，愿意携手共创笑文化健康幸福产业，贡献才智。

感谢中国易学大师崔国安老师从科学层面对"笑赢天下"一书作序，以"一花知春，一叶知秋"的科学态度，深入剖析笑运动对人类健康的诸多益处。

笑，赢得天下；笑，行走天下。这是我们终生的使命，同时也是时代的责任。只有笑行天下，全球人才能笑面人生，70多亿人就会产生巨大的正能量，能够战胜新冠病毒，能够和平结束国家战争，能够震慑自然灾害，敲响人类命运共同体的晨钟，实现美丽中国梦。

2022年8月15日于北京